beck'sche reihe

bsr

Das vorliegende Buch gibt Einblick in die aktuellen Themen der Altenpflege und enthält informative und grundlegende Beiträge der jeweiligen Fachleute, z. B. zur Geschichte und aktuellen Situation, zur Pflegeversicherung, Patientenverfügung und zum Beruf Altenpflege. Außerdem werden die psychischen Dimensionen angesprochen, wenn es um die Alzheimer-Erkrankung oder Möglichkeiten der Psychotherapie im Alter geht. Ein zentraler Teil des Buches gibt Ratschläge zur Pflege zu Hause und beantwortet ganz praktische Fragen wie «Was können Angehörige leisten?» bis hin zu «Wie kann man eine Wohnung altengerecht umbauen?».

Bernd Hein ist Referent für Sozialpolitik und Öffentlichkeitsarbeit beim Landes-Caritasverband Bayern in München.

Werner Kraus ist Referent im Verband der bayerischen Bezirke in München.

Als *Autoren* wurden Fachleute der verschiedenen Themengebiete gewonnen.

Bernd Hein · Werner Kraus (Hrsg.)

Notfall Altenpflege?

Ein Ratgeber für Betreuer und Angehörige

Verlag C. H. Beck

Originalausgabe

Gesamtherstellung: Druckerei C. H. Beck, Nördlingen
Umschlagentwurf: +malsy, Bremen
Umschlagabbildung: Jussi Steudle
Foto Frontispiz: Stephanie Backes-Kraus
Printed in Germany
ISBN 3 406 51106 6

www.beck.de

Inhalt

Die Bevölkerungspyramide kippt um.

Vorwort

Anti-Aging, der Kampf gegen das Alter, ist zum Top-Thema geworden. «Alter ist eine Krankheit, und man kann sie heilen. Im Rentnerparadies Palm Springs verpasst ein amerikanischer Arzt Greisen den Hormon-Pegel von Jünglingen – Doping zu neuer Lebenslust», schreibt der SPIEGEL. Frank Schirrmacher, Herausgeber der Frankfurter Allgemeinen Zeitung, ruft angesichts der demographischen Entwicklung zum «Methusalem-Komplott» auf und weckt große Hoffnungen: «Wir wissen nicht mehr, ob es überhaupt eine zeitliche Grenze für das menschliche Leben gibt.» Wer dennoch krank oder pflegebedürftig wird, muss sich nicht um das Pflegepersonal sorgen, denn in Japan wurden bereits die ersten Pflegeroboter entwickelt, die sogar sprechen können.

Ist das die «schöne neue Welt» des Alters – wenigstens von übermorgen?

Mit der Realität des Alters von heute und morgen haben diese Visionen nichts zu tun. Das wissen die Menschen auch. Denn Demoskopen haben ermittelt, dass die Angst vor Pflegebedürftigkeit, vor dem «Notfall Pflege», seit Jahren zu den größten Ängsten der Deutschen zählt.

Viele Menschen fragen sich: Bedeutet pflegebedürftig zu sein, alle Selbstständigkeit aufgeben zu müssen und völlig anderen Menschen ausgeliefert zu sein? Wer wird mich pflegen, mit welcher menschlichen Zuwendung, welcher fachlichen Qualität? Halten die familiären Netze und die sozialen Sicherungssysteme? Wer kann sonst weiterhelfen? Was kann jeder Einzelne tun, damit aus dem Pflegefall kein Notfall wird?

Das vorliegende Buch versucht viele dieser Fragen zu beantworten. Es beschönigt die Situation der Pflege in Deutschland nicht, sondern informiert über politische, finanzielle, gesellschaftliche und persönliche Aspekte zur Pflegebedürftigkeit. Die Geschichte der Altenpflege wird ebenso behandelt wie die aktuelle Situation der Pflegeversicherung oder des Berufsbildes der Altenpflege.

Praxisnah werden die unterschiedlichen ambulanten, teilstationären und stationären Hilfeangebote vorgestellt. Die psychischen Probleme im Alter behandeln Beiträge zur Alzheimer-Krankheit, zur ambulant-geriatrischen Versorgung und zur Bedeutung der Angehörigen im psychiatrischen Behandlungskonzept. Angehörige pflegebedürftiger Menschen erhalten Ratschläge, wie sie die Pflege zu Hause organisieren und Wohnungen altengerecht umbauen können.

Praxisbezogene Tipps, Checklisten, Literaturhinweise und Einstiegsinformationen für Internetrecherchen runden das Werk ab.

Die Herausgeber wissen, dass die Pflege in der Altenhilfe, gerade im familiären Bereich, größtenteils von Frauen geleistet wird. Allein um der Lesbarkeit des Buches willen wird ausschließlich die maskuline Form verwendet.

Für ein kompetentes und stets entgegenkommendes Lektorat sei Frau Dr. Alexandra Schumacher herzlich gedankt.

Die Herausgeber widmen das Buch dem ehemaligen Präsidenten des Verbandes der bayerischen Bezirke, Dr. Georg Simnacher, und dem Verwaltungsdirektor des Landes-Caritasverbandes Bayern und Geschäftsführer der Landes-Arbeitsgemeinschaft der Freien Wohlfahrtspflege in Bayern, Johann Frankl. Deren Credo ist immer gewesen: Nicht was alte und pflegebedürftige Menschen kosten, darf die Sozialpolitik bestimmen, sondern allein das, was diese zu einem menschenwürdigen Leben brauchen. Dies ist der Weg in eine solidarische soziale Zukunft.

München, im März 2005
Bernd Hein, Werner Kraus

Almosen, Spital und Siechenhaus
800 Jahre Altenpflege in Deutschland

Von Werner Kraus

Wer galt in früheren Jahrhunderten als «alt»? Wie hoch war die Lebenserwartung? Welche Hilfeleistungen gab es für alte Menschen, welche Institutionen sorgten sich um sie, wer pflegte sie bei Krankheit oder Gebrechlichkeit? Wie verbrachten Adlige und wohlhabende Bürger ihren Lebensabend, wie Bauern und Arbeiter? War die vorindustrielle Epoche tatsächlich ein «goldenes Zeitalter des Lebens älterer Personen», wie der Gerontologe Ernest W. Burgess 1962 meinte?[1]

Wer Antworten auf all diese Fragen sucht, kann auf eine große Zahl von Publikationen[2] zurückgreifen. Der Alltag der Menschen von der Geburt bis zum Tod ist seit rund dreißig Jahren ein wichtiges Forschungsthema der Geschichtswissenschaft. Doch die Recherche wird zu verwirrenden und widersprüchlichen Ergebnissen führen. Verallgemeinernde Aussagen zur Lebenswirklichkeit alter Menschen in der Vergangenheit und zu den Hilfen, die für sie bereitgestellt wurden, sind kaum möglich. Denn zum einen war die Einstellung zu alten Menschen immer sehr unterschiedlich; Missachtung wechselte mit Achtung, Beschimpfung mit Verehrung. Das Alter wurde mit Weisheit und Erfahrung oder mit Verfall und Demenz gleichgestellt. Zum anderen hing die Lebenssituation alter Menschen immer ab von ihrem Beruf, den Familienstrukturen, den religiösen, wirtschaftlichen und sozialen Verhältnissen. Die Altenpflege war in katholischen Regionen anders organisiert als in protestantischen. Welten liegen zwischen den Fürsorgeleistungen des Mittelalters, des Absolutismus oder des beginnenden Industriezeitalters.

Detaillierte und differenzierte Antworten auf die oben gestellten Fragen sind in diesem Buchbeitrag nicht möglich. Die wesentlichen Entwicklungen vom Mittelalter bis zur ersten Hälfte des vergangenen Jahrhunderts werden aber skizziert und geben einen Rahmen für die nachfolgenden Artikel zur aktuellen Situation.

Alter und Lebenserwartung

Informationen über die Lebenszeit der Menschen vor dem Dreißigjährigen Krieg gibt es kaum. Wer vom 12. bis zum 18. Jahrhundert geboren wurde, durfte mit durchschnittlich 25 bis 33 Lebensjahren rechnen. Die meisten Menschen starben im Säuglingsalter und in der frühen Kindheit. Dies drückte den Mittelwert erheblich nach unten. «Danach erstreckte sich ein hohes Niveau der Sterblichkeit relativ gleichmäßig über das gesamte Jugend- und Erwachsenenalter», resümiert Josef Ehmer in seiner «Sozialgeschichte des Alters».[3] Da die biologischen Alterungsprozesse dieselben waren wie heute, konnten auch in vorindustriellen Epochen zahlreiche Menschen ein hohes Alter erreichen. Deutlich wird dies am Beispiel der Stadt Genf: Hier wurden im 17. Jahrhundert von 1000 Vertretern der Oberschicht rund 300 über 60 Jahre alt, in der Unterschicht, etwa bei Handlangern und Tagelöhnern, waren es rund 100.[4]

Von 1700 bis 1800 änderte sich an der durchschnittlichen Lebenserwartung nur wenig; sie betrug weiterhin 33 Jahre. Medizinhistoriker haben die extrem flache Form der Alterspyramide dieser Zeit vor allem auf das Fehlen hygienischer Maßnahmen sowie die schlechte und unausgeglichene Ernährung zurückgeführt. Epidemische Erkrankungen wie Malaria, Pest, Lepra oder Ruhr waren ebenso wenig heilbar wie Tuberkulose oder Syphilis. In allen Lebensphasen war die Sterblichkeit groß. «Mitten im Leben sind wir vom Tod umgeben», war die alltägliche Erfahrung von Arm und Reich, auf dem Land wie in den Städten. Die Totentänze, die nach der großen Pestepidemie 1348 aufgekommen und bis ins 18. Jahrhundert gemalt worden sind, vergegenwärtigen diese Allgegenwart des Todes. Man starb an Krankheiten, Seuchen, Kriegen oder Hunger, nur selten an Altersschwäche.

Erst 1850 stieg die Lebenserwartung auf 37 Jahre, 1900 dann auf 45 Jahre für Männer und 48 für Frauen; 1999 betrug sie für Männer 74,4 Jahre und für Frauen 80,6. Gegenwärtig ist in Deutschland ist jeder Vierte über 60, rund 2,9 Millionen Menschen (= 3,6 Prozent der Bevölkerung) sind 80 Jahre und älter. Die Bevölkerungspyramide, die noch um 1900 einer schlanken Tanne glich, wurde zum Pilz.

Vom Mittelalter bis zum Beginn der Neuzeit

Lebensabend in der Familie

Maler und Dichter haben vom Barock bis zum Ende des 19. Jahrhunderts Idyllen von einem friedlich-harmonischen Lebensabend alter Menschen im Kreis von Kindern und Enkeln entworfen. Immer gab es aber auch Stimmen, die diesen Idealbildern die bittere Realität entgegensetzten. Zu ihnen gehört Johann Friedrich Meier, ein Reformer um 1800. Er schrieb über das Verhältnis von Kindern zu ihren betagten Eltern: «Nicht nur, dass sie wochen- und monateweise kein Wort mit ihnen sprachen, sich auch bei Altersschwachheit und Krankheiten nicht mehr nach ihnen umsahen, ihnen alle kindliche Schuldigkeit entzogen, sondern ihnen noch überdies alles Böses und den frühesten Tod überall laut anwünschten, ja alles dazu beitrugen. Man hörte, dass sie, wie sie den Mund wider sie auftaten, auch die Hand gegen sie aufhoben, weil sie lieber dem Hund ein Stück Fleisch gaben, als ihren Eltern ein hartes Brot vorwarfen.»[5]

Peter Borscheid resümiert in seinem Standardwerk «Geschichte des Alters»: «Der alte, hilfebedürftige Mensch hatte sich stets, um zu überleben, auf Mitleid und Nächstenliebe gestützt, sofern er nicht die Hilfe der anderen durch seine Macht erzwingen oder durch seinen Besitz erkaufen konnte.»[6] Macht und Besitz hatten freilich nur die oberen Gesellschaftsschichten, nur sie konnten mit einem reichen Erbe locken, das einen sorgenfreien Lebensabend garantierte.

Anders war die Situation der alten Bauern. Die kleinlichen Regelungen in den notariellen Verträgen zum Altenteil, die bei der Übergabe des Erbes auf die Kinder geschlossen wurden und in denen sogar die Zahl der über das Jahr hin abzugebenden Äpfel oder Eier genau fixiert wurde, vor allem auch die gerichtlichen Auseinandersetzungen über diese Versorgungsleistungen zeigen, dass das Klima zwischen den Generationen auf dem Land meist von Angst und Misstrauen geprägt war, nicht von Vertrauen oder gar Zuneigung. Je kleiner das Erbe war, umso weniger war ein harmonisches Zusammenleben in einer Drei-Generationen-Familie an der Tagesordnung. Die alte Bauernweisheit «Übergeben und nimma Leben» verdeutlicht den Konflikt. «Das bäuerliche Nebeneinander war weit von aller Idylle entfernt, hatte weniger mit Glück und Harmonie zu tun als mit einem Aufeinander-angewiesen-Sein bei gleichzeitig nie unterdrücktem Argwohn»,[7] stellt Borscheid fest.

Bei den städtischen Handwerkern waren die Verhältnisse meist nicht besser. Zu vererben gab es nur wenig. Aufgrund der äußerst beengten Wohnverhältnissen in den Städten war vom Mittelalter bis zum beginnenden 20. Jahrhundert kein Platz für eine Großfamilie. Die Kinder gründeten nach ihrer Heirat rasch ein eigenes Zuhause, machten sich beruflich selbstständig und unterstützten ihre alten Eltern allenfalls finanziell aus der Ferne. «Die Grundlage des Haushalts war hauptsächlich die Kernfamilie, selten einmal gab es Haushalte, in denen drei Generationen zusammenlebten»,[8] beschreibt Jack Goody in seiner «Geschichte der Familie» die Situation in Europa. Nur am Beginn des 20. Jahrhunderts lebten Großeltern und Enkel in ländlichen Regionen unter einem Dach. Dieses kurzfristige Phänomen prägt bis heute den Mythos von der vorindustriellen Großfamilie.

Dezentrale Altenpflege

Wer seinen Lebensabend nicht in der Familie verbringen konnte, suchte Hilfe in Einrichtungen, deren Name sich vom lateinischen Wort für Gastfreundschaft (hospitalitas) ableitet:

den Hospitälern und Spitälern. Diese gab es, seit im Sankt Gallener Klosterplan von 820 verbindlich festgelegt worden war, dass in allen Klöstern sowohl Gebäude für kranke Mönche wie für Pilger und Arme gebaut werden müssen. Neben den Orden gründeten im 12. und 13. Jahrhundert auch Bischöfe und Adlige eine Vielzahl von Spitälern, ergänzend entstanden Bruderschaften, deren Mitglieder sich der Armen- und Krankenfürsorge widmeten.

Viele dieser Institutionen erwiesen sich im 13. und 14. Jahrhundert, als die Bevölkerungszahlen der Städte rapide angestiegen waren, als zu leistungsschwach. Spitäler der Kirchen oder Orden wurden deshalb kommunalisiert; sie blieben rechtsfähig mit eigenem Personal, wie dem Spitalmeisterehepaar oder dem Schreiber, dem die Wirtschaftsführung oblag, unterstanden aber in ihrer Finanzverwaltung der Aufsicht des Stadtrates. Reiche Bürger, zunehmend auch Landesherren, stifteten neue, größere, den Bedürfnissen der Zeit angemessene Einrichtungen. «In ihnen fanden Gottesverehrung und Gottesfurcht, schlichte Liebe zum Nächsten gemäß dem Willen Gottes, Sühnebereitschaft für begangene Sünden, aber auch ins egoistisch reichende Bemühungen um das eigene Seelenheil und um himmlischen Lohn einen dauerhaften und sichtbaren Niederschlag»,[9] fasst Borscheid die unterschiedlichen Motivationen zusammen, die den Stiftungen zugrunde lagen. Eine wichtige Einnahmequelle war der Ablasshandel. Das Dinkelsbühler Spital gewährte beispielsweise seinen Wohltätern einen Ablass von 40 Tagen für schwere und von einem Jahr für leichte Sünden.[10]

Bis 1500 war ein dichtes Netz von Spitälern entstanden, in Europa dürften es 10 000 gewesen sein, die – je nach der Größe – 30 bis 300 alte Menschen beherbergen konnten.[11] Aufgenommen wurden in der Regel die Bürger einer Kommune und die in ihr beschäftigten Handwerker, Knechte oder Dienstmägde. Reiche Familien, aber auch Bruderschaften und Zünfte stifteten Betten, die sie mit Personen ihrer Wahl belegten. Wer es sich leisten konnte, kaufte sich in das Spital ein, je nach seinem Vermögen als «armer» oder «reicher» Pfründner.

Die armen Pfründner wurden aus dem Spitalvermögen versorgt. Sie lebten in Gemeinschaftsräumen; die Eintönigkeit der Speisenfolge, die meist nur aus Brühe, Grütze und Brot bestand, wurde nur an Festtagen auflockert.

Die reichen Pfründner, die ihre gesamte Habe und ihren Grundbesitz dem Spital übergeben und damit ein Wohnrecht bis ans Lebensende erworben hatten, regelten ihre Unterbringung und ihr leibliches Wohl vertraglich bis ins Detail. «Stuben und Khamer aneinander, darinnen wir unser Wohnung allein haben, täglich drei Maß Wein, Heizung für den Winter, fünf Pfund Lichter», erkaufte sich beispielsweise 1563 ein Lindauer Bürger. Das Dinkelsbühler Spital legte genau fest, welche Gerichte und Getränke aufgetischt werden mussten; am Faschingsdienstag gab es «morgens Kalbskopf, ein viertel Suppenhuhn, Braten; abends: zwei Eier, je ein viertel Suppen- oder Bratenhuhn, Wein genug, dazu das Trinkgeschirr voll Wein zum Mitnehmen». Die «Herrenpfründner» wohnten also immer komfortabler und erhielten stets eine bessere und reichlichere Kost als die Armen.

Die Gewissheit, im Alter nicht allein zu sein, und die Aussicht, bei Krankheit gepflegt zu werden, erhöhte die Attraktivität des Spitals. Ärztliche Versorgung gab es allerdings nicht; es kam nur ein- bis zweimal pro Woche ein Bader, um Wunden zu verbinden oder zur Ader zu lassen. Die hygienischen Verhältnisse in den Krankenstationen waren zudem meist katastrophal, oft lagen Kranke aller Art zu zweit in einem Bett. Die Pflegerinnen hatten einen dubiosen Ruf, soweit sie nicht einem Orden wie den Elisabethinnen oder der Gemeinschaft der Beginen angehörten.[12]

Selbst für die reichen Pfründner war das Spital jedoch kein Paradies auf Erden. Alte und Kranke, Krüppel und Schwachsinnige lebten hier auf engstem Raum zusammen. Reibereien und heftiger Streit waren an der Tagesordnung. Strenge Vorschriften, die Spitalordnungen, regelten minuziös den Alltag. Alle Bewohner des Spitals mussten an Messen teilnehmen; keiner durfte das Haus ohne Genehmigung verlassen «und nit uf der gassen gutzen und betlen geen», wie es in der Straßburger Ordnung hieß, keiner die Nacht außerhalb verbringen oder in Kleidern seinen Mittagsschlaf halten. Für arme Pfründner bestand Arbeitspflicht, Frauen mussten spinnen, Männer Holz hacken oder Fässer reinigen. Zuwiderhandlungen gegen die Anordnungen, die auch übermäßiges Spielen, Fluchen oder «Hurerey» untersagten, wurden mit Geldbußen, im Extremfall auch mit der Entlassung bestraft. Der Rothenburger Rat drohte in seinem Spital gar mit dem Abhacken der rechten Hand bei «Unzucht und Zanck». Bei leichteren Übertretungen wurden «gebührender Wein oder Flaisch abgesprochen», wie in der Schondorfer Ordnung von 1580. Trotz all dieser Eingriffe in die persönlichen Freiheiten der Bewohner: Das Interesse daran, im Spital eine Bleibe zu finden, war ungebrochen. Viele Spitäler aus dem Mittelalter sind noch heute Altenheime oder Krankenhäuser, wie zum Beispiel das Bürgerspital zum Heiligen Geist in Würzburg oder die Heilig-Geist-Spitäler in Nürnberg und Schwäbisch Gmünd.

Aus der Fülle der Beispiele sei das Katharinenspital in Forchheim herausgegriffen. Das Spital geht vermutlich auf eine Niederlassung der Antoniusbrüder zurück, die aus Frankreich gekommen waren und sich der Pflege von Aussätzigen und Kranken verschrieben hatten. 1303 vermachte ein Bamberger Chorherr «meinem lieben Katharinenspital» zahlreiche Güter, Mühlen, Felder und Lehensrechte. Nach seinem Tode, 1328, verschrieb er ihm den Rest seines beachtlichen Vermögens. Damit war der Grundstock für die Stiftung gelegt. Im Laufe der Jahrhunderte wurde sie stetig von Adligen und Forchheimer Bürgern erweitert. Der Reichtum der Stiftung fand in der Architektur des Spitals seinen Ausdruck. Die Kirche wurde 1490 errichtet. Die Aufträge für Altäre gingen an führende Nürnberger Künstler. 1511 waren die Spitalgebäude vollendet, 100 Jahre später wurden sie von den bedeutendsten Baumeistern der Region an exponierter Stelle im Stadtbild aufwendig im Zeitstil neu errichtet. Damals durften nur «würdige» Forchheimer Bürgersfrauen katholischen Glaubens aufgenommen werden. Nichts änderte sich daran, als verschiedene Forchheimer Stiftungen 1875 zur «Vereinigten weiblichen Pfründnerstiftung», die der Orden der armen Franziskanerinnen betreute, zusammengeschlossen wurden.

Ein neues Kapitel wurde 1922 aufgeschlagen, als ein Forchheimer Ehepaar sein gesamtes Vermögen zum Bau eines neuen Altersheimes stiftete, allerdings unter der Bedingung, dass auch Männer und Angehörige anderer Konfessionen aufgenommen werden mussten. Der heutige Baubestand geht auf umfangreiche Renovierungen sowie einen Neubau des Jahres 1980 zurück. 2004 lebten im Katharinenspital rund 60 Forchheimer Bürgerinnen und Bürger, dank der Stiftung zu erschwinglichen Preisen.

Zentralisierte Altenpflege

«Die Reformation machte den Weg frei für die Entwicklung einer neuen sozialen Politik, die weltliche Strukturen der Fürsorge bevorzugte»,[13] fasst Robert Jütte in seinem Buch «Arme, Bettler, Beutelschneider» die Zeit vom beginnenden 16. bis zum Ende des 18. Jahrhunderts zusammen. In protestantischen Landesteilen und Städten wurde nun ein zentral organisiertes System der Armenpflege eingeführt. Die Freie Reichsstadt Nürnberg stellte 1522 als Erste die Armenfürsorge unter ihre Aufsicht, kurz darauf folgten Augsburg und Lübeck.

Das Vermögen von Klöstern und katholischen Institutionen, die im Zuge der Reformation aufgelöst worden waren, wurde nun zusammen mit privaten Schenkungen und kirchlichen Spenden in eine gemeinsame Kasse, den «gemeinen Kasten», eingebracht und daraus die Besoldung der Pastoren, die Erhaltung von Kirchengebäuden und die Armenfürsorge finanziert. In funktionslos gewordenen Klöstern wurden neue Spitäler eingerichtet.

Doch die Zeiten hatten sich verändert; für alte Menschen war das Leben härter geworden. Luther und Calvin wetterten in ihren Predigten gegen Almosen und fromme Spenden. Der Armut dürfe nicht mit Mildtätigkeit, sondern müsse mit Arbeitsbeschaffung, notfalls auch mit Arbeitszwang, begegnet werden. Fromme Stiftungen wurden nun immer seltener. Das erwirtschaftete Vermögen blieb in den Familien; Testamente dienten nicht mehr dazu, sich die ewige Seeligkeit im Sinne des Ablasshandels zu erkaufen, sondern wurden aus Sorge um das Wohlergehen der Nachkommen verfasst.

Unterstützung fanden in reformatorischen Gegenden nur noch «würdige Arme», die unverschuldet in Not geraten waren – ein Kriterium, das auch für die Aufnahme in der Augsburger Fuggerei, der ersten sozialen Wohnanlage der Neuzeit, bis in die Gegenwart unabdingbar ist. Alle anderen Armen sollten sich, auch im Alter, ihren Lebensunterhalt selbst verdienen. «Mit Beginn des 16. Jahrhunderts wurde das Betteln grundsätzlich verboten, die Armenfürsorge wechselte von der Kirche auf die Gemeinde, die Unterstützung wurde auf Einheimische beschränkt, die Finanzierung zentralisiert, ein Kriterienkatalog für Unterstützungszahlungen und ein Moral- und Verhaltenskodex erstellt»,[14] fasst Borscheid diese Entwicklung zusammen.

Infolge der schwindenden Wirtschaftskraft geriet die Armenfürsorge in der Zeit um 1600, vor allem nach dem Dreißigjährigen Krieg, zunehmend ins Abseits. Die Attraktivität des Spitals verfiel rasant, oft beherrschten nur noch Brot und Wassersuppe dessen Speisepläne, vielfach wurde der Küchenbetrieb ganz eingestellt. Die Spitalbewohner mussten für sich selbst sorgen, meist mehr schlecht als recht. Nonnen und Mönche, die in Spitälern ohne Entlohnung gearbeitet hatten, gab es vor allem in protestantischen Regionen nicht mehr. Ein enormer Mangel an Pflegekräften war die Folge. Um diesen Notstand zu lindern, stellten viele Städte bezahlte Hilfskräfte aus den unteren Gesellschaftsschichten ein, die aber meist nur als Wärter/-innen eingesetzt werden konnten. Zeitgenossen sahen in den ehemals einflussreichen und reichen, nun aber heruntergekommenen Spitälern Stätten der Krankheit. «Das allerschlimmste ist die Spitalfäulnis, ein Leichengeruch, der dem Sterben vorausgeht», schrieb ein Beobachter des 16. Jahrhunderts und warnte davor, diese Einrichtungen aufzusuchen.

In katholischen Regionen und Städten blieb das dezentrale System der Wohlfahrt in der Verantwortung der Klöster, Kirchen, Bruderschaften und Kommunen weiter bestehen. Nur hier wurden auch nach 1550 von den Landesherren, vor allem den geistlichen Fürsten, noch neue Häuser gegründet. Das Julius-Spital des Würzburger Bischofs Julius Echter von 1576 ist ein frühes Beispiel, das Clemens-Hospital in Münster, im Auftrag des Kölner Kurfürsten und Erzbischofs Clemens August ab 1745 errichtet, ein spätes. Diese Stiftungen waren allerdings nicht primär Orte der Mildtätigkeit und Nächstenliebe, sondern «Instrumente der Politik und Kampfmittel zur Verteidigung des Glaubens»,[15] urteilt Dieter Jettner in seinem Buch «Das europäische Hospital» über diese neuen «Bollwerke der Gegenreformation», die allen Alten und Kranken des Herrschaftsgebietes offen standen.

Rückblickend «lässt sich nur schwer feststellen, ob die zentralisierenden Strukturen der Armenpflege in den protestantischen Gemeinden... die Armen besser versorgten als das im Prinzip dezentrale System der katholischen Städte».[16] In jedem Fall konnten beide «nur die schlimmsten Härten der Armut ausgleichen», unverzichtbar war immer die informelle Altenhilfe, die individuelle Mildtätigkeit der Bürger, das enge soziale Netz, das Nachbarn, Freunde, Arbeitskollegen und Verwandte bildeten.

Arbeitshäuser der Aufklärung

Im 17. und 18. Jahrhundert, in der Zeit des Absolutismus und Merkantilismus, kam das Wohlfahrtswesen in katholischen und protestantischen Regionen fast vollständig unter staatliche Verwaltung. Der Staat kümmerte sich nun zwar um verarmte und alte Bürger, stellte aber die Verpflichtung eines jeden Menschen in den Vordergrund, mittels Arbeit für sich selbst zu sorgen, seinen Lebensunterhalt zu bestreiten und damit den Staat zu entlasten.

Deutschland wurde gegen Ende des 18. Jahrhunderts mit einem Netz von Zucht- und Arbeitshäusern überzogen. «Wir finden hier neben den arbeitsscheuen Bettlern und den gerichtlich abgeurteilten Verbrechern auch unbotmäßiges Gesindel und aufmüpfige Kinder, neben Prostituierten, Wahnsinnigen und Syphilitikern auch gebrechliche alte Menschen, verarmte Witwen und

Waisenkinder»,[17] beschreibt Borscheid diese Einrichtungen, die sich rasch etablierten. «Die Gesellschaft der Aufklärung, die wie keine vorher und nachher die alten Menschen ehrt, sie als höchste Autorität würdigt, steckt sie gleichzeitig... mit dem Abschaum der Zeit zusammen.»[18] Ideal und Wirklichkeit drifteten weit auseinander. In München wurde beispielsweise 1804 ein «Beschäftigungshaus» errichtet, um Menschen, die keine anderweitige Arbeit mehr finden konnten, eine Verdienstmöglichkeit zu verschaffen; selbst eine «ganz entkräftigte» 73-Jährige musste hier noch ihren Unterhalt verdienen, wie die Akten belegen. Ein angenehmer Lebensabend war für die überwiegende Masse der Bevölkerung unvorstellbar.[19]

Es war schon ein Fortschritt, dass sich im Zuge der Reformen von Kaiser Josef II. ab 1780 langsam Zucht-, Arbeits- und Armenhäuser in eigene Einrichtungen trennten und sich reine Krankenhäuser ausbildeten. Für schwerkranke und behinderte alte Menschen wurde erstmals eine gesonderte Unterbringung in «Siechenhäusern» vorgeschlagen. Die wenigen Einrichtungen, die bis zum Ende des 19. Jahrhunderts eröffnet wurden, waren aber permanent überbelegt und die Pflegebedingungen in der Regel schlecht, gerade aus Mangel an geeigneten Kräften.[20]

Eine große und folgenreiche Neuerung am Ende des 18. Jahrhunderts war die Einführung von Witwen-, Invaliden- und Sterbekassen. Zwar wurde der Grundsatz der lebenslangen Arbeit noch von niemandem zur Diskussion gestellt, doch setzten von nun an Sozialpolitiker der Unbeständigkeit der Welt vorausschauende Planungen entgegen. Angeknüpft wurde dabei an fortschrittliche und zukunftsweisende Leistungen, die für die Bergleute mit ihrem genossenschaftlich organisierten Unterstützungssystem seit dem Mittelalter bestanden.

Das Industriezeitalter

Mit dem Beginn des Industriezeitalters um 1830/50 brach eine neue Epoche an. Die sozialen Probleme rückten in das Interessenfeld der Politik. Viele Einrichtungen des Gesundheits- und Armenwesens wurden nun von staatlichen Kommissionen überprüft, die oftmals katastrophale bauliche, hygienische und pflegerische Zustände aufdeckten. Ein Bericht des Chirurgen Johann F. Dieffenbach von 1832 über die Berliner Charité, die seit 1727 ein Krankenhaus, ein Militärlazarett und ein Pfründnerheim umfasste, prangert schonungslos den Verfall des einst angesehenen Hauses an. Schon 1806 hatte ein Beamter entsetzt geschrieben: «Wo man hinsah, wo man hinfasste, überall ein unbeschreiblicher Schmutz und widerlicher Geruch... in der Nähe des Bettes fanden sich der Gegenstände des Ekels so viele,... dass jede Untersuchung der Kranken Überwindung kostete.»[21] Eine grundlegende Reform zur Verbesserung vieler Anstalten wurde in die Wege geleitet.

Die Trennung des Gesundheitswesens von der Armenpflege war bis zur Mitte des 19. Jahrhunderts nahezu vollzogen. Die Zahl der Siechenhäuser war aber noch viel zu gering, um der Not kranker alter Menschen effektiv begegnen zu können, vor allem, da die Bereitschaft der Angehörigen nachgelassen hatte, diese zu Hause zu betreuen, meist «aus Mangel an Vermögen und Pflegepersonal... und an Liebe». Daneben gab es, wie zeitgenössische Quellen berichten, zahllose Fälle, «wo die armen Siechen familienlos sind... und wo sie dann wie Parias im Dorfe, in der Stadt, im Lande herumirren, wenn sie nicht ganz den Orts- oder Landesarmenhäusern zugewiesen werden, in welche sie von Gottes und Rechtswegen durchaus nicht gehören».[22] Interesse an einem zügigen Ausbau von Siechenhäusern bekundeten vor allem die neu entstandenen Krankenhäuser, die die hohen Kosten für die Versorgung chronisch kranker Menschen auf die kommunale Wohlfahrtspflege abwälzen wollten.

Als die öffentliche Armenpflege zunehmend an ihre Grenzen gelangte, schlug die Stunde der privaten Wohltätigkeit und der «Freien Wohlfahrtspflege». 1848 gründete Johann Hinrich Wichern die evangelische «Innere Mission», ein Jahr später entwickelte sich daraus der Vorläufer des heutigen «Diakonischen Werkes». 1863 entstand das «Internationale Komitee vom Roten Kreuz», 1897 der Deutsche Caritasverband als Zusammenfassung vieler kirchlicher Hilfeeinrichtungen, 1919 die «Arbeiterwohlfahrt», ab 1920 der «Deutsche Paritätische Wohlfahrtsverband» als Sammelorganisation vieler kleiner Einrichtungen und Dienste. 1880 war der «Deutsche Verein für Armenpflege und Wohltätigkeit» gegründet worden, der heute im «Deutschen Verein für öffentliche und private Fürsorge» fortbesteht. Die zukunftsweisende Grundlage für die Trägerschaft von Einrichtungen der Altenpflege neben Kirchen und Kommunen war damit gelegt.

Als in den Jahrzehnten um 1900 immer mehr Menschen vom Land in die aufsteigenden Industriestädte zogen und große Arbeiterviertel mit desolaten baulichen und hygienischen Bedingungen entstanden, wurden die Lebensumstände alter Menschen in zunehmendem Maß deprimierend. Wohnraum war allenthalben knapp. Arbeiterfamilien, die ihre Betten an Schlafgänger vermieten mussten, um finanziell zu überleben, hatten keine Möglichkeit, ihre alten Eltern bei sich aufzunehmen. Wer von diesen nicht arbeitete und sich eine Wohnung, meist freilich ein Kellerloch oder eine Dachkammer, leisten konnte oder in einem Siechenhaus unterkam, stand auf der Straße und wurde obdachlos.

Die Städte versuchten der Verelendung breiter Schichten der Bevölkerung mit der Eröffnung von Asylen Herr zu werden. Hier sollten auch viele alte Menschen einen Platz zum Schlafen finden. Der Journalist Paul Lindau beschrieb um 1880 eines dieser Häuser in Berlin: «Ich habe in der Nacht das städtische Asyl besucht, und ich muss sagen, es ist der furchtbarste menschliche Aufenthalt, den ich je gesehen habe. Es sind da einige Baracken, die wohl früher zu Lazarettzwecken gedient haben; und in diesen

Bretterbuden sind so viele Bänke wie möglich aufgestellt worden. Auf jeder Bank liegen zwei der Unglücklichen. Auch auf der nackten Diele haben sich die müden Bettler wie die Hunde hingestreckt. Dieses hölzerne Lager ist das Einzige, was die Stadt ihnen gibt; keine Kissen, keine Decke, nicht einmal das bisschen Streu, das dem elenden Vieh geschüttet wird, ist da... Es mögen wohl 60 bis 80 dieser schmutzigen Elenden in jedem der engen Räume liegen; es herrscht darin eine Hitze, dass man es nicht aushalten kann. Für Ventilation ist gar nicht gesorgt; freilich wird stark desinfiziert, das ganze Gemach riecht nach Karbol und Chlor, aber das nützt nichts.»[23]

Unter welch schwierigen Umständen alte Menschen, das Gros der Almosenempfänger, ihren Lebensabend auch in der Residenzstadt München fristen mussten, brachte erstmals 1893 eine öffentliche Sitzung des Armenpflegschaftsrates ans Licht. Großes Glück hatte, wer einen der raren Plätze in den drei Spitälern der Stadt, oft nach jahrelangen Wartezeiten, bekommen hatte. Er musste zwar in einem Schlafsaal mit 10 bis 15 Betten leben, erhielt aber täglich drei Mahlzeiten, zusätzlich gewährte die Armenpflege ein bescheidenes Taschengeld. Rechtliche Grundlage war ein Landesgesetz, das die bayerischen Gemeinden zur Armenpflege verpflichtete. Leistungen standen aber nur dem zu, der in München Heimatrecht erworben hatte. Wer dieses mangels Vermögen oder zu kurzem Aufenthalt in der Stadt nicht besaß, hatte keinen Anspruch auf Unterstützung und konnte in seine Heimatgemeinde, notfalls durch die Polizei, abgeschoben werden.[24]

Das Einsperren in Arbeitshäusern, die Ausgrenzung in Asylen oder die Ausweisung waren Möglichkeiten, sozialen Problemen, wie der Altersarmut und der Obdachlosigkeit, mit hoheitlicher Gewalt zu begegnen, ohne diese damit freilich auch nur ansatzweise lösen zu können.[25]

Die Zeit Bismarcks: Die Planbarkeit des Lebens

Diesen dunklen Seiten der Zeit um 1900 müssen die hellen gegenübergestellt werden. Steigende Hygiene, verbesserte Lebensmittelversorgung und neue medizinische Therapien hatten zu einem drastischen Rückgang der Säuglings- und Kindersterblichkeit geführt, die Lebenserwartung verbesserte sich von Jahrzehnt zu Jahrzehnt. 1900 betrug sie für Männer 45 Jahre, für Frauen 48. Erstmals konnten die Menschen die Hoffnung hegen, alle Lebensphasen zu durchlaufen und erst im (hohen) Alter zu sterben. Die ständig steigende Bevölkerungszahl verschärfte freilich die sozialen Probleme. Politische, vor allem gesetzgeberische Maßnahmen waren nun zwingend erforderlich, um der Massenverelendung zu begegnen und um den inneren Frieden im Land zu sichern.

Richtungsweisend war die Einführung der Sozialversicherungen durch Otto von Bismarck.[26] Den Anfang machte 1883 die Krankenversicherung, ein Jahr später kam das Gesetz über die Unfallversicherung zustande. 1889 beschloss der Reichstag die Alters- und Invaliditätsversicherung für alle Arbeiter. Mit diesem Gesetzespaket betrat Bismarck[27] in Europa Neuland. Es war der erste Schritt auf dem Weg zum modernen Sozialstaat. Das Konzept knüpfte an patriarchalische Traditionen großer Firmengründer an, die soziale Leistungen für ihre Arbeiterschaft gewährt hatten (vorrangig freilich, um diese an den Arbeitsplatz zu binden), es verstand sich als «Praktisches Christentum» und sollte zudem den Einfluss der Sozialdemokraten im Reich begrenzen.

Um in den Genuss einer kargen Altersrente zu gelangen, musste ein Arbeiter allerdings das 70. Lebensjahr erreichen, was selten genug vorkam, und drei Jahrzehnte lang Beiträge eingezahlt haben. «Für die Masse der alten Bevölkerung änderten sich die materiellen Lebensbedingungen erst dreißig Jahre nach der Einführung der Rentenversicherung. Die niedrigen Renten und die fehlende Krankenversicherung im Alter halten die Unterprivilegierung alter und vor allem alter kranker Menschen gegenüber der erwerbstätigen Bevölkerung aufrecht»,[28] relativiert Hilde von Balluseck die Bismarck'schen Reformen in ihrem Buch «Die Pflege alter Menschen». Das größte Manko sei gewesen, dass kranke alte Menschen wieder «zu Objekten der Armenpflege» degradiert wurden.

Doch der Staat war von nun an Hauptadressat für sozialpolitische Veränderungen, seinen Verpflichtungen konnte er sich nicht mehr entziehen. Am Ende des 19. Jahrhunderts entstanden die ersten reinen Alten- und Pflegeheime, in denen alleinstehende, gebrechliche oder «sieche» Altersrentner, bei Verzicht auf ihre Rente, den Lebensabend verbringen konnten. Da die Kirchen eine stetige Ausweitung der öffentlichen Wohlfahrtspflege und damit einen Verlust ihrer traditionellen Zuständigkeiten fürchteten, übernahmen sie zahlreiche dieser «Siechenheim» genannten Einrichtungen.[29]

Vom Siechen- zum Pflegeheim

Nach dem Ersten Weltkrieg stieg die Zahl alter, kranker Menschen, die nur geringe Renten erhielten, stark an; es entstand ein erheblicher Bedarf an Siechenheimen. Diese wurden in den 20er Jahren auch deshalb gebaut, um den allgemeinen Wohnungsmarkt zu entlasten und um Kosten im Gesundheitswesen zu sparen. Zugrunde lag eine Studie, die 1923 ergeben hatte, dass die Investitionen für ein Bett in einem Siechenheim nur etwa die Hälfte von dem in einem Krankenhaus betrugen. Die alten Patienten wehrten sich jedoch vehement gegen die Verlegung aus den Krankenhäusern, denn die Siechenheime hatten das Odium eines «Sterbehauses». Sie waren wegen ihrer strengen Hausordnungen sowie den angegliederten Werkstätten, in denen die Bewohner zu leichten Arbeiten herangezogen werden konnten, äußerst unbeliebt. Um ihrem negativen Image als «Endstation» entgegenzuwirken, änderten viele Siechenhäuser ihren Namen und firmierten nun als «Pflegeheim». Daneben gab es auf dem Land noch immer Armenhäuser, und die Städte bauten für verarmte, jedoch nicht pflegebedürftige alte Menschen eigene Wohnheime.

Nach 1945 stand die Altenpflege wieder vor großen Herausforderungen. Im Krieg zerstörte Altenheime wurden nun in Baracken wiedererrichtet. Nach der Währungsreform stellte der Staat verstärkt Gelder zur Verfügung, um neue Häuser zu bauen. Doch die Unterbringung war noch überaus spartanisch. Erst nach 1970 setzten sich neue Überlegungen im Altenheimbau durch. Gemäß den Förderungsbestimmungen des Bundesbauministeriums wurden Ein- und Zweibettzimmer, möglichst mit eigener Nasszelle und kleiner Kochgelegenheit, langsam Standard. Im Bereich des Gesundheitswesens entstanden seit Ende der 60er Jahre Tageskliniken, im Bereich der Altenhilfe Tagespflegeheime.

All diese «Stätten der Rehabilitation»[30] sind darauf ausgerichtet, «verbliebene Kräfte chronisch kranker und pflegebedürftiger alter Menschen mit ärztlicher Hilfe und insbesondere durch aktivierende Pflege zu üben, zu erhalten sowie eine Besserung des Allgemeinzustandes herbeizuführen». Im Bereich des Gesundheitswesens gibt es geriatrische (Tages-)Kliniken und die geriatrische Rehabilitation. Beratungsstellen, ambulante Pflegedienste und die Angebote des betreuten Wohnens runden das abgestufte Versorgungskonzept für alte Menschen ab.

Eine Bedarfsdeckung ist nach Einschätzung des Bundesministeriums für Arbeit und Sozialordnung aber noch nicht erreicht. Zwar bestanden in Deutschland im Jahr 2000 insgesamt 318 stationäre geriatrische Einrichtungen mit rund 16 000 Plätzen, also 19 Betten pro 100 000 Einwohner, nötig wären aber 50 bis 60 Betten. Bei den Tageskliniken (136 in 2000) sind durchschnittlich 2,5 Plätze pro 100 000 Einwohner verfügbar, 15 wären wünschenswert. Auch die ambulante geriatrische Versorgung ist nach Ansicht des Ministeriums noch unzulänglich. Die Prinzipien «ambulant vor teilstationär» und «teilstationär vor vollstationär» können aber erst umgesetzt werden, wenn die entsprechenden ambulanten Versorgungsstrukturen vorhanden sind.[31]

Die Forschung beschäftigt sich seit dem Beginn des 20. Jahrhunderts intensiv mit dem Alter. Die medizinische Teildisziplin der Gerontologie war in den Jahren vor dem Ersten Weltkrieg, die der humanwissenschaftlich ausgerichteten Geriatrie nach dem Zweiten Weltkrieg entstanden, zeitgleich mit der Etablierung des Berufsbildes Altenpflege. 1954 startete die erste private Altenpflegeausbildung in Deutschland, zehn Jahre später die erste staatliche. Seit dem Jahr 2003 gilt, nach langem verfassungsrechtlichen Streit, bundesweit ein neues Altenpflegegesetz, das auch die Ausbildung regelt. Im Zuge der Akademisierung der Pflege wurde 1994 der erste Lehrstuhl für dieses Fach in der Bundesrepublik Deutschland eingerichtet. Das Alter ist zu einem interdisziplinären Forschungsthema geworden.[32]

Die demografische Entwicklung führte zum Aufbau der fünften Säule der Sozialversicherung, der Pflegeversicherung: Das 11. Buch der Sozialgesetzgebung wurde 1994 aufgeschlagen, nachdem bereits 1973 beim Deutschen Fürsorgetag «eine Absicherung der wirtschaftlichen Situation heimbedürftiger Rentner» gefordert worden war.

In den Jahrzehnten am Ende des 20. Jahrhunderts war das Alter positiv gesehen worden. Die «grauen Panter» hatten Aufsehen erregt, die Pensionäre studierten in den Universitäten, Senioren reihten sich unter die Marathonläufer, die «jungen Alten» fanden Anerkennung. Defizittheorien des Alters wurden in Frage gestellt und die Chancen, die dieser Lebensabschnitt bot, hervorgehoben.[33] Das Alter war nicht gleichbedeutend mit Gebrechlichkeit oder Hilfebedürftigkeit.

Dieses Bild hat sich zu Beginn des neuen Jahrhunderts bei vielen Menschen verändert. Schlagworte vom «Rentnerberg», der «Vergreisung der Gesellschaft» und der drohenden «Unfinanzierbarkeit der Altenhilfe» machen die Runde. Die negativen Seiten des Alters treten nun wieder in den Vordergrund: der körperliche und geistige Verfall, die Hilflosigkeit und die gemäß vieler Presseberichte offensichtliche Gefahr, keine adäquate Hilfe zu erhalten. Differenziert wird vielfach in das «dritte Alter», das noch eine aktive Lebensgestaltung zulässt, und in das «vierte Alter», das von vielen jüngeren Menschen wieder als Fluch und Elend gesehen wird, trotz aller pflegerischen, medizinischen und rechtlichen Fortschritte.

Literatur

Hilde von Balluseck, Die Pflege alter Menschen, Berlin 1980
Bilder und Dokumente zur Sozialgeschichte, Bonn 1997
Peter Borscheid, Geschichte des Alters, 16.–18. Jahrhundert, Münster 1987
Josef Ehmer, Sozialgeschichte des Alters, Frankfurt a. M. 1990
Dieter Jetter, Das europäische Hospital, Köln 1978
Robert Jütte, Arme, Bettler, Beutelschneider. Eine Sozialgeschichte der Armut, Weimar 2000

Herausforderung Pflegebedürftigkeit
Fakten und politische Perspektiven

Von Bernd Hein

Wir alle wollen möglichst alt werden. Dafür stehen die Chancen gut, denn die Lebenserwartung steigt kontinuierlich an. So kann ein 60-jähriger Mann heute mit einer weiteren Lebenserwartung von im Durchschnitt 19 Jahren rechnen, eine 60-jährige Frau sogar noch mit 23 weiteren Lebensjahren. Die Lebenserwartung wird weiter steigen.[1]

Natürlich wollen wir bei bester Gesundheit alt werden. Dafür stehen die Chancen nicht so gut. Denn mit zunehmendem Alter steigt auch die Wahrscheinlichkeit, pflegebedürftig zu werden. «Nur» fünf Prozent der 70- bis 75-Jährigen und zehn Prozent der 75- bis 80-Jährigen sind pflegebedürftig im Sinne des Pflegeversicherungsgesetzes, aber schon 20 Prozent der 80- bis 85-Jährigen, 40 Prozent der 85- bis 90-Jährigen und über 60 Prozent der 90- bis 95-Jährigen.[2]

Die Angst vor Pflegebedürftigkeit gehört zu den zentralen Sorgen der Menschen. Sozialpolitisch gilt die zunehmende Zahl pflegebedürftiger Menschen als eine der größten Herausforderungen in finanzieller und personeller Hinsicht.

Die aktuelle Situation: Prekäre Pflege

Was heißt Pflegebedürftigkeit?

Der Gesetzgeber legt im Pflegeversicherungsgesetz (SGB XI § 14 Abs. 1)[3] Pflegebedürftigkeit als sozialrechtlichen Tatbestand so fest: Pflegebedürftig sind «Personen, die wegen einer körperlichen, geistigen oder seelischen Krankheit oder Behinderung für die gewöhnlichen und regelmäßig wiederkehrenden Verrichtungen im Ablauf des täglichen Lebens auf Dauer, voraussichtlich für mindestens sechs Monate, in erheblichem oder höherem Maße der Hilfe bedürfen». Als pflegebedürftig wird anerkannt, wer die im SGB XI § 14 Abs. 4 festgelegten Hilfeleistungen mindestens 90 Minuten am Tag benötigt. Genannt werden die Bereiche Körperpflege (Waschen, Duschen, Baden, Zahnpflege, Kämmen, Rasieren, Darm- oder Blasenentleerung), Ernährung (mundgerechte Zubereitung oder Aufnahme der Nahrung), Mobilität (selbstständiges Aufstehen und Zu-Bett-Gehen, An- und Auskleiden, Gehen, Stehen, Treppensteigen, Verlassen und Wiederaufsuchen der Wohnung) und hauswirtschaftliche Versorgung (Einkaufen, Kochen, Reinigen der Wohnung, Spülen und Wechseln und Waschen der Wäsche und Bekleidung, Beheizen).

Der Grad der Pflegebedürftigkeit des Einzelnen, an den sich die Höhe der finanziellen Leistungen aus der Pflegeversicherung knüpft, wird nach einer Untersuchung durch den Medizinischen Dienst der Krankenversicherung (MDK) von den Pflegekassen festgelegt. Dabei werden drei Pflegestufen unterschieden, die erhebliche, schwere und schwerste Pflegebedürftigkeit.[4]

Abbildung 1
Stufen der Pflegebedürftigkeit nach dem Pflegeversicherungsgesetz (SGB XI § 15)

(1) Für die Gewährung von Leistungen nach diesem Gesetz sind pflegebedürftige Personen (§ 14) einer der folgenden drei Pflegestufen zuzuordnen:

1. Pflegebedürftige der Pflegestufe I (erheblich Pflegebedürftige) sind Personen, die bei der Körperpflege, der Ernährung oder der Mobilität für wenigstens zwei Verrichtungen aus einem oder mehreren Bereichen mindestens einmal täglich der Hilfe bedürfen und zusätzlich mehrfach in der Woche Hilfen bei der hauswirtschaftlichen Versorgung benötigen.

2. Pflegebedürftige der Pflegestufe II (Schwerpflegebedürftige) sind Personen, die bei der Körperpflege, der Ernährung oder der Mobilität mindestens dreimal täglich zu verschiedenen Tageszeiten der Hilfe bedürfen und zusätzlich mehrfach in der Woche Hilfen bei der hauswirtschaftlichen Versorgung benötigen.
3. Pflegebedürftige der Pflegestufe III (Schwerstpflegebedürftige) sind Personen, die bei der Körperpflege, der Ernährung oder der Mobilität täglich rund um die Uhr, auch nachts, der Hilfe bedürfen und zusätzlich mehrfach in der Woche Hilfen bei der hauswirtschaftlichen Versorgung benötigen. Für die Gewährung von Leistungen nach § 43 a reicht die Feststellung, dass die Voraussetzungen der Pflegestufe I erfüllt sind.

(2) Bei Kindern ist für die Zuordnung der zusätzliche Hilfebedarf gegenüber einem gesunden gleichaltrigen Kind maßgebend.

(3) Der Zeitaufwand, den ein Familienangehöriger oder eine andere nicht als Pflegekraft ausgebildete Pflegeperson für die erforderlichen Leistungen der Grundpflege und hauswirtschaftlichen Versorgung benötigt, muss wöchentlich im Tagesdurchschnitt

1. in der Pflegestufe I mindestens 90 Minuten betragen; hierbei müssen auf die Grundpflege mehr als 45 Minuten entfallen,
2. in der Pflegestufe II mindestens drei Stunden betragen; hierbei müssen auf die Grundpflege mindestens zwei Stunden entfallen,
3. in der Pflegestufe III mindestens fünf Stunden betragen; hierbei müssen auf die Grundpflege mindestens vier Stunden entfallen.

Pflegende und Pflegewissenschaft[5] kritisieren den gesetzlichen Begriff von Pflegebedürftigkeit mit seiner verrichtungsbezogenen und rein auf körperliche Beeinträchtigungen ausgerichteten Orientierung als viel zu eng. Er orientiere sich nicht am ganzheitlichen Pflegebedarf, denn Bedürfnisse nach Kommunikation, nach Kontakt mit anderen Menschen, Bedürfnisse des sozialen, emotionalen und geistigen Erlebens kämen als Anspruch auf finanzielle Leistungen der Pflegeversicherung nicht vor. Der Zeitaufwand für eine ganzheitliche, zuwendungsorientierte, personenzentrierte und menschenwürdige Pflege werde durch den gesetzlichen Begriff nicht erfasst und von der Pflegeversicherung folglich auch nicht voll finanziert. Das Bundesverfassungsgericht hat im Mai 2003 entschieden, dass diese sozialen und persönlichen Betreuungsleistungen für die gesetzliche Beurteilung der Pflegebedürftigkeit nicht maßgebend sind. Der Gesetzgeber habe auch aus Kostengründen das Recht gehabt, den Begriff Pflegebedürftigkeit eng zu fassen.

Für den Einzelnen ist Pflegebedürftigkeit mit Leid und schwerer Krankheit verbunden. Pflegedürftig zu sein, heißt zumindest für manche Menschen, die Selbstständigkeit aufgeben zu müssen, völlig auf andere Menschen angewiesen zu sein, hilflos im Bett zu liegen, nicht mehr Herr der eigenen Sinne, des eigenen Körpers, des eigenen Lebens zu sein.

Zahl pflegebedürftiger Menschen

Nach der amtlichen Pflegestatistik[6] sind in Deutschland rund 2,04 Millionen Menschen (= ca. 2,5 Prozent der Gesamtbevölkerung)[7] im Sinne des Pflegeversicherungsgesetzes (SGB XI) pflegebedürftig.[8] Die amtliche Pflegestatistik umfasst die Personen nicht, die zwar körperliche Einschränkungen haben, aber nicht die gesetzlichen Kriterien von Pflegebedürftigkeit erfüllen. Dass auch ältere Menschen, die keiner Pflegestufe angehören und zu Hause leben, Unterstützung brauchen, wird oft vergessen. Sie benötigen in der Regel vor allem Hilfen im Haushalt. Bleiben diese Hilfen aus oder erfolgen nicht im notwendigen Ausmaß, drohen Unfälle und Überforderungen, die dann zu Krankheiten und weiterer Pflegebedürftigkeit führen können. Einer empirischen Untersuchung[9] zufolge gehören zu diesem Personenkreis knapp drei Millionen Menschen in Privathaushalten.

Abbildung 2
Eckdaten der Pflegestatistik

2,04 Millionen Pflegebedürftige insgesamt

zu Hause versorgt: 1,44 Millionen (70 %) durch		in Heimen versorgt 604 000 (30 %)
ausschließlich Angehörige 1 Million	Pflegedienste 435 000	
nach Pflegestufen	nach Pflegestufen	nach Pflegestufen
1 – 2 – 3	1 – 2 – 3	1 – 2 – 3
57 % – 34 % – 9 %	48 % – 39 % – 13 %	33 % – 44 % – 21 % 2 % ohne Zuordnung zu einer Pflegestufe
	durch 10 600 Pflegedienste mit 190 000 Beschäftigten	in 9200 Pflegeheimen mit 475 000 Beschäftigten

Quelle: Statistisches Bundesamt, Bericht: Pflegestatistik 2001. Pflege im Rahmen der Pflegeversicherung – Deutschlandergebnisse, Bonn 2003, Seite 8.

Lebenssituationen von pflegebedürftigen Menschen

Die sechs häufigsten Krankheiten von über 80-jährigen Menschen, die zur Pflegebedürftigkeit führen können, sind Erkrankungen der Gelenke, des Herzens, der Augen, der Blutgefäße (zum Beispiel Arteriosklerose), der Hirngefäße (vor allem Schlaganfall) und des Stoffwechsels (zum Beispiel Diabetes).[10] Psychische Störungen sind zur häufigsten pflegebegründenden Einzeldiagnose im stationären Bereich geworden.[11]

Die Mehrheit der Pflegebedürftigen (69 Prozent) sind Frauen. 81 Prozent aller Pflegebedürftigen sind älter als 65 Jahre, 35 Prozent älter als 85 Jahre. Rund 70 Prozent werden zu Hause versorgt, 30 Prozent in Heimen.[12]

Hinsichtlich der Lebenssituation ergeben sich deutliche Unterschiede zwischen den zu Hause und den im Heim Gepflegten.[13] Fast 70 Prozent der Heimbewohner sind 80 Jahre alt und älter. 68 Prozent sind verwitwet, fast 20 Prozent ledig, acht Prozent verheiratet, fünf Prozent geschieden. Alle Heimbewohner bedürfen dauerhafter Hilfe, die Hälfte rund um die Uhr.

58 Prozent der zu Hause gepflegten Personen sind verwitwet, 35 Prozent verheiratet, der Rest geschieden oder ledig. Rund 40 Prozent leben allein, 36 Prozent in einem Zwei-Personen-Haushalt, die anderen in einem größeren Haushalt. Fast alle der zu Hause lebenden Pflegebedürftigen geben an, dauerhaft bei den Aufgaben des täglichen Lebens Hilfe zu brauchen. Als größte Probleme nennen sie das Einkaufen, das Saubermachen der Wohnung, das Kochen und die Körperpflege. Fast 40 Prozent brauchen rund um die Uhr Hilfe, insbesondere bei der Körperpflege, Ernährung und Mobilität, 23 Prozent dreimal täglich und mehr. Ergänzende Informationen zur Lebenssituation der zu Hause Gepflegten liefert eine empirische Studie aus dem Jahr 2003.[14] Zu den Problemen beim Führen des Haushaltes kommen bei der Hälfte kognitive Beeinträchtigungen. Viele von ihnen können tagsüber nicht mehrere Stunden allein in ihrer Wohnung bleiben und alleine telefonieren. Über 60 Prozent können ihre Finanzen nicht mehr alleine regeln. Bei diesen Personen fällt neben der körperlichen Pflege und der hauswirtschaftlichen Hilfe ein erheblicher allgemeiner Betreuungs- und Aufsichtsaufwand an. 75 Prozent sind auf pflegerische und medizinische Hilfsmittel wie Rollstühle, Gehstützen, Inkontinenz-Artikel oder Krankenbetten angewiesen; die meisten sind damit auch versorgt. Weniger bedarfsgerecht ist die Ausstattung der Wohnung. Hier fehlen bei

vielen ein barrierefreier Zugang und ein pflegegerecht eingerichtetes Badezimmer. Fast 20 Prozent der befragten Haushalte verweisen auf nicht gedeckte personelle Hilfebedarfe; das sind vor allem die pflegebedürftigen Personen, die nicht auf ein familiäres Hilfesystem in der Nähe zurückgreifen können.

Leistungen der Pflegeversicherung
Jeder Betroffene muss bei seiner Pflegekasse einen Antrag auf Leistungen nach der Pflegeversicherung stellen. Seine Pflegebedürftigkeit wird dann durch eine direkte Kontaktaufnahme mit Mitarbeitern des Medizinischen Dienstes der Krankenversicherung überprüft. Voraussetzung für alle Leistungen der Pflegeversicherung ist die Einstufung des Pflegebedürftigen nach Beurteilung durch den Medizinischen Dienst der Krankenversicherung.

Monatliche finanzielle Leistungen
In der häuslichen Pflege kann der Pflegebedürftige wählen zwischen dem Pflegegeld, Pflegesachleistungen oder Kombinationsleistungen. Das Pflegegeld erhält er ausgezahlt. Unter Sachleistungen versteht man die Hilfe von Fachkräften in der häuslichen Pflege durch ambulante Pflegedienste; dafür zahlt die Pflegeversicherung die Kosten bis zu einem Höchstbetrag, wenn sie einen Vertrag mit dem Pflegedienst hat. Der Betrag für Sachleistungen ist höher als das Pflegegeld. Es ist auch möglich, die Sachleistungen und die Geldleistungen zu kombinieren. In der stationären Pflege (Heim) werden Pauschalbeträge gezahlt.

Beratung
Die Pflegekassen sind zu umfassender kostenloser Beratung der Pflegebedürftigen und ihrer Angehörigen verpflichtet.

Beratungseinsatz
Wer keinen ambulanten Pflegedienst einsetzt, also nur Pflegegeld bezieht, hat Anspruch auf regelmäßige Beratung in der Wohnung durch Fachkräfte.

Ersatzpflege (Vertretungspflege) und Verhinderungspflege (Kurzzeitpflege)
Um den Pflegepersonen «Urlaub von der Pflege» zu ermöglichen, zahlt die Pflegekasse einen zusätzlichen Betrag für Vertretungs- und Kurzzeitpflege.

Soziale Sicherung der Pflegepersonen
Als Pflegeperson bei der häuslichen Pflege gilt, wer wenigstens 14 Stunden pro Woche nicht erwerbsmäßig pflegt. Für Pflegepersonen, die nicht mehr als 30 Stunden pro Woche erwerbstätig sind, zahlt die Pflegeversicherung Beiträge zur gesetzlichen Rentenversicherung; die Höhe richtet sich nach der Pflegestufe und dem Pflegeumfang. Pflegepersonen sind bei allen Tätigkeiten und Wegen, die mit der Pflege zusammenhängen, unfallversichert.

Pflegehilfsmittel
Besteht keine Leistungsverpflichtung der Krankenkasse, übernimmt die Pflegeversicherung die Kosten für Geräte und Sachmittel wie Pflegebett, Lagerungshilfen, Gehhilfen, Betteinlagen, Einmalhandschuhe. Ein Eigenanteil des Betroffenen wird teilweise erhoben.

Mittel zur pflegerechten Wohnungsanpassung
Die Pflegekassen zahlt unabhängig von der Pflegestufe auf Antrag bis zu 2.557 € pro Maßnahme, zum Beispiel für Türverbreiterung, Rampen, Treppenlifter, Umbau des Badezimmers.

Pflegekurse
Die Pflegeversicherung zahlt die Teilnahme von Pflegepersonen an Pflegekursen.

Quelle: Bundesministerium für Gesundheit und Soziale Sicherung, Pflegeversicherung, Februar 2003

Finanzielle Leistungen der Pflegeversicherung

Pflegestufe des Pflegebedürftigen	I erheblich	II schwer	III schwerst	Härte- fälle
Häusliche Pflege monatlich in € – Pflegesachleistungen bis – Pflegegeld	 384 205	 921 410	 1432 665	 1918
Pflegevertretung – durch nahe Angehörige – durch sonstige Personen Aufwendungen bis zu vier Wochen im Kalenderjahr in €	 205 1432	 410 1432	 665 1432	
Kurzzeitpflege im Jahr in € bis	1432	1432	1432	
Teilstationäre Tages- und Nachtpflege Aufwendungen im Jahr in € bis	384	921	1432	
Ergänzende Leistungen bei Pflegebedürftigkeit mit erheblichem allgemeinen Betreuungsaufwand Leistungsbetrag bis € jährlich	460	460	460	
Vollstationäre Pflege (Heim) Aufwendungen bis monatlich € (pauschal)	1023	1279	1432	1688

Quelle: Bundesministerium für Gesundheit und Soziale Sicherung, Pflegeversicherung, Februar 2003

Prekäre Pflege

Die Situation der stationären und häuslichen Pflege wird trotz allen Engagements der privat und beruflich Pflegenden immer prekärer.

Die Personen, die privat zu Hause ihre Angehörigen pflegen, schätzen ihre pflegebedingte körperliche und seelische Belastung «als erheblich» ein.[15] Die Hauptpflegepersonen sagen, sie müssten rund um die Uhr verfügbar sein. Unterstützung holen sie sich aber eher selten. Nur sehr wenige haben an einem Pflegekurs teilgenommen, noch weniger tauschen sie sich regelmäßig mit Pflegefachkräften aus.

Träger von Pflegeeinrichtungen wie die Freien Wohlfahrtsverbände[16] kritisieren, die vom Pflegeversicherungsgesetz und den anderen Kostenträgern[17] gesetzten Zeit- und Kostenvorgaben in der beruflichen ambulanten und stationären Pflege seien so eng bemessen, dass bereits die «normalen» Pflegeleistungen nur mühsam zu erbringen seien. Umso schwieriger sei es für die beruflich Pflegenden, die Qualität zu leisten, die sie aus ihrem Berufsethos heraus leisten wollten: Neben professioneller Pflege auch die persönliche Zuwendung zu bieten, die gerade im Alter so notwendig sei und die den Unterschied zwischen einer bloßen «Satt-Sauber-Trocken-Ruhig-Pflege» und einer menschenwürdigen Pflege ausmache. Zur humanen Pflege gehört eben auch das Sitzen am Krankenbett, das geduldige Hören immer wieder erzählter Lebensgeschichten, das Halten der Hand und das Streicheln des Gesichtes vor allem im Angesicht des nahen Todes.

In den Heimen hat sich in den letzten 20 Jahren die Zusammensetzung der Bewohner dramatisch verändert; die weitaus meisten sind beim Einzug in ein Heim bereits schwer pflegebedürftig, viele sind multimorbid, leiden an gerontopsychiatrischen Erkrankungen wie Altersdepressionen oder Psychosen oder sind dement. Das durchschnittliche Eintrittsalter liegt bei über 80 Jahren, die durchschnittliche Verweildauer sinkt, sie beträgt bei immer mehr Bewohnern nur noch ein paar Monate. Pflegeheime werden immer mehr zu Orten der Intensivpflege und Sterbebegleitung. Für diesen Personenkreis ist dringend mehr qualifiziertes Personal notwendig, als es heute von den Heimen vorgehalten werden kann. Das lassen jedoch die Entgelte und Personalschlüssel, die von den öffentlichen Kostenträgern festgelegt werden, nicht zu.[18] Der zu geringe Personalstand in den Heimen führt zur permanenten Überforderung des Personals. Dies hat hohe Ausfallquoten und Fluktuation zur Folge, was die Situation weiter verschärft.[19] Die öffentliche Finanzierung der stationären Altenpflege richtet sich, folgt man den Argumenten der Wohlfahrtsverbände, nicht mehr nach dem pflegerischen Bedarf, sondern nach der öffentlichen Haushaltslage. Angesichts leerer öffentlicher Kassen und finanzieller Probleme der Sozialversicherungen werden die zur Finanzierung der Heime notwendigen Entgeltverhandlungen «ganz eindeutig von den Sozialhilfeträgern und Pflegekassen dominiert. Das hat dazu geführt, dass in den letzten Jahren die Heimentgelte (Pflegesätze) entweder nur unzureichend oder gar nicht angepasst wurden.[20] Gleichzeitig stiegen die tariflichen Löhne und Gehälter sowie die Sachkosten.

Ein Bericht des Medizinischen Dienstes der Spitzenverbände der Krankenkassen (MDS)[21] wertete die Untersuchungsergebnisse von rund 1500 Pflegebedürftigen aus. Die meisten dieser Untersuchungen erfolgten nach einer Voranmeldung. Bei neun Prozent der von ambulanten Diensten zu Hause Gepflegten und bei 17 Prozent der in Heimen Gepflegten wurden eindeutige Pflegemängel festgestellt. Bei einem erheblich größeren Teil der Heimbewohner bestanden potenzielle Gesundheitsgefahren. Qualitätsmängel gab es bei der Dekubitusprophylaxe und -therapie (bei 43 Prozent der untersuchten Personen), bei der Ernährungs- und Flüssigkeitsversorgung (bei 41 Prozent), bei der gerontopsychiatrischen Versorgung (bei 30 Prozent), bei der sozialen Betreuung (bei 33 Prozent) und bei der Inkontinenzversorgung (bei 20 Prozent). Die Verantwortung für die mangelhafte Pflegequalität liegt, so die Wohlfahrtsverbände, nicht in erster Linie am Pflegemanagement und schon gar nicht am Engagement der Pflegekräfte, sondern an den Rahmenbedingungen für die stationäre Pflege, die vom Gesetzgeber und den Kostenträgern bestimmt werden. Ein Beispiel ist die Dekubitusprophylaxe: «Viele Ärzte verschreiben aus Kostengründen keine Dekubitusprophylaxe mehr. Krankenkassen weigern sich, für Heimbewohner ärztlich verordnete Hilfsmittel wie Wechseldruckmatratzen oder Lagerungshilfen zur Bekämpfung von Dekubitus zu bezahlen.»[22]

Die ambulanten Pflegedienste arbeiten seit Jahren defizitär, weil die Kostenerstattungen durch die Kranken- und Pflegekassen in keiner Weise den Sach-und Personalkosten der Dienste entsprechen.[23] Ohne kostendeckende Gebühren wird es zu immer mehr Konkursen von ambulanten Pflegediensten kommen. Auch Tagespflegeeinrichtungen, Nachtpflegeeinrichtungen und Einrichtungen der Kurzzeitpflege fehlt eine verlässliche finanzielle Absicherung.

Die Bevölkerung realisiert die Probleme in der Pflege sehr wohl. Als notwendige «Wohlfühlfaktoren» im Heim nennen Pflegebedürftige, deren Angehörige und noch nicht Betroffene übereinstimmend freundliches Personal und menschliche Wärme, Rückzugsmöglichkeiten in einen privaten Bereich (bevorzugt im Einzelzimmer) und pflegerische und medizinische Kompetenz.[24] Die mangelnde Zeit der Pflegekräfte in Heimen für die Zuwendung und das Gespräch wird als sehr negativ angesehen. Diese Befunde gelten auch für den ambulanten Bereich. Was die Bevölkerung unter menschenwürdiger Pflege versteht, hat das Institut für Demoskopie Allensbach in mehreren Untersuchungen erfragt: «Die Pflegenden müssen sich um den ganzen Menschen kümmern und dürfen die seelischen und mitmenschlichen Belange nicht vernachlässigen... Nur Pflegende, die sich in diesem Sinne um den ganzen Menschen kümmern, können in den Augen der Bevölkerung den Anspruch erheben, dass die Pflegebedürftigen bei ihnen gut aufgehoben sind.»[25] Dass dies auf Grund äußeren Kostendrucks immer weniger möglich ist, bleibt der Öffentlichkeit nicht verborgen. Kein Wunder, dass angesichts dieser

Situation die Angst vor Pflegebedürftigkeit in der Bevölkerung zunimmt.

Die persönliche Herausforderung: Oder: Warum gerade ich?

Angst vor dem Alter

Die Angst, im Alter ein Pflegefall zu werden, gehört zu den größten Ängsten der Deutschen. Ab dem 60. Lebensjahr gibt es kaum noch jemanden, der nicht darüber nachdenkt.[26] Pflegebedürftigkeit ist ein öffentliches Thema geworden, nicht zuletzt durch die vielen Presseberichte über angebliche oder tatsächliche Pflegeskandale in Heimen und die Debatten um die Zukunft der Sozialversicherungssysteme.

Was ist zu tun?

Nicht jeder Mensch wird pflegebedürftig. Wenn rund 20 Prozent der 80- bis 85-Jährigen pflegebedürftig sind, dann heißt dies auch, dass 80 Prozent dieser Altersgruppe nicht pflegebedürftig sind. Untersuchungen[27] in vielen Ländern zeigen, dass etwa ein Drittel sogar der Hochbetagten noch recht selbstständig und aktiv den Alltag meistern kann. Ein zweites Drittel braucht Hilfe, kann aber immerhin noch außer Haus gehen, das dritte Drittel schließlich ist pflegebedürftig. Schon die «jüngeren Älteren» von heute sind in einem höheren Alter viel gesünder als die Vorgängergenerationen. Dieser Trend wird sich fortsetzen, wenn der Gesundheitsprävention und Rehabilitation größeres Gewicht beigemessen wird. Sich gesund zu ernähren, Sport zu treiben, ein gesundes Mittel zwischen Anspannung und Entspannung zu finden, das Gehirn fit zu halten, sich verlässliche soziale Beziehungen aufzubauen, sind lebenslange Aufgaben und eine gute Pflegeprävention für jeden Einzelnen.[28] Inaktiv sein zu müssen und das Gefühl zu haben, von niemanden mehr gebraucht zu werden, kann dagegen die körperlichen, seelischen und geistigen Fähigkeiten von Senioren frühzeitig verkümmern lassen. Das Alter darf deshalb kein

Ruhestand sein. Senioren sollen sich neue Aufgaben jenseits der beruflichen Tätigkeit, vielleicht auch jenseits der Familie, suchen. Im kulturellen und sozialen Bereich gibt es viele Möglichkeiten für Engagement. Senioren-Begegnungsstätten oder Erwachsenenbildungsinstitutionen machen Angebote für Senioren wie Wandern, Tanz, Malen oder Theaterspielen, Gedächtnistraining, Osteoporosegymnastik oder Sport. Die Politik, die Krankenkassen und die Träger sozialer Dienste sind aufgefordert, mehr als bisher solche präventiven Angebote zu fördern. Denn die spezielle Pflegeprävention[29] wird mit zunehmendem Alter immer wichtiger. Sie übersteigt jedoch die Möglichkeiten des Einzelnen. Hier sind geeignete Maßnahmen des Gesundheitssystems gefordert, zum Beispiel präventive Hausbesuche von Pflegefachkräften bei alten Menschen. Den Einfluss der persönlichen Zufriedenheit und der Einstellung zum Alter auf die Gesundheit hat eine amerikanische Langzeitstudie («Ohio-Studie») gezeigt. Wer das Alter als eine erfüllte Zeit ansah und positiv über ältere Menschen dachte, lebte etwa siebeneinhalb Jahre länger als diejenigen, die vom Alter nur Negatives erwarteten.[30]

Viele Menschen haben Angst, im Alter weitab von ihren Angehörigen und Freunden in kaum bezahlbaren Heimen zu leben, die ihre Familie finanzieren muss. Der Ausbau von familien- und gemeindenahen Pflegeformen und die Beibehaltung zumindest der Teilabsicherung des finanziellen Pflegefallrisikos in einer Pflegeversicherung sind deshalb sinnvoll. Mit einer Patientenverfügung kann jeder seine Wünsche hinsichtlich der medizinischen Behandlung und Pflege für den Fall festschreiben, dass er nach Eintritt der Pflegebedürftigkeit nicht mehr selbstständig entscheiden kann.[31] Hinter der Angst vor Pflegebedürftigkeit steckt auch die Angst vor dem Sterben und dem Tod. Die Suche nach dem Lebenssinn bricht im Alter neu auf. Bisherige Antworten wie die berufliche Karriere, die Sicherung und Steigerung des Lebensstandards und die Sorge um Kinder und Enkel verlieren an Bedeutung. Jeder wird angesichts des Todes auf sich selber zurückgeworfen. Zwar ist angesichts einer weit verbreiteten

«Diesseitsorientierung» fraglich, ob religiöse Werte als sinnstiftend akzeptiert werden. Dennoch sind hier insbesondere die Kirchen gefordert. Gefragt sind spirituelle Angebote, die Antworten auf die drängenden Fragen nach dem Sinn des Lebens und des Todes geben. Sich mit der eigenen Endlichkeit auseinander zu setzen, ist und bleibt eine ganz persönliche Aufgabe.[32]

Die demografische Herausforderung. Oder: Bedeutet alt werden immer pflegebedürftig werden?

Trotz aller dringend notwendigen positiveren Bewertung des Alterns und des Alters darf nicht verdrängt werden, dass eine zunehmende Zahl von alten Menschen pflegebedürftig werden wird und Hilfe vom Staat und der Gesellschaft braucht.

Steigende Zahl pflegebedürftiger Menschen

Nach der «Mittleren Variante»[33] der 10. Koordinierten Bevölkerungsvorausberechnung des Statistischen Bundesamtes von 2003 wird sich die Zahl der über 80-Jährigen bis 2050 gegenüber heute verdreifachen. 2050 werden etwa neun Millionen Menschen (= zwölf Prozent der Bevölkerung) über 80 Jahre alt sein; heute sind es rund drei Millionen (= knapp vier Prozent.)[34] Für 2010 rechnet das Deutsche Institut für Wirtschaftsforschung (DIW) mit 2,38 Millionen Pflegebedürftigen im Sinne des Pflegeversicherungsgesetzes, für 2020 mit 2,94 Millionen und für 2050 mit 4,72 Millionen.[35] Hinzu kommt noch eine kaum abschätzbare Zahl von alten Menschen, die vor allem im hauswirtschaftlichen Bereich Hilfe brauchen.

Wie viele Menschen künftig tatsächlich in welchem Ausmaß pflegebedürftig sein werden, ist allein aus demografischen Prognosen nicht ableitbar. Die Entwicklung der Pflegebedürftigkeit ist auch abhängig von der Lebens-und Ernährungsweise, der beruflichen Belastung, dem medizinischen Fortschritt und der Pflegeprävention. Gerontologen[36] vermuten heute, dass künftige

Altengenerationen wegen der positiven Entwicklung der genannten Faktoren älter werden und dabei länger körperlich und geistig gesund bleiben als die heutige ältere Generation. Aber dieses Mehr an Jahren wird dennoch die altersspezifischen Erkrankungen wie Knochenbrüche oder Demenz und somit die Pflegebedürftigkeit nicht aufhalten können, sondern sie nur hinauszögern. Pflegebedürftigkeit könnte sich zwar auf einen kurzen Zeitraum vor dem Tod beschränken, würde aber vermutlich mit besonders schweren und pflegeintensiven Beeinträchtigungen verbunden sein. Insbesondere dürfte die Zahl gerontopsychiatrisch erkrankter alter Menschen zunehmen, von heute etwa einer Million auf über zwei Millionen im Jahr 2050.[37] Die Wahrscheinlichkeit einer Demenzerkrankung steigt mit zunehmendem Alter unabhängig von beruflichen, sozialen und intellektuellen Faktoren steil an. Zwischen 65 und 69 Jahren ist jeder Hundertste betroffen, zwischen 75 und 79 Jahren schon jeder Zwanzigste, zwischen 85 und 89 Jahren jeder Fünfte und über 95 Jahre jeder Zweite.

Was ist zu tun?

Der positive Einfluss einer gesunden Lebensweise und der Pflegeprävention ist wissenschaftlich erwiesen. Deshalb müssen die wissenschaftlichen Erkenntnisse endlich in praktische Politik umgesetzt werden.[38] So kann durch frühzeitige gesundheitsfördernde Beratung, Schulung und Anleitung insbesondere bei Risikogruppen Pflegebedürftigkeit vermieden oder zumindest hinausgezögert werden (Primärprävention). Dabei müssen insbesondere die gesundheitlichen Risiken des fortgeschrittenen mittleren Erwerbsalters in den Blick genommen werden. Die Früherkennung der Alzheimer-Erkrankung und von Schlaganfällen haben in diesem Zusammenhang höchste Bedeutung. Durch kurative Maßnahmen lässt sich eine bereits absehbare Pflegebedürftigkeit bremsen (Sekundärprävention). Mit rehabilitativen Methoden kann zumindest bei manchen Menschen eine Verschlimmerung bereits entstandener Pflegebedürftigkeit verhindert werden (Tertiärprävention). An der konsequenten Umsetzung einer solchen umfassenden Pflegepräventionsstrategie fehlt es in Deutschland noch weit. Skandinavische Länder haben diese Methoden erfolgreich etabliert. Neben der Stärkung der Prävention muss der Staat die Dienstleistungen für pflegebedürftige Menschen in hoher Qualität bedarfsgerecht ausbauen und die personelle Betreuung sichern.[39]

Die personelle Herausforderung. Oder: Wer soll die alten Menschen wo und wie pflegen?

Pflegedienst Familie bröckelt

Noch immer sind Familien – de facto: die Frauen – der größte Pflegedienst der Nation. Die «Hauptlast» der Pflege liegt bei den engeren Angehörigen.[40] Ein gutes Drittel wird hauptsächlich von einer Person gepflegt. Diese Hauptpflegeperson ist meistens der Ehepartner, die Tochter oder die Schwiegertochter. 73 Prozent der Hauptpflegepersonen sind Frauen, 60 Prozent über 55 Jahre alt. Drei Viertel der Pflegebedürftigen leben mit der Hauptpflegeperson in einem Haushalt. Zwei Drittel der Hauptpflegepersonen müssen täglich rund um die Uhr zur Verfügung stehen. Über 80 Prozent fühlen sich stark oder sogar sehr stark körperlich und seelisch belastet. Dennoch greift nur eine Minderheit auf Beratung und andere Unterstützungsangebote zurück. Über die Hälfte der Pflegebedürftigen wird allein von Familienangehörigen oder, in weit geringerem Umfang, von Bekannten versorgt; 28 Prozent werden sowohl von privaten Personen als auch von professionellen Pflegediensten gepflegt, acht Prozent nur von Pflegediensten.

Die Angehörigenpflege steht vor großen Veränderungen. Die Zahl pflegebedürftiger Menschen steigt. Da immer weniger Kinder geboren werden, sinkt zwangsläufig die Zahl der potenziellen Pflegepersonen. Familiäre Bindungen und gesellschaftliche Bindungskräfte lockern sich. Wer künftig pflegebedürftig ist, kann sich nicht mehr oder zumindest nicht mehr so stark auf die Solidarität im engeren sozialen Umfeld verlassen. Immer mehr Frauen wollen berufstätig sein oder haben ganz andere Lebensentwürfe und fallen deshalb für die Pflege ihrer Angehörigen aus. Pflegebedürftigkeit tritt in einem immer höheren Alter auf, die möglichen Pflegepersonen sind dann selber oft schon über 60 Jahre und mit der Pflege überfordert. Zudem haben immer mehr Menschen keine Kinder, auf die sie sich später im Pflegefall verlassen könnten. Die räumliche Mobilität nimmt berufsbedingt zu, Kinder und Eltern wohnen immer seltener am selben Ort. Auch die steigende Trennungs-und Scheidungsrate trägt dazu bei, dass mehr Menschen im Alter allein sind.

Krise der Pflegeberufe

Neben der Pflege durch die Angehörigen ist die beruflich erbrachte ambulante, teilstationäre und stationäre Pflege die zweite Säule der Versorgung pflegebedürftiger Menschen. Der Trend von der ausschließlich ehrenamtlich-familiären hin zur professionellen Pflege nimmt zu.[41]

Vor allem in den Ballungsgebieten der Großstädte wurde seit Beginn der 1990er Jahre über einen zum Teil eklatanten Mangel an Fachpflegekräften geklagt. Pflegeheime mussten trotz freier Plätze und großer Nachfrage einen Aufnahmestopp verhängen, weil sie eine qualifizierte Pflege nach der Pflegekräfteverordnung, die einen Fachkräfteanteil am Personal von 50 Prozent vorschreibt, nicht erfüllen konnten. Ambulante Pflegedienste mussten Pflegen ablehnen, weil sie zu wenig qualifiziertes Pflegepersonal hatten. Ursachen für den Mangel an Altenpflege-Fachkräften sind insbesondere die hohe körperliche und seelische Arbeitsbelastung, die geringe gesellschaftliche Anerkennung des Altenpflegeberufs, zu wenig politische Lobby und die negative öffentliche Debatte um angebliche oder tatsächliche Pflegeskandale, die potenzielle Bewerber abschreckt.

In den letzten Jahren hat sich die Personalsituation auf Grund von zwei Entwicklungen entspannt. Zum einen: Die Fluktuation ist zurückgegangen, weil aus dem Beruf aussteigende Pflegefachkräfte angesichts der hohen Zahl von Arbeitslosen auf dem allgemeinen Arbeitsmarkt keine großen Chancen haben, eine andere Arbeit zu finden. Zweitens sind nach der Einführung des neuen Berechnungssystems nach Fallpauschalen in den Krankenhäusern[42] Krankenschwestern und Krankenpfleger in die ambulante und stationäre Pflege gewechselt, weil in den Kliniken Pflegestellen abgebaut werden. Dadurch entspannte sich die Personalsituation in den Pflegeeinrichtungen. Der Wechsel von Krankenpflegepersonal in die Altenpflege ist nicht nur positiv zu sehen. Denn Krankenpflege und Altenpflege überschneiden sich zwar im Berufsbild und der Alltagsarbeit in vielen Bereichen, letztlich sind sie aber doch unterschiedliche Berufsfelder mit unterschiedlichen Kompetenzanforderungen.

Was ist zu tun?

Alle Menschen wollen möglichst lange in ihren eigenen vier Wänden leben. Dazu aber brauchen die meisten ab einem bestimmten Zeitpunkt Unterstützung. In vielen Familien ist die Bereitschaft zur Pflege vorhanden. Die Politik muss auch durch finanzielle Anreize die Pflegebereitschaft der Angehörigen weiter stärken. Das ist durch die Pflegeversicherung in Ansätzen geschehen. Die Pflegenden erhalten für die Angehörigenpflege Geld, und sie sind ab einer bestimmten Anzahl von Pflegestunden renten- und unfallversichert. Um die Vereinbarkeit von Pflege, Familie und Beruf weiter zu verbessern, könnte der Gesetzgeber analog der «Elternzeit» auch eine «Pflegezeit» einführen: Wer einen Angehörigen rund um die Uhr pflegt, hätte nach der Pflege wieder Anspruch auf einen Arbeitsplatz in seinem Betrieb.

Geld allein ist aber nicht alles. «Nötig ist eine neue Kultur des Helfens und der Mitmenschlichkeit.»[43] Menschen müssen sich von ihrer Grundhaltung her für ihre schwachen und pflegebedürftigen Familienmitglieder verantwortlich fühlen und dies auch im Alltag praktisch zeigen. Diese Werte können schon in Kindergarten und Schule vermittelt werden.

Zusätzlich zur Angehörigenhilfe sind ehrenamtliche Netze[44] aufzubauen. Auch hier ist in den letzten Jahre viel geschehen. Allein die katholischen Pfarrgemeinden in Bayern organisieren über 1000 Besuchsdienstgruppen und Nachbarschaftshilfen.[45] Nicht alles ist aber von Laien, von Angehörigen oder Ehrenamtlichen, zu bewältigen. Pflegebedürftige Menschen brauchen auch professionelle Hilfe.

Der Grundsatz «Ambulante Pflege vor stationärer Pflege» ist nicht nur ein gesetzlicher Auftrag, sondern entspricht auch dem Wunsch der meisten Menschen. Deshalb kommt dem Ausbau der ambulanten Pflegedienste eine herausragende Bedeutung zu. Dabei ist eine flächendeckende Versorgung in höchster fachlicher Qualität, eine breite Angebotspalette und eine Orientierung an den Wünschen und Bedürfnissen der Patienten und ihrer Angehörigen notwendig. Städte und Gemeinden haben die Verantwortung für die Bereitstellung und politische Gestaltung einer funktionierenden ambulanten Versorgung vor Ort. Dazu gehört die Koordination und Vernetzung der verschiedenen Dienste. Eine transparente Kommunikation zwischen Diensten und Patienten und die Etablierung von strukturellem und individuellem Case-Management[46] sind dabei von entscheidender Bedeutung. In dieses Verbundsystem müssen auch Aktivitäten der Prävention, wie zum Beispiel Hausbesuche von Pflegekräften bei noch nicht Pflegebedürftigen, und der mobilen Rehabilitation, wie zum Beispiel Krankengymnastik, einbezogen werden.

Pflegeheime sind keine Auslaufmodelle, weil nicht in jedem Fall eine häusliche Pflege sichergestellt werden kann. Für immer mehr Menschen wird deshalb das Heim in der letzten Phase ihres Lebens Wohnung und Lebenswelt. Das Kuratorium Deutsche Altershilfe[47] rechnet bundesweit bis 2050 mit einem Bedarf von 1,3 Millionen Heimplätzen, wenn es keine entscheidenden Verbesserungen bei der Prävention, Rehabilitation und beim Ausbau der familienunterstützenden Angebote gibt; das wäre gegenüber 2001 eine Steigerung um rund 600 000 Plätze. Die Heime haben ihre Pflegekonzeptionen, die Wohnqualität und die interne Organisation in den letzten Jahren umgestellt. Diese Entwicklung hat mehrere Ursachen.[48]

- In den Heimen leben immer schwerer pflegebedürftige, gerontopsychiatrisch erkrankte und demente alte Menschen, die eine besonders intensive Pflege brauchen. Die Heime brauchen entsprechende Kompetenzen.
- Gesetzliche Vorgaben fordern nachweisbare Qualität ein, die dokumentiert werden muss.
- Pflegebedürftige Menschen erwarten zu Recht, dass ihrer personalen Würde und ihrer Individualität auch im Heim Rechnung getragen wird. Pflege und Versorgung müssen sich daher an den individuellen und biografiespezifischen Bedürfnissen ihrer Bewohner ausrichten.
- Nach der Einführung des Fallpauschalensystems als Finanzierungsgrundlage der Krankenhäuser werden Patienten frühzeitiger aus der Klinik entlassen. Die Pflegeheime müssen deshalb mehr Kompetenz in medizinisch-pflegerischer Nachsorge und Versorgung bieten.

Um die Lebensqualität der Bewohner weiter zu verbessern, werden neue Modelle wie die Hausgemeinschaften in Heimen, besondere Pflege-Organisationsformen wie Primary Nursing,[49] die Anwendung von Pflege-Assessmentinstrumenten und institutionelle Rahmenbedingungen, die mit den Stichworten Lebensweltorientierung und De-Institutionalisierung beschrieben werden, eingesetzt. Erprobt werden auch alternative Modelle zum Heim wie generationsübergreifendes Zusammenleben in einem Haus oder sogar einer Siedlung, Pflegewohnungen, Altenwohngemeinschaften oder, für leichter Pflegebedürftige, das «Betreute Wohnen».[50]

Parallel zum Bedarf nach professioneller Pflege steigt natürlich die Nachfrage nach Pflegefachkräften. Experten erwarten «eine Zunahme des Bedarfs an Pflegefachkräften insgesamt von derzeit rund 220 000 Vollzeitstellen auf das Doppelte im Jahr 2040 und auf rund 570 000 im Jahr 2050. Im stationären Bereich würde der Bedarf von rund 170 000 Vollzeitstellen auf knapp 400 000 bis 2040 und auf 465 000 bis 2050 anwachsen ... Im ambulanten Bereich ... wäre eine Bedarfssteigerung von rund 50 000 Stellen auf 92 000 im Jahr 2040 und auf 105 000 bis 2050 zu erwarten.»[51] Um diesen Bedarf decken zu können, müssen Staat und Gesellschaft schon heute verstärkt um Pflegeberufe werben und Maßnahmen ergreifen, um die aktuellen Pflegekräfte zu halten. Der Pflegeberuf muss als ein zentraler Beruf unserer Gesellschaft gesehen und beworben werden. Dazu ist ein Bündel von Maßnahmen erforderlich.

An erster Stelle ist die Ausbildung weiter zu verbessern. Mit dem 2003 in Kraft getretenen bundeseinheitlichen Altenpflegegesetz ist dazu ein erster Schritt gegangen worden. Altenpflege ist inzwischen weit mehr als ein Beruf, in dem ein wenig Menschenfreundlichkeit und pflegerische Grundfertigkeiten genügen. Hinzukommen müssen kommunikative, organisatorische und neue fachliche Kompetenzen im Bereich der Rehabilitation, Pflegediagnostik, Palliativpflege,[52] Prävention und der Versorgung von Demenzkranken. Auch die Beratung und Schulung von pflegebedürftigen Menschen und ihrer Angehörigen, die Pflegebegutachtung und die Beherrschung von Pflegemessverfahren, die Organisation von Case-Management und Pflegeinformatik sind wichtig geworden.[53]

Häufig neigen beruflich Pflegende dazu, aus ethischem Impuls unzureichende Pflegebedingungen mit höchstem persönlichen Engagement bis hin zur körperlichen und seelischen Erschöpfung zu ertragen. Dieser hohe Einsatz darf weder von der Politik und noch von Einrichtungen einkalkuliert und in Sonntagsreden sogar noch gefeiert werden. Stattdessen sind in den Heimen und Pflegediensten die Arbeitsbedingungen zu verbessern; dazu gehören zum Beispiel flexible Arbeitszeiten, eine mitarbeiterfreundliche Ablauforganisation, Arbeitsplatzrotation, kooperative Arbeitsstrukturen im Team, Angebote der Gesundheitsvorsorge für die Mitarbeitenden (zum Beispiel Rückenschule), kooperative Führung und regelmäßige Supervision und Fortbildung.

Der gesellschaftliche Nutzen, den die privat und beruflich Pflegenden stiften, muss in Politik und Öffentlichkeit positiv registriert werden; dazu sind auch Kommunikations- und Imagekampagnen durchzuführen.[54] Die Kostenträger müssen mehr Geld für eine Verbesserung der Personalschlüssel[55] vor allem in den stationären Einrichtungen zur Verfügung stellen, die den Stress der Pflegekräfte reduzieren. Obwohl sich zum Beispiel die Freien Wohlfahrtsverbände in Bayern einig sind, dass ein durchschnittlicher Personalschlüssel von 1:2,2 das Minimum für die stationäre Pflege darstellt, wird er noch immer von den Kostenträgern aus Kostengründen verweigert. Den Trägern der Einrichtungen wird immer wieder vorgehalten, sie sollten ihre Dienste auch betriebswirtschaftlich optimieren. Die Freie Wohlfahrtspflege, die die Mehrheit der Pflegeeinrichtungen betreibt, hat in den vergangenen Jahren die Struktur, Organisation und Qualität ihrer Einrichtungen den geänderten gesellschaftlichen, politischen und wirtschaftlichen Rahmenbedingungen angepasst. So wurden durch Fortbildungen die Kompetenzen für kooperative und partizipative Führung verstärkt und Systeme der Personalentwicklung etabliert. Dieser Modernisierungsprozess wird permanent weitergeführt. Qualitätsentwicklung und Qualitätsmanagement sind in den Einrichtungen der Freien Wohlfahrtspflege längst etabliert. Allerdings kann eine qualitativ hochwertige Pflege auf Dauer nur geleistet werden, wenn die von der Politik in Bund, im Land und im Kommunalbereich verantworteten finanziellen Rahmenbedingungen dies auch ermöglichen. Dazu gehören zum Beispiel kostendeckende Entgelte für die ambulante Pflege und mehr Personal in den Heimen.

Die fachliche Herausforderung. Oder: Was ist menschenwürdige Pflege?

Die Deutsche Gesellschaft für Gerontologie und Geriatrie bezeichnet die professionelle Pflege alter Menschen als eine «individuumsbezogene, systematisch fundierte, werteorientierte

Dienstleistung».[56] Um diese Zielsetzung in der Praxis umsetzen zu können, ist eine theoretische und empirische Analyse der Voraussetzungen der Altenpflegearbeit notwendig.

Was ist gute Pflege?

Auch in Deutschland haben die Diskussion um die Qualität und die wissenschaftliche Fundierung der Pflege in den letzten 15 Jahren erheblich zugenommen. Pflegewissenschaft und Pflegeforschung sind an den Hochschulen etabliert worden; es gibt über 50 Pflegestudiengänge, vor allem an Fachhochschulen. Jährlich finden Pflegekongresse statt, Pflegethemen werden auch auf medizinischen Kongressen behandelt. Das Bundesministerium für Forschung und Entwicklung fördert seit 2004 vier Pflegeforschungsverbünde.[57]

Altenpflege ist auf dem Weg von einer intuitiven Handlung zu einer theoretisch begründeten, durch wissenschaftliche Methoden abgesicherten professionellen Handlung weit vorangekommen. Professionalisierte Altenpflege kann heute die Lebensqualität von pflegebedürftigen Menschen verbessern. Rehabilitationspflege trägt dazu bei, das Leben alter Menschen zu verlängern; durch ihre Methoden kann sie zum Beispiel Mobilität erhalten oder zurückgewinnen. Vorbeugende und aktivierende Pflege kann den Eintritt von Komplikationen und Folgeerkrankungen verhindern oder zumindest hinauszögern.

Noch aber ist die alles entscheidende Frage: «Was ist gute und menschenwürdige Pflege?» nicht durch umfassende allgemein anerkannte Leitlinien und Standards beantwortet. Es besteht ein Konsens in Wissenschaft und Praxis, dass professionelle Altenpflege das Wohlfühlen des Patienten bei Erhaltung seiner größtmöglichen Selbstbestimmung und Selbstständigkeit bis zum Tod zum Ziel hat. Auch ein Konsens in Richtung einer lebensweltbezogenen, biografisch orientierten theoretischen Begründung von Altenpflege zeichnet sich ab. Was das aber konkret heißt, ist – so kritisieren Pflegewissenschaftler – noch nicht durch einen «abrufbaren Stand der Erkenntnisse» [58] konsensfähig gemacht. In den Gesetzen, zum Beispiel im Pflegeversicherungsgesetz oder im

Heimgesetz, wird sehr vage von «allgemein anerkannten» medizinisch-pflegerischen Standards der Pflege gesprochen, den die Pflegeeinrichtungen zu garantieren haben.[59] «Diese im- oder explizit in Bezug genommenen Maßstäbe werden bisher kaum durch pflegewissenschaftliche Expertisen mit Leben gefüllt. Vielmehr formulieren Einrichtungen und Träger ihre eigenen Pflegestandards, entwickelt der Medizinische Dienst der Spitzenverbände der Krankenkassen Vorgaben. Regional sehen sich Heimaufsichtsbehörden aufgerufen, zumindest Anhaltspunkte für angemessene Pflege zu formulieren.»[60]

Ein großer Fortschritt war die Gründung des «Deutschen Netzwerks für Qualitätsentwicklung in der Pflege (DNQP)», in dem sich seit 1992 immer mehr Experten zusammenschließen.[61] Ein Ziel des Netzwerks ist die Organisation bundesweiter Konsenskonferenzen, um in einer öffentlichen Fachdiskussion einen Beschluss über den spezifischen Beitrag und die relevanten Qualitätsmerkmale der Pflege zu ausgewählten Themen der stationären und ambulanten Gesundheitsversorgung herbeizuführen. So wurden bereits Expertenstandards zur Dekubitusprophylaxe,[62] zum Entlassungsmanagement, zum Schmerzmanagement und zur Sturzprophylaxe in der Pflege veröffentlicht. Weitere Expertenstandards sind in Vorbereitung.

Was ist zu tun?

Um zu konsensfähigen Leitlinien und Standards zu kommen, braucht es die Weiterentwicklung theoretisch-konzeptioneller Grundlagen der Altenpflege. Die Pflegewissenschaft und die Pflegefachverbände sind aufgefordert, «wissenschaftlich begründet aus pflegefachlicher Sicht den Stand des Wissens für den Aufgabenbereich der Pflege alter Menschen offen zu legen. Die Qualität einer Dienstleistung muss beschreibbar, begründbar, verhandelbar, bewertbar und korrigierbar sein. Ein solcher Maßstab muss fachpolitisch und sozialpolitisch durchgesetzt und als Maßstab für alle an der Sicherstellung der Pflege verantwortlichen Gruppierungen implementiert werden. So würden aus rechtlichen Rahmenbedingungen fachlich verantwortete Berufsvollzüge im pflegerischen Alltag.»[63] Pflegewissenschaftler warnen allerdings vor einer starren Pflege nach einer einmal festgelegten Norm. Pflege ist Beziehungsarbeit von Mensch zu Mensch. Professionelle Pflege ist eine Dialogbeziehung, ein «Aushandlungsgeschehen» zwischen dem Patienten, der weiterhin «Experte für sein Leben»[64] bleiben muss, möglicherweise zwischen seinen Angehörigen und der Pflegekraft, die situationsspezifisch und auf die Persönlichkeit ihres Patienten bezogen nach fachlichen und berufsethischen Regeln handeln muss.

Um die Lücke zwischen Wissenschaft und Praxis weiter zu schließen, ist eine mehr patientenorientierte Forschung dringend erforderlich. Diese Forschung muss sowohl Grundlagenforschung wie anwendungsorientiert sein. Auch die Entwicklung von wissenschaftlich fundierten Pflegekonzepten und innovativen Pflegemodellen ist ausbaufähig. Ebenso muss die Pflege noch ihren Platz im gesamten Gesundheitssystem suchen. Als ihre exklusive Aufgabe werden die Pflegediagnose, die Erstellung eines Pflegeplans, die konkrete Durchführung der Pflege, die Pflegeaufsicht sowie die Sicherung und Kontrolle der Qualität genannt.[65] Dabei erkennt die Pflege an, dass vor dem Hintergrund eines ganzheitlichen Pflegeverständnisses dieser Anspruch keine totale Exklusivität bedeuten kann, sondern die interdisziplinäre Kooperation mit anderen Professionen wie Medizin, Sozialarbeit, Hauswirtschaft und therapeutischen Berufen notwendig ist. Dies gilt für die genannten Berufe natürlich auch im Umkehrschluss.

Intensiv muss sich die Fachdiskussion auch mit den besonderen Bedürfnissen neuer Zielgruppen in der Pflege[66] auseinander setzen, etwa der alten Menschen mit Behinderung, der allein lebenden alten Menschen, der demenziell erkrankten alten Menschen sowie der alten Migranten.

Ein weiteres Feld wissenschaftlicher Herausforderung sind standardisierte und wissenschaftlich überprüfte Pflegemessverfahren.[67] Solche Pflegemessverfahren liegen zwar vor, allerdings sind sie noch mit inhaltlichen, methodischen und konzeptionellen Mängeln behaftet, die eine weitere wissenschaftliche Arbeit nötig machen. Sie sind wichtig für die Pflege, weil sie es ermöglichen, eine am tatsächlichen individuellen Bedarf von Patienten orientierte Pflegeplanung und den für die optimale Pflege notwendigen Zeit- und Personaleinsatz fachlich zu begründen, Prioritäten zu setzen und dann geplante Handlungen einzuleiten, die evaluiert werden können. So wäre es auch möglich, «die personelle Ausstattung von Pflegeeinrichtungen nicht mehr dem Verhandlungsgeschick der Vertragspartner zu überlassen, sondern sie auf eine rationale, fachlich begründete und nachprüfbare Grundlage zu stellen.» [68]

Die Politik darf das Thema Altenpflege nicht allein unter dem Aspekt von Sparmaßnahmen sehen. In den letzten Jahren sind mit dem novellierten Heimgesetz, dem Pflege-Qualitätssicherungsgesetz, dem Pflegeleistungsergänzungsgesetz und dem Altenpflegegesetz die gesetzlichen Rahmenbedingungen für eine bessere Qualität in der Pflege geschaffen worden. Nun kommt es darauf an, die Gesetze in die Praxis umzusetzen.[69] Auf die Initiative des Bundesministeriums für Familie, Senioren, Frauen und Jugend hin wurde 2003 der «Runde Tisch Pflege» gegründet, an dem sich Politiker, Pflegewissenschaftler und Pflegefachkräfte zusammenfinden. In einer Charta sollen die Rechte hilfebedürftiger Menschen festgelegt werden. Die Experten wollen evidenzbasierte[70] Leitlinien und Standards erarbeiten, die der Zufälligkeit entzogen sind und sich stattdessen an medizinisch-pflegewissenschaftlichen Erkenntnissen orientieren. Außerdem sollen flächendeckend Instrumente zur Messung von Pflegequalität und Grundlinien einer transparenten Pflege-Qualitätsberichterstattung erarbeitet werden.

Das Modellprogramm «Altenhilfestrukturen der Zukunft»,[71] das im Jahr 2000 vom Bundesministerium für Familie, Senioren, Frauen und Jugend initiiert und 2004 erfolgreich beendet wurde, hat neue Perspektiven aufgezeigt. Dabei wurden bundesweit neue nachbarschaftliche Netzwerke erprobt und Hilfen und Versorgungsmaßnahmen für Demenzkranke in der eigenen Wohnung entwickelt. Eine Überraschung war das große Potenzial an ehrenamtlichen Kräften, die bereit waren, sich um pflegebedürftige

Nachbarn zu kümmern, wenn man ihnen die notwendige Schulung und fachliche Begleitung zukommen lässt.

Neben diesen positiven Entwicklungen lassen sich auch gegenläufige Entwicklungen beobachten, die die Pflege gefährden und erschweren. Einerseits richten Staat und Gesellschaft an die Pflege den Anspruch, menschenwürdig und personenbezogen tätig zu sein. Andererseits aber werden nur begrenzte finanzielle Ressourcen zur Erfüllung dieses Anspruchs zur Verfügung gestellt. Pflege kommt zunehmend in ein Spannungsfeld zwischen Qualität und Ökonomisierung. Dies findet seinen Ausdruck bereits in der Pflegeversicherung; dort heißt es in § 29 Abs. 1 unter der Überschrift «Wirtschaftlichkeit» unmissverständlich: «Die Leistungen müssen wirksam und wirtschaftlich sein; sie dürfen das Maß des Notwendigen nicht übersteigen.» Was aber das Maß des Notwendigen ist, wird nicht definiert und bleibt somit letztlich dem Ermessen der Kostenträger überlassen. So besteht die Gefahr, dass vielfach nicht professionelle Bedarfseinschätzung, nicht persönliche Bedürfnisse pflegebedürftiger Menschen, nicht ethische Sinnorientierungen das Ausmaß von Pflege bestimmen. Letztlich droht, politisch offenbar gewollt oder zumindest in Kauf genommen, die Finanzierbarkeit immer mehr zum entscheidenden Kriterium einer menschenwürdigen Pflege zu werden.

Die finanzielle Herausforderung. Oder: Ist menschenwürdige Pflege zu teuer?

Der 1. Reichtums-und Armutsbericht der Bundesregierung[72] hat gezeigt, dass Pflegebedürftigkeit finanzielle Risiken birgt. In Pflegehaushalten schlagen pflegebedingte Ausgaben erheblich zu Buch. Dazu zählen insbesondere Zuzahlungen für die stationäre und ambulante Pflege und der pflegerechte Umbau der Wohnung.

Auch die staatlichen Träger der Sozialhilfe wurden im Lauf der Jahre immer mehr belastet, weil sie im Rahmen der Sozialhilfe («Hilfe zur Pflege») die Kosten für die Heimunterbringung einer immer größeren Zahl von pflegebedürftigen Menschen übernehmen mussten, weil diese die Heimkosten nicht selber finanzieren konnten. Deshalb wurde die Soziale Pflegeversicherung geschaffen; diese sollte den Vorrang der häuslichen vor der stationären Pflege besser ermöglichen, das Risiko der Sozialhilfebedürftigkeit für den Einzelnen vermeiden und so die Sozialhilfeträger entlasten sowie eine leistungsfähige pflegerische Infrastruktur nachhaltig sichern. Bei der Einführung 1995 war es ihr Ziel, die Pflegebedürftigen in die Lage zu versetzen, mit einem zumutbaren Einkommensanteil und den Versicherungsleistungen die Kosten der Pflege weitgehend abzudecken und sie unabhängig von der Sozialhilfe zu machen. Die Pflegeversicherung verstand sich von vornherein nicht als Vollkaskoversicherung, sondern als eine einkommensunabhängige, über die Sozialhilfesätze hinausgehende Basisversicherung für eine Grundversorgung, die gegebenenfalls durch private Zuzahlung zu ergänzen ist. Ihre finanziellen Leistungen wurden in einem monatlichen Budget festgeschrieben. Heute ist fast die gesamte Bevölkerung «pflegeversichert»; 90 Prozent gehören der Sozialen Pflegeversicherung an, zehn Prozent der Privaten.[73]

Finanzielle Krise der Pflegeversicherung

In den ersten Jahren zehrte die Pflegeversicherung von ihren Rücklagen. Das war die Folge eines Finanzierungstricks: Bevor die Betroffenen im April 1995 zum ersten Mal finanzielle Leistungen erhielten, mussten die Beitragszahler schon ab Januar 1995 Beiträge entrichten. Die Leistungen für die kostenintensive stationäre Pflege traten erst im Juli 1996 in Kraft. So wurde ein finanzielles Polster angelegt, das aber schnell schmolz. Das jährliche Defizit der Pflegeversicherung stieg bereits vier Jahre nach ihrer Gründung an, obwohl seitdem die finanziellen Leistungen pro Patient nicht erhöht worden waren. 2007 werden die Rücklagen aufgebraucht sein, sollte es keine Reform geben.

Die Ursache für die Defizite liegt vor allem in der zunehmenden Zahl pflegebedürftiger Menschen, die Anspruch auf finanzielle Leistungen haben. Von 1997 bis 2004 hat sich die Zahl der Leistungsempfänger von anfänglich 162 000 auf über zwei Millionen mehr als verzehnfacht. Aber auch kleine Leistungsverbesserungen wie die Übernahme der Kosten für die Beratungspflege und für Demente sowie die konjunkturell bedinge Einnahmeschwäche haben zu dieser prekären Situation geführt.

Weitere kostensteigernde Entwicklungen lassen sich voraussagen.

- Allein aus demografischen Gründen steigt die Zahl der Pflegebedürftigen weiter an.
- Immer mehr Menschen werden wegen schwerer Pflegebedürftigkeit die höchste Pflegestufe in Anspruch nehmen müssen und damit die Ausgaben steigern.
- Um Konkurse der Pflegedienste und Heime zu verhindern, werden die finanziellen Leistungen der Pflegeversicherung, die seit 1995 gleich geblieben sind, steigen müssen.
- Die finanziellen Leistungen für psychisch kranke, geistig behinderte und demente Patienten sind zu verbessern, wenn man Menschen für ihre häusliche Pflege gewinnen will.
- Inzwischen steigt die Zahl der Menschen wieder, die trotz Leistungen aus der Pflegeversicherung auf Sozialhilfe angewiesen sind, von 20 Prozent bei Einführung der Pflegeversicherung auf 33 Prozent im Jahr 2003. Grund dafür sind die Kostensteigerungen vor allem in der stationären Pflege. Künftig werden auch die privaten Haushalte und die Träger der Sozialhilfe wieder mehr finanziell belastet, wenn die Leistungen der finanziellen Pflegeversicherung nicht erhöht werden.
- Die Inanspruchnahme der im Vergleich zur Geldleistung teureren Sachleistung nimmt zu. Menschen nehmen also verstärkt Pflegedienste in Anspruch oder ziehen in ein Heim.

Die Alten als Kostenfaktor

Altenpflege kostet immer mehr. Die Ursachen dafür liegen nicht nur in der demografischen Entwicklung, sondern vor allem auch im Fortschritt der Möglichkeiten der Medizin und Pflege.

Menschen, die noch vor wenigen Jahrzehnten einen Unfall oder eine Krankheit nicht überlebt hätten, können heute am Leben gehalten werden – auch um den Preis einer schweren Pflegebedürftigkeit. Der quantitative Bedarf an Pflege steigt damit an.

Um die Kosten für die Pflege zu senken, sind in den letzten Jahren immer mehr ökonomische Modelle erprobt worden. Ökonomische Denk- und Sprechweisen setzen sich immer mehr durch. In den ambulanten Diensten ist die Rede von «profitablen und lukrativen Kunden».[74] Die Kaufkraft des «Kunden» wird zum Kriterium dafür, ob ein Pflegedienst die Pflege übernimmt. Mitarbeiter werden in «Verkaufsgesprächen» trainiert, um möglichst viele Leistungen an den «Kunden» zu bringen. Auch in den Heimen nimmt der bestimmende Einfluss betriebswirtschaftlicher Kriterien zu.

Nicht nur die Kosten für die Pflege, sondern auch die Kosten für die medizinische Versorgung steigen im Laufe eines Lebens immer mehr. Kranke und pflegebedürftige alte Menschen belasten besonders in ihren letzten Lebensjahren die Krankenkassen enorm. Diese Kostenspitze soll, sagen manche, mit der Einführung einer Altersgrenze für bestimmte medizinische Leistungen gekappt werden.[75]

Was ist zu tun?

Ein Lebensziel der älteren Generation unserer Tage ist es, ihren Nachkommen ein auskömmliches Erbe zu hinterlassen. Das ist sicher eine ehrenwerte Haltung. Aber genauso ehrenwert ist es, Vermögenswerte auch für die eigene Pflege im Alter einzuplanen. Alle Menschen müssen rechtzeitig – das heißt: ihr Leben lang – für eine mögliche Pflegebedürftigkeit finanziell vorsorgen. Geschieht dies nicht, werden ihre Kinder und Angehörigen dafür aufkommen müssen. Derzeit wird die Stärkung der Eigenverantwortung auch im sozialen Bereich von allen politischen Parteien gefordert. Dies weist in die richtige Richtung. Aber die Politik muss im Weg eines sozialen Ausgleichs dafür sorgen, dass auch die weniger gut Verdienenden und weniger Vermögenden finanziell vorsorgen können.

Die Pflegeversicherung hat sich bisher, trotz aller Probleme, als wirksame Möglichkeit erwiesen, Pflegebedürftigkeit teilweise finanziell solidarisch abzusichern.[76] Sie wird von der Bevölkerung akzeptiert und hat die öffentlichen Sozialhilfehaushalte entlastet. Sie hat in wenigen Jahren zu einer Welle von Neugründungen von Pflegeheimen und ambulanten Diensten geführt und so die Betreuung von pflegebedürftigen Menschen verbessert. Sie hat außerdem die Motivation zur Angehörigenpflege verstärkt.

Die Pflegeversicherung ist aber angesichts der demografischen und ökonomischen Entwicklung in Deutschland an eine finanzielle Grenze gekommen. Deshalb werden politische Alternativen zur Absicherung des Pflegefallrisikos diskutiert. Eine für alle Bürger gleiche «Kopfpauschale» oder «Pflegeprämie» könnte zwar die Lohnnebenkosten entlasten, widerspricht aber wie die «Gesundheitsprämie» dem Gerechtigkeitsgefühl vieler Menschen. Die Ersetzung der umlagefinanzierten Pflegeversicherung durch steuerfinanzierte Pflegeleistungen nur für finanziell Bedürftige schwächt den Anreiz zur Eigenvorsorge und würde, wie alle steuerfinanzierten Fürsorgesysteme, immer unter einem politischen Finanzierungsvorbehalt stehen. Der Umstieg auf eine die gesamte Bevölkerung umfassende kapitalfundierte Pflegeversicherung würde die heutigen Arbeitnehmer jahrelang doppelt belasten, weil sie gleichzeitig die aktuellen finanziellen Leistungen für Pflegebedürftige tragen und einen eigenen Kapitalstock für sich selber aufbauen müssten. Bei einer Zusammenlegung der Pflegeversicherung mit der Krankenversicherung würde die Pflege ihre Eigenständigkeit gegenüber der Medizin wieder verlieren. Es bestünde weiterhin die Gefahr, dass damit auch die Grundintention der Pflegeversicherung, nämlich die teilweise Absicherung des Pflegefallrisikos, zu Gunsten der aktuellen Versorgung im Krankheitsfall aufgegeben würde.

Die Pflegeversicherung sollte eine eigenständige «Teilkaskoversicherung» auf einem akzeptablen Niveau für die Absicherung des Pflegerisikos bleiben. Eine nachhaltige, zukunftsorientierte Finanzierung von Pflege muss zumindest einen Grundbedarf an

Pflege verlässlich solidarisch absichern. Die Pflegeversicherung muss aber ihre Leistungen verbessern, um dieses Ziel erreichen zu können. Reformbedarf herrscht in mehrfacher Hinsicht.

Begriff der Pflegebedürftigkeit: Der auf rein körperliche Verrichtungen bezogene Begriff der Pflegebedürftigkeit der Pflegeversicherung muss angesichts der steigenden Zahl von dementen und psychiatrisch erkrankten Menschen erweitert werden. Um eine menschenwürdige Pflege zu gewährleisten, muss die Pflegeversicherung auch die psychosoziale Betreuung und Begleitung für alle Pflegebedürftigen und insbesondere den erhöhten Betreuungsaufwand für demente Menschen anerkennen und vergüten. Die Aufsicht, Begleitung und Anleitung dieses Personenkreises muss finanziell abgegolten werden.

Härtefälle: Angesichts der zunehmenden Zahl von pflegeintensiven Härtefällen muss über die Einführung einer eigenen Pflegeklasse für Härtefälle nachgedacht werden.

Entlastung der pflegenden Angehörigen: Um die Angehörigen von der Pflege zu entlasten, müssen die Tagespflege und die Kurzzeitpflege von der Pflegeversicherung besser vergütet werden.

Stärkung von Prävention und Rehabilitation: Pflegerische Arbeit wirkt gesundheitsfördernd, vorbeugend (präventiv), heilend (kurativ), rehabilitativ (wiederherstellend) und schmerzlindernd (palliativ). Prävention verhindert oder verzögert den Ausbruch vieler Krankheiten, deshalb ist sie zu fördern, unter anderem durch finanzielle Anreize für gesundheitsbewusstes Verhalten in der Krankenversicherung, durch die Einführung von präventiven Hausbesuchen und durch Früherkennungsprogramme, zum Beispiel für Demenz und Schlaganfälle. Die rehabilitativen Möglichkeiten von pflegebedürftigen Menschen werden zu wenig ausgeschöpft, weil sich die Pflege primär an Defiziten und nicht an den Möglichkeiten der Patienten orientiert. Rehabilitative Maßnahmen wie die mobile Rehabilitation sollten deshalb verstärkt werden. Rehabilitation und Prävention dienen der Vermeidung beziehungsweise der Linderung von Erkrankungen und sind deshalb über die Krankenversicherung (SGB V) zu finanzieren; der präventive Hausbesuch zielt auf die Verringerung der Pflegebedürftigkeit ab und gehört daher in den Leistungsbereich der Pflegeversicherung (SGB XI).

Finanzielle Leistungen der Pflegeversicherung: Die finanziellen Leistungen der Pflegeversicherung sind jährlich in Höhe der Preissteigerungsrate anzupassen, um die Motivation der privaten Angehörigenpflege zu stärken und die Kostensituation der ambulanten Pflegedienste und der Heime zu verbessern.

Dynamisierung der finanziellen Leistungen: Langfristig ist die finanzielle Basis der heutigen Pflegeversicherung wegen der demografischen Entwicklung und der alleinigen Bindung der Beiträge an die Lohnnebenkosten angesichts hoher Arbeitslosigkeit und konjunktureller Schwankungen problematisch. Der bisherige Beitrag von 1,7 Prozent des Bruttoeinkommens wird nicht ausreichen, um das bestehende Leistungsniveau zu erhalten beziehungsweise, wie hier gefordert, sogar zu verbessern. Langfristig muss die Pflegeversicherung deshalb auf zwei Säulen gestellt werden. Zum einen könnte sie in Richtung einer solidarischen Bürgerversicherung weiterentwickelt werden. In diese Versicherung sollten alle Bürger aus allen Einkommensarten ohne Bemessungsgrenze einzahlen. Dieses Modell entspräche dem Grundsatz der Beitragsgerechtigkeit weit mehr als das bisherige System, da es niemandem gestattet, sich der gesellschaftlichen Solidarität zu entziehen, und zudem die finanziell Bessergestellten «zwingt», die weniger Verdienden zu entlasten. Das Existenzminimum zur Entlastung der Familien ist nach dem Urteil des Bundesverfassungsgerichtes beitragsfrei zu stellen. Als zweite Finanzierungssäule könnte ein vor allem für die unteren Einkommen steuerbegünstigtes privates Vorsorgesystem aufgebaut werden.

Gleichzeitig müssten die Kommunen durch eine nachhaltige Sanierung der Gemeindefinanzen wieder in die Lage versetzt werden, unabhängig von konjunkturellen Schwankungen ihren gesetzlichen Pflichten im Rahmen der individuellen «Hilfe zur Pflege» nachkommen zu können.

Personenbezogenes Budget: Um die Wahlfreiheit zwischen verschiedenen stationären, ambulanten und teilstationären Pflegeformen und die persönliche Verantwortung der Pflegebedürftigen und ihrer Angehörigen zu stärken, könnte man die Wirkung von personenbezogenen Budgets statt der Sachleistungen der Pflegeversicherung erproben; dies wäre allerdings mit einem Beratungsbedarf der Betroffenen verbunden. Der Reformbedarf innerhalb des Pflegesystems geht über Pflegeversicherung weit hinaus.

Personalbedarf: Die Personalausstattung in der stationären Pflege ist angesichts von immer mehr schwerstpflegebedürftigen und dementen Menschen zu verbessern. Die Einführung eines einheitlichen Personalbemessungssystems kann für einen sinnvollen und transparenten Personaleinsatz sorgen. Es kann die Frage beantworten, auf welche konkreten Pflegeleistungen nach Häufigkeit, Umfang und Zeit ein Mensch bei einem bestimmten Grad von Pflegebedürftigkeit Anspruch hat. Dieses System muss von den Einrichtungsträgern und Kostenträgern verbindlich anerkannt werden.

Bürokratie: Die für die stationären und ambulanten Pflegeeinrichtungen kostentreibende Bürokratie muss verringert werden. Effektive Qualitätskontrollen durch den Staat, die die pflegebedürftigen Menschen vor mangelhafter Pflege schützen, sind weiter notwendig. Aber das unkoordinierte Nebeneinander zwischen verschiedenen Kontrollorganen (Heimaufsicht und Medizinischer Dienst der Krankenversicherung) ist zu beenden. Qualitätskontrollen müssen «aus einer Hand» erfolgen.

Vernetzung: Um die Qualität der Pflege zu fördern, sollen die Leistungen von Ärzten und Therapeuten, Krankenhäusern und Rehabilitationseinrichtungen, Pflegeheimen und ambulanten Diensten besser vernetzt werden. Individuelles (auf die einzelne Person bezogenes) und strukturelles (auf die Dienstleister im Pflegebereich bezogenes) Case-Management ist aufzubauen.

Ehrenamt: Soziale Netze tragen dazu bei, dass auch pflegebedürftige Menschen möglichst lange zu Hause leben können. Projekte und Untersuchungen haben gezeigt, dass Menschen auch zur ehrenamtlichen Betreuung von Demenzkranken bereit sind, wenn sie fachlich begleitet werden. Die Gewinnung, Qualifizierung, Koordinierung und Begleitung von ehrenamtlichen Pflegern erfordert finanzielle Ressourcen.

Pflegepolitik kann nie nur die Pflege unmittelbar im Blick haben, sondern muss im Sinne einer Querschnittsorientierung andere gesellschaftliche Systeme wie die Familie und die Gesundheit in ihrer Relevanz für die Pflegebedürftigkeit im Blick haben.

Die ethische Herausforderung. Oder: Wollen wir Menschen würdig pflegen?

Hinter der ökonomischen Herausforderung steht letztlich die ethische Wertfrage. In der Stellungnahme der Bundesregierung zum «Vierten Bericht zur Lage der älteren Generation» (2002) heißt es programmatisch: «Alten Menschen gebührt die Solidarität der Gesellschaft. Sie haben den Anspruch und das Recht, ein möglichst selbstständiges und selbstbestimmtes Leben als geachtete und gleichwertige Mitglieder unserer Gesellschaft zu führen.»[77] Das klingt gut, aber die praktische Politik spricht eine andere Sprache, sobald es um die Kosten für diese propagierte menschenwürdige Pflege geht.

Kosten vor Ethik

Rationalisierungen und Rationierungen von Pflegeleistungen werden den Pflegeeinrichtungen von der Politik und den Kostenträgern durch die nicht bedarfsgerechte Finanzierung geradezu aufgezwungen. Um die wirtschaftliche Effizienz zu steigern, sollen gleiche Pflegeleistungen bei gleich bleibenden Kosten oder sogar reduzierten Kosten erbracht werden (Rationalisierung). Um Kosten zu sparen, müssen zum Beispiel Einrichtungen Stellen zeitverzögert besetzen oder Fachkräfte durch Hilfskräfte ersetzen. Heime, die die gesetzlich vorgeschriebene Fachkraftquote von 50 Prozent überschreiten, werden von den Kostenträgern kritisiert. Pflegekräfte müssen «ein steigendes Arbeitspensum bei zunehmender Arbeitskomplexität und steigenden Qualitätsansprüchen in immer kürzerer Zeit» leisten.[78] Auch Rationierungen, also das Vorenthalten eigentlich pflegerisch angezeigter Leistungen, wird zu einem Mittel, mit dem Einrichtungen auf Kosten der Patienten auf den steigenden Kostendruck zu reagieren gezwungen sind. Auf der Ebene des gesamten Pflegesystems werden wichtige Angebote wie die Tagesstrukturierung für schwer Demente, medikamentöse, soziotherapeutische und rehabilitative Maßnahmen oder Hilfsmittel vorenthalten.

Pflegebedürftige, schwerstkranke und sterbende Menschen hatten bisher in den christlichen Werten verpflichteten Gesellschaften einen Anspruch auf besondere Fürsorge. Das ist allerdings nicht mehr unumstritten. In den Niederlanden und in Belgien hat der Gesetzgeber die aktive Tötung von schwerstkranken und pflegebedürftigen Menschen auf deren Verlangen erlaubt. Begründet wird diese Regelung mit humanitären Zielen: Man wolle den leidenden Menschen Schmerzen und Qualen ersparen. Allerdings können diese Argumente auch als Vorwand dienen, um einen Verlust der Achtung vor dem Leben und insbesondere finanzielle Sparmaßnahmen mit einem humanitären Deckmantel zu verkleiden.[79] Angesichts der finanziellen Engpässe könnte die Euthanasie-Debatte bald auch in Deutschland offen geführt werden. Insbesondere die Wirtschaftsverbände und ihre politische Lobby versuchen, den solidarischen Sozialstaat zu demontieren und die sozialen Risiken ohne Rücksicht auf die sozial Schwachen zu privatisieren. Wer Menschen würdig pflegen will und ihnen auch das Recht auf einen menschenwürdigen Tod zugesteht, wird dagegen eine Sozialpolitik fordern, die der ökonomischen Verkürzung der Menschenwürde eine solidarische Finanzierung gegenüberstellt.

Was ist zu tun?

Ethische Fragen stellen sich für die Pflegenden, für die Pflegeeinrichtungen und für die Gesellschaft und Politik.[80] Rationalisierung und Rationierung müssen in den Pflegeeinrichtungen offen thematisiert werden. Angesichts knapper Zeit muss die einzelne Pflegekraft derzeit möglicherweise entscheiden, welcher Patient welche Leistungen erhält und welcher nicht. Auch die fachlichen Fortschritte der Pflege verlangen, ähnlich wie im medizinischen Bereich, ethische Entscheidungen: Müssen alle im Einzelfall möglichen Pflegemaßnahmen erbracht werden? Mit diesen Entscheidungen dürfen die einzelnen Pflegekräfte nicht allein gelassen werden. Fallbesprechungen im Team, Supervisionsangebote, seelsorgerische Begleitung und Ethikkomitees sind in allen Einrichtungen anzubieten. Außerdem sollten sich Pflegekräfte stärker politisch organisieren und ihre Interessen vertreten. Auch privat Pflegende stehen vor schwierigen ethischen Entscheidungen; deshalb brauchen auch sie Gesprächsangebote, wie sie zum Beispiel in Gruppen pflegender Angehöriger realisiert werden.

Die kulturelle Ebene der Pflegeethik betrifft die Werte und Einstellungen einer Gesellschaft: Wie will eine Gesellschaft ihre Ressourcen einsetzen? Welches konsensfähige Menschenbild hat sie? Was sind der Gesellschaft pflegebedürftige Menschen wert? Darüber brauchen wir einen offenen gesellschaftlichen und politischen Dialog.

Die politische Herausforderung. Oder: Welche Prioritäten muss die Politik setzen?

Ethische Postulate allein schaffen noch keine «gute Pflege». Was als richtig erkannt worden ist, muss auch politisch umgesetzt werden. Eine menschenwürdige und somit gute Pflege ist also insbesondere eine Herausforderung an die Politik in Bund und Ländern. Dafür stehen die Chancen gegenwärtig schlecht. Weltweit versuchen Regierungen, der Globalisierung der Wirtschaft und der Massenarbeitslosigkeit durch eine neoliberale Wirtschaftspolitik zu begegnen, zu deren Instrumentarium auch der massive Abbau staatlicher Sozialleistungen und der Verweis auf mehr Eigenleistungen der Bürger gehören. Begründet werden Sparmaßnahmen nicht selten mit der populistischen Diffamierung sozial Schwacher.

Altenpflege unter dem Diktat einer neoliberalen Politik

Unter dieses neoliberale Diktat fällt auch die Pflege. In der aktuellen Debatte um den Umbau des Sozialstaates wird von neoliberaler Seite der Eindruck erweckt, als sei der gesamte Sozialbereich ein Fass ohne Boden, in das unnütz Geld hineingesteckt wird, das völlig verschwinde. Abgesehen davon, dass jede Gesellschaft sich auch um ihre schwachen Mitglieder kümmern und ihnen ein menschenwürdiges Leben ermöglichen muss, ohne sofort nach den Kosten zu fragen, ist auch der Eindruck falsch. Der Sozialbereich ist auch ein Wirtschaftssektor mit riesigen Ausgaben-, Nachfrage- und Beschäftigungseffekten insbesondere auf den näheren Wirtschaftsraum. In den Pflegeeinrichtungen und Pflegediensten in Deutschland sind 665 000 Personen hauptberuflich beschäftigt, Tendenz zunehmend.[81] Angesichts einer steigenden Zahl von Pflegebedürftigen ergeben sich im Pflegebereich erhebliche Beschäftigungspotenziale, wenn Staat und Gesellschaft die entsprechenden Finanzen bereitstellen. Ein sehr großer Teil des Geldes, das in den Sozialbereich investiert wird, fließt auch wieder in den Wirtschaftskreislauf zurück: als Steuern, als Sozialabgaben, als Arbeitsaufträge an Unternehmen, als Konsumausgaben der Mitarbeitenden. Soziale Einrichtungen kurbeln also die Wirtschaft an und finanzieren sich über den Multiplikatoreffekt zu einem erheblichen Teil selbst. Die Einführung der Pflegeversicherung und die steigende Zahl alter Menschen haben neue Märkte entstehen lassen, die Menschen Arbeit und dem Staat Steuereinnahmen bieten. Pflege ist ein echter Wachstumsmarkt.

Diese gesamtgesellschaftlichen Zusammenhänge werden in Deutschland kaum thematisiert. Stattdessen dominiert ein politischer und wissenschaftlicher Mainstream, der rein auf Einsparmaßnahmen – und damit auch auf eine Verschlechterung der Altenpflege – fixiert ist. So schlug der Bayerische Landkreistag vor, den aktuellen durchschnittlichen Pflegeschlüssel von 1:2,4 auf 1:2,7 zu verschlechtern.[82] Pflegebedürftige alte Menschen müssten dann von noch weniger Personal gepflegt werden. Soll es dann, zum Beispiel, künftig nur noch einmal am Tag eine frische Windel für inkontinente Personen geben? Kostenträger wie die Sozialhilfeträger und Pflegekassen, die Einsparungen umsetzen, sind selbst Opfer einer ungenügenden finanziellen Absicherung des Pflegefallrisikos. In erster Linie ist daher die Bundesregierung gefordert.

Politiker behaupten immer wieder, dass der Sozialbereich nicht mehr finanzierbar sei, weil die öffentlichen Kassen leer und die Sozialversicherungen am Ende seien. Die Bundespolitik allerdings hat die finanzielle Situation der öffentlichen Hand selbst zu verantworten. Sie hat nämlich die Unternehmen steuerlich so entlastet, dass sie zwar die kommunale Infrastruktur nutzen, aber kaum noch Steuern zahlen. Sie hat es Vermögenden und Besserverdienenden ermöglicht, sich aus dem solidarischen System der gesetzlichen Krankenversicherung zurückzuziehen. Politiker verweisen dann im Regelfall auf die Globalisierung der Wirtschaft: Wenn man die Unternehmen nicht massiv entlaste, würden sie ins Ausland wechseln, in Deutschland gar keine Steuern mehr zahlen und weitere Arbeitsplätze vernichten. Die Politik gibt damit offen zu, dass sie nicht in der Lage und nicht willens ist, einen zentralen Bereich der Gesellschaft politisch zu steuern. Stattdessen versucht sie, soziale Probleme auf den Ärmsten der Armen abzuladen. In diese Richtung weisen alle so genannten Reformen des Sozialstaats in den letzten zehn Jahren, gleich, ob sie im Bund oder in den Ländern beschlossen werden.[83] Von der Gesundheitsreform, von den Reformen des Arbeitsmarktes und den Sozialkürzungen der Landesregierungen werden insbesondere sozial Schwache, Arbeitslose, Behinderte, Kranke, Pflegebedürftige und Familien mit mehreren Kindern überproportional belastet. Dies ist kein Weg in eine gerechte Zukunft, und er ist auch nicht ohne Alternative.

Was ist zu tun?

Die Globalisierung der Wirtschaft ist nämlich kein naturwüchsiger Prozess, der sich politischer Gestaltung entzieht.[84] Die Globalisierung ist durch politische Entscheidungen in Gang gesetzt worden. Sie ist deshalb auch politisch steuerbar. Wenn dies auf nationaler Ebene nicht mehr möglich ist, muss es auf internationaler Ebene durchgesetzt werden.

Dazu muss die Politik den Primat über die Wirtschaft zurückgewinnen. Die finanziellen Ressourcen für eine menschenwürdige Pflege und ein menschenwürdiges Sterben sind in Deutschland vorhanden. Die großen multinationalen Konzerne melden Jahr für Jahr neue Gewinnrekorde, beteiligen sich aber – gesetzlich legal – kaum noch an den Kosten der gesellschaftlichen Infrastruktur. Die privaten Haushalte haben ein riesiges Geldvermögen, das aber höchst ungleich verteilt und so zu einem großen Teil der gesellschaftlichen Solidarität entzogen ist. Solidarität bedeutet deshalb, den leistungsfähigen Bürgerinnen und Bürgern mehr finanzielle Eigenverantwortung zuzumuten, damit die notwendige Versorgung und die gezielte Unterstützung für besonders hilfebedürftige Menschen weiterhin durch Beiträge der Gesamtbevölkerung finanziert werden können. Die Einführung einer Bürgerversicherung zur Konsolidierung des Pflegefallrisikos wäre ein Schritt in eine solche solidarischere Gesellschaft. Eine Bürgerversicherung würde auch der Kritik der Pflegeversicherung als einer «Erbenschutzversicherung» den Boden entziehen. Zu Recht wird nämlich kritisiert, dass alle Pflegebedürftigen, die in eine Pflegestufe eingestuft worden sind, ohne Rücksicht auf ihre finanzielle Situation die gleichen finanziellen Leistungen erhalten. Dies könnte man auch beibehalten, wenn schon im Vorfeld die Bessergestellten entsprechend ihrer finanziellen Leistungsfähigkeit mehr Beiträge gezahlt hätten, als sie später im Fall der Pflegebedürftigkeit Leistungen erhalten würden. Sollte sich die Politik für eine Abkoppelung der Sozialbeiträge von den Arbeitskosten entscheiden (dafür gibt es gute Gründe) und «Kopfpauschalen» favorisieren, ist eine gesetzlich klar festgelegte soziale Abfederung für sozial Schwache zu schaffen, die nicht wieder von diesen selber bezahlt werden darf (zum Beispiel nicht über eine Erhöhung der Mehrwertsteuer).

Nicht, was alte und pflegebedürftige Menschen kosten, darf die Sozialpolitik bestimmen, sondern allein das, was sie zu einem menschenwürdigen Leben und Sterben brauchen. Nur dies ist der Weg in eine soziale, solidarische Zukunft für alle Menschen.

Literatur

Hermann Brandenburg, Thomas Klie (Hrsg.), Gerontologie und Pflege. Beiträge zur Professionalisierungsdiskussion in der Pflege alter Menschen, Hannover 2003

Kuratorium Deutsche Altershilfe (Hrsg.), Kleine Datensammlung Altenhilfe, zusammengestellt und bearbeitet von Anne Kleiber, Köln 2003

Ulrich H. J. Körtner, Grundkurs Pflegeethik, Wien 2004

Marianne Koch, Körperintelligenz. Was Sie wissen sollten, um jung zu bleiben, München 2003

Frank Schirrmacher, Das Methusalem-Komplott, München 2004

Pro-Aging
Die Kunst des Älterwerdens in einer alternden Welt

Von Ursula Lehr

Wir alle werden älter, von Tag zu Tag. Dass wir älter werden, daran können wir nichts ändern. Aber wie wir älter werden, das haben wir zum Teil selbst in der Hand. Es gilt, nicht nur dem Leben Jahre zu geben, sondern den Jahren Leben.

Noch nie zuvor haben so viele Menschen eine so lange Lebenszeit gehabt wie heute. Sehen wir darin nicht nur ein Problem, sondern eine Chance. Langlebigkeit bedeutet die Herausforderung für jeden Einzelnen, alles zu tun, um möglichst gesund und kompetent alt zu werden. Langlebigkeit bedeutet aber auch eine Herausforderung für die Gesellschaft, die Möglichkeiten zu einem möglichst «gesunden» Altern zu schaffen.

Herausforderungen an den Einzelnen

Freuen wir uns über die zunehmende Langlebigkeit – doch versuchen wir alles, damit aus den gewonnenen Jahren erfüllte Jahre werden! Setzen wir uns für ein PRO-AGING ein, für ein Älterwerden bei möglichst großem körperlichen und seelisch-geistigen Wohlbefinden. Wir wollen ja gar nicht «ewig jung» bleiben, wie es der Slogan «forever young» verspricht. Wir wollen gesund alt werden! Wir wenden uns gegen eine heutzutage übliche «Anti-Aging-Kampagne», denn «Anti-Aging» setzt voraus, dass Altern etwas Schlimmes ist, gegen das man angehen muss, das man fürchten muss. Wir sind nicht gegen das Altern, das wir ohnehin nicht verhindern können, wir sind aber für ein möglichst gesundes und kompetentes Älterwerden. Leben ist Lernen, ist Verhaltensänderung aufgrund von Erfahrungen. Ein langes Leben bringt viele Erfahrungen mit sich, trägt zur Reife bei, zur Gelassenheit, vielleicht auch zu einer Abgeklärtheit und Weisheit.

Im Alter können wir heute toleranter sein – uns selbst, aber auch anderen gegenüber. Wir sollten uns mit unserer Vergangenheit, mit unserem bisherigen Leben und Älterwerden aussöhnen, sollten bei einem Rückblick nicht nur nach Misslungenem fragen, sondern uns an dem Gelungenen freuen. Wenn wir rückblickend unser Leben betrachten, sehen wir manches anders als damals, als es geschah. Güte, Abgeklärtheit und Gefasstheit sind Anzeichen für das Maß des Offenbleibens für neue Entwicklungen, auch im höheren Alter, «und sei es auch nur jene (Entwicklung), welche weniger dieses oder jenes erreichen will, sondern sich einfach tragen lässt, von irgendeiner Erinnerung vielleicht, von einem Glanz, der früher das Leben erhellte und lebenswert gemacht hatte, von dem ‹Wissen› um einen Tag, eine Stunde, die besonders gut geraten schien».[1] Doch dieses Zehren von der Vergangenheit sollte nicht auf Kosten des Erlebens der Gegenwart gehen und erst recht nicht den Blick in die Zukunft versperren. Seien wir dankbar für schöne Erlebnisse, integrieren wir sie in unser Sein – und seien wir nicht undankbar für manche unangenehmen Erfahrungen und Schicksalsschläge, die uns auch zu dem gemacht haben, was wir heute sind. Aufgaben, Herausforderungen, Probleme, Konflikte, manchmal auch Krisen gehören nun einmal zum menschlichen Leben, zum Älterwerden dazu. Freuen wir uns, dass wir sie gemeistert und überstanden haben! Ein Spruch von Ingeborg Albrecht beschreibt das treffend:

Schönes habe ich erlebt –
Goldfarben der Teppich
des Lebens durchwebt.
Auch dunkle Fäden
sind manchmal dabei.
Doch wollt ich sie entfernen,
der Teppich riss' entzwei.[2]

Erich Rothacker, ein Bonner Philosoph, hat schon in den 30er Jahren in seiner Abhandlung über «Altern und Reifen» gezeigt, dass zwar körperliche Fähigkeiten nachlassen, geistige Fähigkeiten hingegen oft wachsen und reifen: Diese Reifungskurve steigt an, während die körperliche Alterskurve oft sinkt, körperliche Probleme oft zunehmen. Ähnlich hat man das Älterwerden mit einer Bergbesteigung verglichen: Je höher wir hinaufkommen, umso mehr lassen unsere körperlichen Kräfte nach, aber umso schöner und lohnender ist die Aussicht. Stöhnen wir nicht nur über das mühselige Erklimmen, sondern halten wir inne, freuen wir uns über die weite Sicht am Berggipfel und genießen den Tag.

Hans Thomae, der Begründer der Deutschen Alternsforschung, spricht – auf interindividuelle Unterschiede in der Entwicklung anspielend – von «Variationen der Lebenshöhe», die man bei diesen und jenen Persönlichkeiten finden kann. Er stellt hier Vorgänge der «Verinnerlichung» jenen der «Veräußerlichung» gegenüber. «Wenn der Schwerpunkt der Seele im Außen, im eigenen Leib, in der Kleidung, der Wohnung, dem Besitz, den materiellen Gütern liegt», sprechen wir von «Veräußerlichung»: «Eine veräußerlichte Seele lebt so, als ob ihr ganzes Heil allein von dem Haben bestimmter äußerer Güter und von dem Fernsein bestimmter äußerer Übel abhinge.»[3] Angst vor Verlust äußerer Güter (auch vor Verlust der «Schönheit») ruft eine ständig wachsende Unbefriedigtheit und Angst vor dem Alter hervor. Hier wird Altern nicht als Chance erlebt werden können, hier dürfte eine Pro-Aging-Einstellung sehr schwer fallen. Verinnerlichung hingegen würde bedeuten, sich auf seine Wesensmitte zu besinnen, das zu verfolgen, was einem persönlich wesentlich erscheint. «Veräußerlicht» würde man auch eine Formierung der Persönlichkeit nennen, welche die Erfahrungen und Erlebnisse nur mehr anfügt, sie aber nicht mehr zu integrieren vermag – Verinnerlichung wäre, neues Erfahrungsgut aufzunehmen, neue Erlebnisse zu verarbeiten. Rainer Maria Rilke äußerte sich im «Malte Laurids Brigge»: «Ich lerne sehen. Ich weiß nicht, woran es liegt, es geht alles tiefer in mich ein und bleibt nicht an der Stelle stehen, wo es sonst immer zu Ende war. Ich habe ein Inneres, von dem ich nicht wusste. Alles geht jetzt dorthin.» Beschrieben wird hier ein Anfang neuer seelischer Entwicklung, der auch noch im hohen Alter möglich ist.

Kommen wir zurück zu unserem Bergsteiger: Wie erlebt er den Gipfel? Ist er aufgeschlossen, kann er die neuen Eindrücke verarbeiten, verinnerlichen, kommt es bei ihm zu einem vertieften Erleben («Ich lerne sehen») – oder zählen für ihn nur Äußerlichkeiten, die erreichten 2100 Meter, die Mühen, der Muskelkater, die Blasen an den Füßen? Der eine erlebt im Alter nur Verengungen und Reduzierungen des eigenen Lebensraumes; sein Blick ist stärker auf körperliche Probleme, das Aussehen, die Falten und materielle Güter gerichtet: Er sieht nur Verluste. Bei ihm mag im wahrsten Sinne des Wortes eine Anti-Aging-Einstellung dominieren; er hat Angst vor dem Altern, ihm ist der Weg versperrt, die positiven Seiten des Älterwerdens wahrzunehmen. Der andere mag bei einer vergleichbaren körperlichen und materiell/finanziellen Situation eine Daseinserweiterung erleben: «Ich lerne sehen…», ich erfahre Neues oder sehe Altes unter einem anderen Blickwinkel und integriere es, verinnerliche es. Dieser Ältere erlebt auch Gewinne.

Herausforderungen an die Gesellschaft

Doch eine positive Einstellung zum Alter, ein Pro-Aging, wird natürlich auch erheblich beeinflusst durch die Gesellschaft, in der wir leben, vom Ansehen, der Stellung, der Wertschätzung, die die Gesellschaft dem alten Menschen entgegenbringt, von der Entwicklung einer «Alterskultur», von der wir in Deutschland noch weit entfernt sind.

Wenn Kultur auch bedeutet, den Menschen, der die Lebensmitte überschritten hat, zu fördern, seine Fähigkeiten, Interessen und Bedürfnisse ebenso zu achten, zu beachten und zu nutzen wie die der jüngeren Menschen, dann ist es heute um unsere

Alterskultur nicht gut bestellt. Unzählige Beispiele der Altersdiskriminierung zeugen davon. Das Bild des alten Menschen, das früher vorwiegend positiv war und heute in dieser Form noch bei manchen Naturvölkern vorherrscht, in denen der Ältere als Ratgeber betrachtet wird und ihm richterliche, lehrende und heilende Funktionen zukommen, hat sich bei uns erheblich verändert. Alter bedeutet seit der Mitte des letzten Jahrhunderts Funktionsverlust.[4] Der alte Mensch als Ratgeber ist heute zum Ratsuchenden abgestempelt worden, wovon man sich in jeder Buchhandlung mit meterlanger Ratgeberliteratur überzeugen kann. Negativ akzentuierte Altersbilder findet man zum Beispiel in der Werbung, in der der alte Mensch als Treppenliftbenutzer, als Kukident-Verbraucher oder als inkontinenter WC-Sucher dargestellt wird, selbst bei äußerlich annehmbarer Erscheinung. Alt wird hier mit Versagen gleichgesetzt.

Zu einer positiveren Einstellung dem Alter gegenüber trägt gewiss auch nicht bei, wenn Beratungsgremien in der Politik und der Wirtschaft, in denen Endfünfziger tätig sind, in den Medien mit «Grufties-Riege» bezeichnet werden. Den «alten Bellheim», das Gegenbeispiel, findet man in den Medien selten. Frank Schirrmacher[5] hat zu Recht in seinem Buch «Das Methusalem-Komplott» gefordert, wir müssten unsere Lebensläufe anders konzipieren, sie an die längere Lebenserwartung anpassen.

Unsere alternde Welt

Im Folgenden möchte ich weitere Fakten zur «alternden Welt» nennen, den demografischen Wandel analysieren und die sich daraus ergebenden Herausforderungen für jeden Einzelnen und die Gesellschaft aufzeigen.

Die Erhöhung der durchschnittlichen Lebenserwartung

Die Lebenserwartung ist seit Beginn des letzten Jahrhunderts gewachsen, und sie wächst weiter. Bereits der heute 60-Jährige hat im Durchschnitt noch weitere 25 Jahre vor sich. Sind wir darauf vorbereitet? Wir müssen nicht nur eine Verlängerung der Lebenszeit im Alter feststellen, sondern auch eine Verlängerung der Jugendzeit. Unsere Großväter und Großmütter sind viel früher ins Berufsleben eingetreten, haben viel früher eine Familie gegründet und Verantwortung übernommen. Heute zählt die Jugendzeit bis 35 (so die Altersgrenze in allen Parteien, bei der Jungen Union, den jungen Liberalen und den Jungsozialisten), ab 45 aber gehört man schon zu den «älteren Arbeitnehmern», ab 50 ist man zu alt für jeden neuen Job, und ab 55 greift die «Seniorenwirtschaft» nach einem; Seniorenmessen sprechen die «55+er» an. 35 Jahre lang jung, zehn bis 15 Jahre lang erwachsen und dann 35 Jahre lang alt? Vom Bafög in die Rente? Das kann doch nicht der Sinn unseres Lebens sein!

Die alternde Gesellschaft

Vor 100 Jahren waren fünf Prozent der Bevölkerung 60 Jahre und älter, heute sind es 25. In etwa 25 Jahren werden rund 35 der Bevölkerung über 60 sein – und nur 16 Prozent unter 20 Jahren. Doch nicht nur die über 60-Jährigen nehmen zu, sondern auch die über 80-, 90- und über 100-Jährigen. 1965 lebten in Deutschland 265 100-Jährige, heute sind es etwa 10 000, für 2025 rechnet man mit über 44 000 und 2050 sogar mit über 114 000. Ein Drittel dieser «Centenarians» kann noch alleine den Alltag meistern; ein zweites Drittel ist hilfs- und pflegebedürftig, kann aber noch außer Haus gehen, und ein drittes Drittel ist schwer pflegebedürftig und wünscht den Tod herbei.

Unsere, aber auch internationale Untersuchungen belegen: Je älter wir werden, umso weniger sagt die Anzahl der Lebensjahre etwas aus über Fähigkeiten, Fertigkeiten, Interessen, über Verhaltens- und Erlebnisweisen. Gleichaltrige zeigen oft größere Unterschiede als Menschen, deren Altersunterschied 20 oder 30 Jahre beträgt. Altern ist stets das Ergebnis eines lebenslangen Prozesses mit ureigensten Erfahrungen, mit ganz individuellen Formen der Auseinandersetzung mit Problem- und Belastungssituationen. Unsere geistige Aufgeschlossenheit, unsere Ausbildung, unser Interesse, aber auch unsere sportliche Betätigung, unsere körperliche Aktivität in jüngeren Jahren beeinflusst den Alterszustand und Alterungsprozess. Es kann nun einmal ein Mensch nicht wie Goethe altern, der nicht wie Goethe gelebt hat!

Das Alter hat viele Gesichter. Da ist der hochkompetente, weise 85- oder 90-Jährige, der seine morgendliche Gymnastik macht, täglich kritisch die Zeitung liest und die Nachrichten verfolgt, der informiert ist, der Reisen unternimmt und mit Neugier der Welt begegnet. Und da ist andererseits der vielleicht zehn Jahre Jüngere, der von Krankheiten geplagt wird, der sich über nichts mehr freuen kann, den weder Zeitungen noch Nachrichten interessieren, der nur ungern das Haus verlässt, der sich zurückzieht, der das Altern erleidet. Von den Amerikanern haben wir die Bezeichnung «the young old» und «the old old» übernommen und haben uns angewöhnt, einen Menschen bis 80, 85 zu den «jungen Alten» zu rechnen und ab 85 zu den «alten Alten». Das ist aber falsch! Manch einer ist mit 60 schon ein «alter Alter», manch einer mit 90 noch ein «junger Alter».

Das veränderte Verhältnis zwischen den Generationen – quantitative Aspekte

Doch bei der Diskussion des Alterns unserer Gesellschaft muss man bedenken, dass neben der zunehmenden Langlebigkeit auch die abnehmenden Geburtenzahlen ausschlaggebend sind. Immer mehr älteren Menschen stehen immer weniger junge gegenüber. Die Bevölkerungspyramide steht Kopf. Vor hundert Jahren kamen auf einen über 75-Jährigen 79 Personen, die jünger als 75 waren, heute sind es nur 12,4, und im Jahre 2040 werden auf einen über 75-Jährigen nur 6,2 Personen kommen, die jünger sind. Deutschland hat mit 1,34 Kindern die fünftniedrigste Geburtenrate von allen Ländern der EU (Durchschnitt: 1,53), und es ist nicht anzunehmen, dass es hier – trotz familienpolitischer Leistungen – zu Veränderungen kommen wird. Familienpolitische Leistungen sind natürlich notwendig und sollten sogar noch verbessert werden, aber sie sind kein Instrument einer Bevölkerungspolitik. Ein Ja zum Kind erreicht man bei der jungen Generation eher durch eine Gewährleistung der Kinderbetreuung oder durch bessere Möglichkeiten der Vereinbarkeit von Beruf und Familie. Fest steht: Wir haben nicht zu viele Alte, sondern zu wenig Junge. Wir sollten deshalb nicht von einer «Überalterung» unserer Gesellschaft reden, sondern von einer «Unterjüngung»!

Wenn wir diese Entwicklung vor Augen haben, dann sind auch die Gesellschaft, die Kommunen, die Länder und der Bund, aber auch die Wirtschaft und Industrie gefordert. Dann haben wir Konzepte der Stadtentwicklung zu überdenken, von der Verkehrsführung bis hin zu Freizeitmöglichkeiten auch für Ältere. Wir müssen uns weit mehr Gedanken über die Erreichbarkeit von Einkaufsmöglichkeiten, von Arztpraxen, von Volkshochschulen, Schwimmbädern und Sportstätten machen. Dabei gilt: Manch ein Älterer ist durchaus noch fähig, sicher Auto zu fahren, auch wenn ihm das Zu-Fuß-Gehen größere Schwierigkeiten bereitet. Hier spielt sowohl der öffentliche Nahverkehr als auch die Parkplatzfrage eine ganz große Rolle; Parkhäuser ohne mühsames Treppensteigen sind sowohl für Ältere als auch für Kinderwagen notwendig! Manch einer geht nicht in die Innenstädte zum Einkaufen, weil dieses Problem nicht gelöst ist. Und wie viele Arztpraxen gibt es in Fußgängerzonen ohne Parkraum?

Wir müssen aber auch über den entsprechenden Ausbau von Beschäftigungs- und Weiterbildungsmöglichkeiten nachdenken (und hier Ältere in die Programmgestaltung mit einbeziehen). Die Wohnungsplanung (Wohnungsausstattung und Wohnumfeld) sollte auf die veränderte Bevölkerungsstruktur und deren Bedürfnisse Rücksicht nehmen. Warum müssen beispielsweise

Parkbänke so niedrig sein, dass man als Älterer nicht mehr hochkommt? Warum können WCs nicht von vornherein die richtige Sitzhöhe und Badewannen nicht einen Zusatzgriff haben? Und warum achtet man bei den Armaturen nur aufs Design und nicht auf leichtere Handhabung?

Weit mehr als bisher müssen sich Wirtschaft und Industrie auf das älter werdende und strukturveränderte Land einstellen; das reicht von der größeren Auswahl an Ein-Personen-Rationen im Supermarkt bis hin zu einem kreativen Ausbau von Dienstleistungsangeboten, zu denen dann auch die Bedienung an der Tankstelle oder ein verstärkter Hol- und Bringdienst gehört. Das schließt aber auch sonstige vielseitige Veränderungen mit ein, die man unter dem Begriff der «Ökogerontologie» und der «Gerontotechnik» zusammenfasst (einfacher zu bedienende Fahrkartenautomaten, Lichtschalter, Armaturen, Telefontasten, Videogeräte usw.) Und: Was ließe sich an unseren Autos nicht alles benutzerfreundlicher gestalten!

Gerontoökologie, also altersgerechte Umweltgestaltung, ist ein relativ junger Forschungszweig. Wer dabei nur an barrierefreie Behördeneingänge denkt, denkt viel zu kurz. In Gemäldeausstellungen gibt es oft «Minitafeln», an die man ganz nahe herangehen muss, um etwas entziffern zu können. Das gilt auch bei den Platzreservierungen in der Bundesbahn.

Auch die pharmazeutische Industrie ist gefordert. Da gibt es Minipillen, die man noch halbieren oder gar vierteln muss. Da gibt es Flaschenverschlüsse, die nicht nur «kindersicher», sondern auch «altensicher» sind. Von den Beipackzetteln ganz zu schweigen: graues Papier, graue Minischrift, die sich kaum entziffern lässt und strotzend von Fremdworten, die man nicht verstehen kann.

Stark muss sich die Tourismusbranche umstellen! Halbpension mit einem Vier-Gänge-Menue erst nach 20 Uhr ist beispielsweise nicht das Richtige für viele Senioren, die im Alltag mit einer Scheibe Brot am Abend zufrieden sind. Senioren, oft Alleinreisende, wollen etwas für die Gesundheit tun und erwarten Anregungen zu vielfältigen Aktivitäten sportlicher, geistiger bzw. kultureller Art.

Das veränderte Verhältnis zwischen den Generationen – qualitative Aspekte

Nicht nur das quantitative Verhältnis der Altersgruppen in unserem Land hat sich verändert, sondern auch unter qualitativen Aspekten sind der demografische Wandel und das Verhältnis zwischen den Generationen zu diskutieren.

Hier sei zunächst der Rückgang der Drei- und Zwei-Generationen-Haushalte und der Anstieg der Ein-Generationen- bzw. Ein-Personen-Haushalte erwähnt. Nur ein Prozent von rund 36 Millionen Haushalten in der Bundesrepublik sind Drei-Generationen-Haushalte. Etwa 37 Prozent aller Haushalte in Deutschland sind heute Ein-Personen-Haushalte (im Jahr 1900 waren es nicht einmal sieben Prozent!). Um 1900 waren 45 Prozent aller Haushalte Fünf- und Mehrpersonenhaushalte; heute sind es noch 4,4 Prozent. Diese zunehmende Singularisierung und Individualisierung sollte keineswegs mit Einsamkeit gleichgesetzt werden. Sie hat aber Konsequenzen sowohl in Bezug auf die Kinderbetreuung als auch auf etwaige notwendig werdende Hilfs- und Pflegeleistungen im Alter (wer schraubt der an sich noch recht rüstigen alleinlebenden 78-Jährigen die neue Glühbirne in die Deckenbeleuchtung ein?). Hier muss in Zukunft das durchaus vorhandene bürgerschaftliche Engagement, die Nachbarschaftshilfe, besser organisiert werden. Neben dem Rückgang der Mehrgenerationenhaushalte haben wir jedoch gleichzeitig einen Trend zur Vier-(bzw. Fünf-)Generationen-Familie, die allerdings nicht unter dem gleichen Dach leben. Rund 20 Prozent der über 60-Jährigen haben Urenkel; aber ebenso viele haben noch einen lebenden Elternteil. Die Großelterngeneration ist die «sandwichgeneration», die oft sowohl für Kinder- und Kindeskinder aufkommen als auch noch für die alten Eltern sorgen muss. Die viel gepriesene Familienpflege sieht heute oft so aus, dass die Großmutter die Urgroßmutter pflegt.

Alle Untersuchungen zeigen, dass gerade der heutigen Rentnergeneration das Wohl ihrer Kinder und Enkel am Herzen liegt, für die sie im privaten Rahmen schon heute sehr viel tun, sei es durch finanzielle Unterstützung, durch Sach- oder Betreuungsleistungen und oft auch noch durch Pflege ihrer alten Eltern. Studien[6] haben gezeigt, dass Senioren unentgeltlich jährlich rund 3,5 Milliarden Stunden im Jahr in den Bereichen Ehrenamt, Pflege und Kinderbetreuung tätig sind. Nimmt man einen durchschnittlichen in diesen Branchen üblichen Nettostundenlohn von 11,80 € an, lässt sich der Wert der ehrenamtlich geleisteten Arbeit auf etwa 41,3 Milliarden € veranschlagen. Das entspricht rund 21 Prozent der 1996 geleisteten Zahlungen der gesetzlichen Altersvorsorge.

Im familiären Bereich sind die Alten eher die Gebenden als die Nehmenden. 23 Prozent von ihnen unterstützen ihre Kinder materiell, während nur zwei Prozent etwas von ihren Kindern erhalten. Nach dem «Alterssurvey»[7] betrug 1996 der durchschnittliche Transferbetrag für die über 60-jährigen Geber etwa 3650 €. Hochgerechnet auf die deutsche Bevölkerung der über 60-Jährigen macht das 17,2 Milliarden € oder rund neun Prozent der 1996 geleisteten Zahlungen der gesetzlichen Altersversorgungssysteme aus. Erbschaften sind dabei nicht eingerechnet. Im familiären Bereich ist die Solidarität zwischen den Generationen, die gegenseitige Hilfe, beachtlich.

Altern muss nicht Hinfälligkeit und Pflegebedürftigkeit bedeuten

Sicher dürfen wir unsere Augen vor dem Problem der Pflegebedürftigkeit nicht verschließen. Altern ist keine Krankheit, je älter wir aber werden, umso größer ist die Chance, die eine oder andere Krankheit zu bekommen.

Doch das Ausmaß der Pflegebedürftigkeit alter Menschen wird oft überschätzt. Pflegebedürftigkeit fällt eigentlich erst in der Gruppe der über 85-Jährigen ins Gewicht und betrifft dort heute knapp 40 Prozent der Bevölkerung. Das heißt aber, dass noch rund 60 von 100 Hochbetagten in der Lage sind, ihren Alltag kompetent allein zu meistern.

Bei Hochschätzungen im Hinblick auf den Anteil der Pflegebedürftigen von morgen sollte man vorsichtig sein: Schon die Älteren von heute sind in einem höheren Alter viel gesünder und kompetenter, als es deren Eltern und Großeltern im gleichen Alter waren, sofern sie dieses überhaupt erreicht hatten; dieser durch Forschungen, zum Beispiel das Genfer Interfakultäre Zentrum für Gerontologie, nachgewiesene Trend wird sich fortsetzen.

Obwohl wir den Anteil der Pflegebedürftigen von morgen und übermorgen nicht überschätzen sollten, wird die Thematik der Pflegebedürftigkeit in einer alternden Gesellschaft weiterhin eine Herausforderung bleiben. Werden heute noch rund 70 Prozent der Pflegebedürftigen in der Familie gepflegt, so müssen wir dennoch betonen: Familienpflege hat ihre Grenzen

- angesichts des immer höheren Alters der Pflegebedürftigen und damit auch der pflegenden Angehörigen. Hier bedeutet Pflege oft eine Überforderung, die im Extremfall zur Altenmisshandlung führen kann.
- angesichts der geringeren Kinderzahl, so dass sich kaum mehrere Geschwister die Pflege teilen können;
- angesichts des fehlenden Töchterpotenzials und der zunehmenden Berufstätigkeit der Frauen;
- angesichts der heutzutage geforderten Mobilität, der unterschiedlichen Wohnorte von Eltern und erwachsenen Kindern;
- und schließlich angesichts der steigenden Scheidungsrate. Ob man auch den nicht angetrauten Partner pflegen wird, wissen wir nicht; aber die Ex-Schwiegermutter wird man wohl kaum pflegen.

Das Fazit: Wir brauchen einen Ausbau der ambulanten Pflege und werden auch in Zukunft auf institutionelle Einrichtungen nicht verzichten können, und wir brauchen außerdem eine Qualitätssicherung der Pflege.

Doch zunächst einmal gilt es, Pflegebedürftigkeit möglichst zu vermeiden, Selbstständigkeit und Unabhängigkeit zu erhalten, und das ist eine Herausforderung für jeden Einzelnen und die

Gesellschaft. Freilich haben wir dies nicht allein in der Hand. Krankheit und Hinfälligkeit kann «Schicksal» sein, gegen das wir uns nicht wehren können. Hier spielen auch genetische Faktoren und situative Gegebenheiten unserer bisherigen Lebensgeschichte eine Rolle.

Langlebigkeit verpflichtet

Gesundes Altwerden – was ist das eigentlich?

Gesundheit ist – der WHO-Definition[9] entsprechend – «körperliches, seelisch-geistiges und soziales Wohlbefinden». Es kommt also nicht nur darauf an, ob man laut Arzturteil und Laborbefund gesund ist, sondern auch, ob man sich gesund fühlt. Der so genannte subjektive Gesundheitszustand ist, wie unsere, aber auch internationale Untersuchungen zeigen, ganz entscheidend für die Lebensqualität im Alter.

«Gesundheit» schließt aber auch die Fähigkeit mit ein, sich mit Belastungen, mit Einschränkungen und Behinderungen (im körperlichen, aber auch im geistig-seelischen und sozialen Bereich) auseinander zu setzen, adäquat damit umzugehen und dennoch ein zufrieden stellendes Leben zu führen.

Vier Säulen der Interventionsgerontologie

Eine Interventionsgerontologie, definiert als das Insgesamt aller Maßnahmen, die ein hohes Lebensalter bei psychophysischem Wohlbefinden ermöglichen, basiert auf vier Säulen.[10]

Optimierung der Entwicklung: Schon in früher Kindheit und Jugend kommt es darauf an, Potenziale zu entwickeln und zu optimieren. Das beginnt bei der richtigen Ernährung, der Entwicklung körperlicher und sportlicher Fähigkeiten, der Entwicklung von Hobbys und nicht zuletzt bei der Entwicklung geistiger Fähigkeiten und Interessen. Eine gute Schulbildung trägt erheblich zur Verhinderung eines Altersabbaus bei. Wichtig ist auch die Entwicklung der Fähigkeiten, sich mit Problem-

und Belastungssituationen erfolgreich auseinander setzen zu können.

Prävention: Prävention ist ein Prozess, der sich durch das gesamte Leben hinzieht. Die Notwendigkeit einer umfassenden Prävention (die schon beim Schulsport beginnt, aber bis hin zu körperlichen Aktivitäten wie Gymnastik, Walken oder Schwimmen im hohen Alter reichen sollte) muss weit stärker als bisher erkannt werden und entsprechende Förderung erfahren. Nach einer kritischen Analyse der Literatur über den Zusammenhang von sportlicher Betätigung, Gesundheit und Anpassung an das Alter kommt Heinz Meusel in seiner Studie von 1996 zu dem Schluss, dass bei einer in dieser Hinsicht inaktiven Lebensweise das Leistungsniveau bei allen motorischen Fähigkeiten zurückgeht. Dagegen verzögern schon geringe Bewegungsaktivitäten in Alltag, Beruf und Sport Rückbildungsprozesse. Durch gezieltes Training können auch noch im höheren Alter Anpassungsprozesse in Gang gesetzt werden, die degenerativen Veränderungen entgegenwirken. «Was bisher als Alternsprozess verstanden wurde, ist in hohem Maße Auswirkung mangelnden Trainings. Deshalb kann sportliche Betätigung und Bewegungsaktivität überhaupt helfen, die Leistungsfähigkeit in allen motorischen Fähigkeiten bis ins hohe Alter zu erhalten ... Lebenslange Aktivität auf einem breiteren Betätigungsspektrum ist die wirkungsvollste Maßnahme gegen vorzeitiges Altern.»[11] Aber wir brauchen auch geistige Aktivität. Unsere Forschungen belegen: Geistig aktivere Menschen, Personen mit einem höheren IQ, einem breiteren Interessenradius, einem weitreichenderen Zukunftsbezug erreichen – wie auch internationale Längsschnittstudien übereinstimmend feststellen – ein höheres Lebensalter bei psychophysischem Wohlbefinden als jene, die weniger Interessen haben, geistig weniger aktiv sind. Eine größere Aktivität und Aufgeschlossenheit sorgen für geistige Anregungen und Stimulationen und trainieren dadurch geistige Fähigkeiten und steigern sie, während bei geistig passiveren Menschen eine geringere Suche nach Anregungen und neuen Interessen feststellbar wurde, so dass deren noch vorhandene geistige Kräfte im Laufe der Zeit mehr und mehr verkümmerten. Damit bestätigt sich die Inaktivitätstheorie in der Medizin oder die «dis-use-Hypothese» in der Psychologie, die besagen: Funktionen, die nicht gebraucht werden, verkümmern. Der Volksmund sagt schlicht: «Was rastet, das rostet.» Dies gilt auch in Bezug auf die geistige Aktivität, auf die Lernfähigkeit, auf das Training der «grauen Zellen». Auch sie brauchen Herausforderungen und Stimulation, sei es durch das Lesen anspruchsvoller Bücher, durch anregende Diskussionen, durch den Besuch von Kursen, durch Denktraining oder «Gehirnjogging». Lebenslanges Lernen ist gerade in unserer schnelllebigen Zeit zur Existenznotwendigkeit geworden.

Rehabilitation: Die Wiedergewinnung von körperlichen, psychischen und sozialen Fähigkeiten und Kompetenzen nach Krankheiten oder kritischen Lebensereignissen, die zu einem Abbau beziehungsweise Verlust dieser Fähigkeiten geführt haben, ist weit häufiger möglich, als allgemein angenommen wird. Es muss alles getan werden, um Abbauprozesse im Alter zu verhindern, anzuhalten oder umzukehren. Jeder kleinste Schritt, der nach einer Erkrankung etwas mehr Selbstständigkeit und Unabhängigkeit bringt, erleichtert das Leben des Betroffenen, aber auch das seiner Familie und seiner Umgebung. Nicht umsonst steht im Pflegeversicherungsgesetz ausdrücklich: «Rehabilitation vor Pflege», doch leider wird aus den verschiedensten Gründen – auch aufgrund eines falschen Altersbildes mancher Ärzte – nicht danach gehandelt, und gegebene Möglichkeiten werden oft nicht ausgeschöpft.

Management von irreversiblen Einschränkungen: Wie kommt man mit irreversiblen Einschränkungen, mit Behinderungen zurecht? Der Beinamputierte, der fortan an den Rollstuhl gebunden ist, der Halbseiten-Gelähmte, der im Haushalt und Alltag mit vielen Problemen konfrontiert wird, braucht praktische Anleitung und Begleitung bei der Auseinandersetzung mit seiner neuen Lebenssituation. Dies ist ein nicht immer leichtes Aufgabengebiet für Pflegende, von denen hier auch Verständnis, Ermutigung und Zuspruch abverlangt werden.

Jeder Einzelne sollte gesundheitsbewusst leben – und die Gesellschaft, vor allem die Kommunen, sollten Möglichkeiten bereitstellen, die zu körperlicher, geistiger und sozialer Aktivität motivieren. Die Notwendigkeit einer lebenslangen, umfassenden Prävention sollte weit stärker als bisher erkannt werden und eine entsprechende Förderung erfahren. Darüber hinaus hat aber Wohlbefinden im Alter etwas mit dem Gefühl, «gebraucht zu werden», zu tun. Hier ist eine Korrektur des Altersbildes in unserer Gesellschaft vonnöten. Können wir es uns leisten, ältere Menschen auszugliedern, ihnen nur aufgrund ihres Lebensalters mit Skepsis zu begegnen, ihnen die Teilnahme an beruflichen und gesellschaftlichen Bereichen zu versperren? Es gilt, das Bild vom «alten Menschen» zu korrigieren. Ältere sind nicht per se eine Problemgruppe, sie werden oft erst dazu gemacht. Es gilt, auch älteren Menschen eine Aufgabe in unserer Gesellschaft zu geben, sie nicht auszugrenzen. Die Altenpolitik in den 60er Jahren ging nur von der Frage aus: «Was kann die Gesellschaft für Senioren tun?» Heute muss man auch fragen: «Was können Senioren für die Gesellschaft tun?» Und sie tun bereits sehr vieles! Es gibt viele Beispiele eines bewundernswerten Einsatzes der Senioren im Rahmen des bürgerschaftlichen Engagements, im Rahmen der Hilfe für den Nächsten, oft über den schon erwähnten Beitrag im familiären Bereich hinaus.

Hans Thomae hat die Ergebnisse unserer ersten Alternsuntersuchungen vor 45 Jahren wie folgt zusammengefasst: «Altern in dem positiven Sinne des Reifens gelingt dort, wo die mannigfachen Enttäuschungen und Versagungen, welche das Leben dem Menschen in seinem Alltag bringt, weder zu einer Häufung von Ressentiments, von Aversionen oder von Resignation führen, sondern wo aus dem Innewerden der vielen Begrenzungen eigenen Vermögens die Kunst zum Auskosten der gegebenen Möglichkeiten erwächst.»

Der Beitrag ist die geringfügig redigierte Fassung eines Referates von Frau Prof. Dr. Lehr beim Aktionstag SENIORissimo des Bayerischen Staatsministeriums für Arbeit und Sozialordnung, Familien und Frauen am 15. September 2004 in München.

Literatur

Ursula Lehr, Psychologie des Alterns, 10. überarbeitete Auflage (1. Auflage 1972), Wiebelsheim 2003

Dienste und Einrichtungen für alte Menschen
Selbsthilfe, Beratung, Betreuung und Pflege

Von Klaus Kneißl und Elfriede Toth

Alter ist kein exakt abgegrenzter Lebensabschnitt, sondern kann eine Zeitspanne von 30 und mehr Jahren umfassen. Die Lebenslagen der einzelnen älteren und alten Menschen unterscheiden sich allein deshalb zum Teil erheblich nach materieller Sicherung, Gesundheit und Pflegebedürftigkeit, sozialer Integration und Wohnen. Die in sozialer, wirtschaftlicher und gesundheitlicher Hinsicht heterogene Struktur der älteren Generation erfordert ein breites und flexibles Spektrum an Angeboten und Dienstleistungen. Dieses umfasst die altersspezifische Beratung, die Angebote vor allem für jüngere Senioren (Altenclubs, Begegnungsstätten, Reisen, Bildungsangebote, Kultur- und Freizeitangebote) und die ambulanten, teilstationären und stationären Angebote für ältere und pflegebedürftige Senioren (ambulante Dienste mit Pflege und Haushaltshilfe, Kurzzeitpflege, Tagespflege, Heime und andere Wohnformen).

Beratung und Begegnung

Die so genannte offene Altenarbeit wendet sich an zu Hause lebende, mobile ältere Menschen. Sie wird von hauptberuflichen, ehrenamtlichen und freiwilligen Mitarbeitern sowie von Selbsthilfegruppen geleistet. Ziel der offenen Altenarbeit ist die Unterstützung der Senioren, damit sie ein möglichst hohes Maß an Selbstständigkeit bewahren, Kontakte finden und weiterhin in der vertrauten Umgebung leben können.

Beratungsstellen für ältere Menschen und ihre Angehörigen

Oft wissen Senioren und ihrer Angehörigen nicht, an wen sie sich wenden sollen, wenn sie Kontakte suchen oder erstmals Hilfe benötigen. Deshalb haben viele Gemeinden, Städte und Landratsämter spezielle Beratungsstellen für Senioren eingerichtet. In großen Städten sind diese Beratungsstellen unter den Stichworten «Fachberatungsstelle für Senioren», «Alten- und Service-Zentrum», «Beratungsstelle für Senioren und ihre Angehörigen» oder «Fachstelle für Altenhilfe» zu finden. Werden diese Spezialdienste nicht aufgeführt, kann man bei den Wohlfahrtsverbänden, im Rathaus oder der Pfarrgemeinde nachfragen.

Grundsätzlich kann sich jeder ältere Mitbürger, der in irgendeiner Form Schwierigkeiten bei der Bewältigung seiner jeweiligen Lebenslage hat, kostenfrei an die Beratungsstellen wenden. Sie bieten Einzelberatung zu allen Lebens- und Versorgungsfragen sowie Angehörigenberatung. Sie unterstützen die Betroffenen bei der Durchsetzung gesetzlicher Ansprüche und vermitteln Hilfen.

Fachstellen für Wohnungsanpassung und altengerechtes Wohnen

Die noch nicht flächendeckend vorhandenen Fachberatungsstellen geben Tipps, wie man auch bei gestiegenem Hilfe- und Versorgungsbedarf seine Wohnung und sein Wohnumfeld so gestalten kann, dass ein Leben in der gewohnten Umgebung weiterhin möglich ist. Sie informieren über baulich-technische Anpassungsmöglichkeiten, wie die Verbreiterung der Türstöcke, die Beseitigung von Barrieren und das Anbringen von Haltegriffen. Sie helfen außerdem bei der finanziellen Abwicklung von Maßnahmen und bei der Anschaffung von Hilfsmitteln wie Gehhilfen.

Gerontopsychiatrische Fachberatung

Diese Beratungsstellen richten sich an ältere Menschen, die unter seelischen Belastungen und psychischen Erkrankungen leiden, sowie an ihre Angehörigen und Bezugspersonen. Die Stellen bieten neben ausführlichen Gesprächsmöglichkeiten über persönliche Probleme und Belastungen auch Information über therapeutische Hilfen sowie Vermittlung und Koordination entlastender Hilfsangebote. Das Angebotsspektrum wird ergänzt durch Gruppenangebote für Klienten und für Angehörige. Auch diese Beratungsstellen sind noch nicht flächendeckend etabliert.

Krankenhaussozialdienst

In fast allen größeren Krankenhäusern gibt es einen Sozialdienst. Sozialpädagogen beraten die Patienten und ihre Angehörigen und unterstützen sie bei der Bewältigung der Folgen und Probleme von Krankheiten. Der Beratungskatalog umfasst persönliche, sozial- und versicherungsrechtliche Fragestellungen. Bei Bedarf erfolgt die Vermittlung von praktischen Hilfen wie Essen auf Rädern, ambulanter häuslicher Pflege oder einem Platz in einem Pflegeheim. Die Mitarbeiter des Sozialdienstes helfen bei der Beantragung von Leistungen der Pflegeversicherung und vermitteln an andere Beratungsstellen und Selbsthilfegruppen.

Altenclubs und Altennachmittage

Geselliges Beisammensein steht im Mittelpunkt der Altenclubs und Altennachmittage, die hauptsächlich von ehrenamtlichen Mitarbeitern der katholischen und evangelischen Pfarrgemeinden und der Arbeiterwohlfahrt regelmäßig, mindestens einmal im Monat, organisiert werden.

Alten- oder Senioren-Begegnungsstätten

Alten-Begegnungsstätten (Senioren-Begegnungsstätten, Alten- und Servicezentren) sind in der Regel mehrmals in der Woche geöffnet. Sie sind Orte der Begegnung und Kommunikation, auch mit der jüngeren Generation. Hauptberufliche Mitarbeiter beraten die Besucher bei persönlichen und sozialen Fragen und vermitteln soziale Hilfsdienste. Hinzu kommt ein breites Programm mit Bildungs-, Kultur- und Freizeitangeboten wie Sprachkursen, Werk- und Malkursen, Autogenem Training, Gymnastik oder Wandern. Initiativen von Senioren sind willkommen, die Senioren können das Programmangebot mitgestalten. Der Besuch von Begegnungsstätten sowie ähnlichen Einrichtungen ist kostenfrei. Für die Teilnahme am Kursprogramm wird in der Regel ein Beitrag erhoben. Auch Volkshochschulen bieten Seniorenprogramme an.

Seniorenerholung und Seniorenfreizeit

Zusätzlich zu den Angeboten kommerzieller Reiseveranstalter gibt es für Senioren auch Angebote von Kirchengemeinden und Wohlfahrtsverbänden. Neben der Erholung und der Erhaltung der Gesundheit ist ihnen vor allem die Förderung von Kontakten ein wichtiges Anliegen. Ausgebildete Ehrenamtliche begleiten die Senioren. In einigen Bundesländern können über 60-Jährige, die über ein geringes Einkommen und Vermögen verfügen, einen Antrag auf eine Erholungsmaßnahme stellen. Einen Rechtsanspruch auf finanzielle Unterstützung gibt es aber nicht.

Seelsorgerliche Betreuung

Die Frage nach dem Sinn des Lebens stellt sich in jedem Alter. Sie wird aber bei vielen Menschen mit zunehmendem Alter und insbesondere mit dem nahenden Tod immer drängender. Die christlichen Kirchen versuchen Antworten zu geben, die das irdische Leben übersteigen und auch noch dem Tod einen Sinn geben. Jeder kann sich an einen Seelsorger wenden, auch wenn er keiner Konfession angehört. Manche Pfarrgemeinden bieten neben speziellen Gruppenangeboten für Senioren auch Seniorengottesdienste an.

Anonyme Ansprechpartner findet man rund um die Uhr an allen Tagen des Jahres in der evangelischen (Telefon: 08 00/ 1 11 01 11) und katholischen Telefonseelsorge (Telefon: 0800/ 1 11 01 12). Auch das Internet bietet Kontaktmöglichkeiten, so etwa die katholische Kirche unter www.katholisch.de und die evangelische Kirche unter www.ekd.de.

Betreuungsvereine

Wenn eine Person wegen körperlicher, seelischer oder geistiger Erkrankungen ihre privaten Angelegenheiten nicht mehr regeln kann, ist möglichst in Absprache mit dem Betroffenen ein rechtlicher Betreuer durch das zuständige Vormundschaftsgericht einzusetzen. Zu «amtlichen Betreuern» werden in der Regel Verwandte und Bekannte bestellt. Mit Einführung der Gesetzlichen Betreuung (ehemals Vormundschaft) entstanden eigene Betreuungsvereine, die in der Regel bei der Kommune oder bei Freien Wohlfahrtsverbänden angesiedelt sind. Wesentliche Aufgabe der Betreuungsvereine ist es, neben der Gewinnung der ehrenamtlichen Einzelbetreuer auch deren Beratung und Unterstützung sowie deren Schulung im Rahmen regelmäßiger Fortbildungsangebote zu sichern. Darüber hinaus können hauptberufliche Mitarbeiter des Betreuungsvereins selbst zum Betreuer bestellt werden, wenn keine ehrenamtlich tätige Person gefunden wird oder die Betreuung Fachkenntnisse erfordert, die von einem ehrenamtlichen Betreuer nicht erwartet werden können. Auch Rechtsanwälte führen gesetzliche Betreuungen.

Bürgerschaftliches Engagement

Vor allem jüngere Senioren nehmen ihre Interessen immer mehr selbst in die Hand und engagieren sich für sich selber und für ihre Altersgenossen.

Die Seniorenbeiräte sind nichtparlamentarische Gremien in den Kommunen. Sie artikulieren die Interessen der Senioren eines Gemeinwesens und sichern so deren Partizipation am gesellschaftlichen und politischen Leben. Ein Seniorenbeirat wird von den Senioren einer Gemeinde, einer Stadt oder eines Landkreises gewählt. Seine Aufgabengebiete reichen von Fragen des Verkehrs und der Mobilität über Gesundheit, das Verhältnis der Generationen, Wohnen, Pflege und interkulturellen Themen bis hin zu Kunst und Kultur. Die Mandatszeit beträgt zwischen vier und sechs Jahren. Der Beirat trifft sich in öffentlichen Sitzungen. Neben den allgemeinen politischen Vertretungsaufgaben beraten manche Seniorenbeiräte auch ältere Menschen und vermitteln Hilfen. Seniorenbeiräte verfügen meistens innerhalb der Sozialverwaltung oder im Rathaus über eigene Büroräume mit festen Sprechzeiten.

Für manche Problembereiche haben sich Selbsthilfegruppen gegründet, in denen sich die Betroffenen gegenseitig Rat geben und sich stützen, zum Beispiel die Deutsche Parkinson-Vereinigung oder der Deutsche Diabetiker-Bund. Viele dieser Gruppen haben eine bundesweite Struktur.

Tausch- und Wissensbörsen sind «Selbsthilfeinitiativen auf Gegenseitigkeit», die auch für Senioren interessant sein können. Sie leben vom Engagement und von der Eigenverantwortung der Teilnehmer, die einander Hilfe und Unterstützung gewähren. Die Börsen vermitteln nach dem Tauschprinzip Dienstleistungen, Sachen und Wissen und bieten zudem ein Forum für Kontakte zwischen den Generationen. So können zum Beispiel Senioren jüngeren Familien Kinderbetreuung und Hausaufgabenhilfe anbieten und dafür Schneeräumen und Treppenputzen eintauschen. Natürlich sind diese Geschäfte auf Gegenseitigkeit nicht überall organisiert, sie funktionieren auch im Alltag ohne große Organisationsstrukturen – wenn man den Mut hat, seine Nachbarn anzusprechen.

Das vom Bundesministerium für Familie, Senioren, Frauen und Jugend geförderte Modellprogramm Erfahrungswissen für Initiativen (EFI) will das Wissen der älteren Menschen für die Gesellschaft nutzen. Damit soll einerseits der Ausgrenzung der Älteren entgegengewirkt und andererseits ein Beitrag zur Neufindung der gesellschaftlichen Position junger Senioren außerhalb der Arbeitswelt geleistet werden. Gesucht werden Berufsexperten und erfahrene Ehrenamtliche im Übergang zur nachberuflichen Phase, nach Beendigung des Erwerbslebens oder nach der aktiven Familienphase, die als so genannte Senior-Trainer zur Unterstützung, Beratung und Begleitung von Initiativgruppen (zum Beispiel Selbsthilfegruppen, Freiwilligenzentren, Seniorenbüros) eingesetzt werden können.

Mit Sozialpädagogen besetzte Seniorenbüros beraten die Senioren in allen relevanten Fragen, fördern die Bereitschaft zur Selbsthilfe und Selbstorganisation und eröffnen neue Tätigkeitsfelder und Aufgaben für freiwilliges Engagement.

Seniorenbegleiter engagieren sich ehrenamtlich dafür, damit alte Menschen möglichst lange selbstständig zu Hause leben können. Sie unterstützen vorrangig alleinlebende, gesundheitlich eingeschränkte alte Menschen im Alltag. Sie sind informiert über das regionale Altenhilfe-Netzwerk und können Tipps geben, wo man welche Hilfe bekommt. Die Seniorenbegleiter bilden ein Netzwerk in ihrer Kommune und unterstützen sich gegenseitig in ihrer Arbeit.

Um die Verknüpfung professioneller Hilfe mit ehrenamtlichem Engagement geht es bei dem Projekt Tagesmütter für Demenzkranke. Zur Entlastung der Angehörigen werden interessierte Personen für den Umgang mit Demenzkranken für ihre konkrete Mitarbeit als Tagesmutter qualifiziert und während ihrer Tätigkeit durch hauptberufliches Personal begleitet. Für die Betreuungsleistungen erhalten die Tagesmütter eine Aufwandsentschädigung.

Viele Pfarrgemeinden und Nachbarschaftshilfen bieten neben hauswirtschaftlichen Diensten auch Besuchsdienste an. Ehrenamtliche Mitarbeiter besuchen alte Menschen in ihren Wohnungen, um ihnen zu zeigen, dass sie nicht vergessen sind. Sie vermitteln auch Kontakt zu den Seelsorgern der Pfarrei und zu Hilfsdiensten.

Unterstützung in der Wohnung: Ambulante Hilfsdienste und Pflegedienste

Mit zunehmendem Alter benötigt man nach und nach immer mehr Hilfen, um in der eigenen Wohnung bleiben zu können. Im Regelfall brauchen ältere Menschen zuerst hauswirtschaftliche Dienste, mit der Zeit auch dann professionelle Pflege, wenn sie regelmäßig von Angehörigen betreut werden.

Hauswirtschaftliche Hilfen

Wenn regelmäßig Dienste erforderlich werden, wie die wöchentliche Grundreinigung der Wohnung, Mithilfe beim Hausputz oder beim Abnehmen und Aufhängen der Vorhänge, ist die informelle Hilfestruktur von Familie, Freunden und Nachbarn schnell überfordert. Dann ist es ratsam, Hilfeleistungen bei organisierten Sozialdiensten oder Nachbarschaftshilfen abzurufen. Diese haben meistens eine feste «Einsatzleitung», einen festen Helferstamm und garantieren so eine verlässliche Unterstützung. Die Bezahlung ihrer Leistungen ist sehr unterschiedlich geregelt. Als Faustregel gilt: Angefallene Aufwendungen werden vom Auftraggeber voll ersetzt. Helfer erhalten meist durch ihre Einsatzstelle eine geringfügige Entlohnung. Im Regelfall stellt die Einsatzstelle die angefallenen Personalkosten dem Auftraggeber, gegebenenfalls auch dem Sozialamt in Rechnung.

Behindertenfahrdienste

Behindertenfahrdienste ermöglichen auch den in ihrer Mobilität eingeschränkten Senioren, die öffentliche Verkehrsmittel und normale Taxen nicht mehr nutzen können, die Teilnahme am gesellschaftlichen Leben. Fahrten zum Arzt und zu Behörden, Besuche von Verwandten und Freunden oder auch Einkaufsfahrten sind so möglich. Die Fahrten sind grundsätzlich einige Zeit vorher anzumelden, damit die Fahrdienste verlässlich planen können. Voraussetzung für die Beförderung ist in der Regel der Schwerbehindertenausweis mit dem Vermerk «außergewöhnlich Gehbehindert» (aG). Die Anspruchsvoraussetzungen prüft das Gesundheitsamt. Wer über ein geringes Einkommen verfügt, kann unter Umständen vom Sozialamt einen Fahrtkostenzuschuss erhalten.

Hausnotruf

Dieses System ermöglicht schnelle und sichere Hilfeleistung in Notfällen. Um den Hals oder als Armband trägt man einen so genannten Funkfinger, mit dem man auf Knopfdruck von jeder beliebigen Stelle in der Wohnung aus Alarm bei einer Notrufzentrale auslösen kann. Ohne das Telefon zu benutzen, wird über den Funkfinger eine automatische Sprechverbindung zur Zentrale hergestellt. Wenn der Betroffene nicht mehr in der Lage ist zu sprechen, kann die Zentrale bei Auslösung des Notrufs feststellen, woher dieser kommt, und sofort Hilfsmaßnahmen in die Wege leiten. Je nach Situation schickt sie den Notarzt und Sanitäter vorbei oder bittet Nachbarn, mit denen dies vorher vereinbart wurde, nach dem Betroffenen zu schauen. Der Hausnotrufdienst wird meist von ambulanten Pflegediensten angeboten. Für den Dienst muss der Betroffene dem Betreiber eine monatliche Gebühr entrichten.

Mahlzeitendienste

Essen auf Rädern wird in die Wohnung gebracht. Dieses Angebot von Gasthäusern, ambulanten Diensten oder Pflegeheimen richtet sich an ältere, behinderte oder kranke Menschen, die Schwierigkeiten mit der Zubereitung der täglichen Mahlzeiten haben oder ihre Wohnung nicht mehr verlassen können. Dabei besteht die Wahl zwischen der täglichen Anlieferung einer warmen Mahlzeit oder der wöchentlichen Lieferung eines Pakets mit sieben tiefgefrorenen Menüs.

Darüber hinaus bieten Gaststätten, Pflegeheime oder Senioren-Begegnungsstätten einen stationären Mittagstisch für Senioren an. Er ist gedacht für Menschen, die noch in der Lage sind, ihre Wohnung zu verlassen, für sich selbst aber nicht mehr kochen wollen oder können, und für Senioren, die gerne in Gesellschaft essen möchten.

Ambulante geriatrische Rehabilitation und Ergotherapie

Ambulante geriatrische Rehabilitation und Ergotherapie dient der Vermeidung und Minderung von Hilfs- und Pflegebedürftigkeit. Sie zielt ab auf das Erreichen größtmöglicher körperlicher, geistiger und sozialer Selbstständigkeit. Fähigkeiten, die nicht wieder erlangt werden können, werden unter Einsatz von geeigneten Hilfsmitteln (zum Beispiel Hilfen zur Alltagsstrukturierung, gezielte Bewegungsanleitungen) kompensiert. Durch die

Kooperation der am Rehabilitationsprozess beteiligten Pflegekraft, des Hausarztes und des Fachtherapeuten können die Therapiepläne optimiert und die Versorgungsleistungen regelmäßig den individuellen Bedürfnissen des Patienten angepasst werden. Leider ist diese Versorgungsform bisher mangels Bereitschaft der Kostenträger nur an einigen Standorten in Deutschland realisiert worden.

Ambulante häusliche Pflegedienste

Die meisten alten Menschen werden von Familienangehörigen gepflegt. Die körperlichen und seelischen Belastungen, denen die pflegenden Angehörigen häufig rund um die Uhr ausgesetzt sind, sind enorm. Pflegefachkräfte von ambulanten häuslichen Pflegediensten können sie unterstützen.

Sozialstationen sind die bekanntesten Dienstleistungsträger für die professionelle häusliche Pflege. Zu einem großen Teil sind sie aus dem Zusammenschluss kirchlicher Krankenpflegevereine entstanden. So kommt es, dass sie sich auch heute noch vielfach in Trägerschaft von Kirchengemeinden und Wohlfahrtsverbänden befinden. Daneben haben sich privat-gewerbliche Pflegedienste etabliert.

Checkliste zur Auswahl und Beurteilung eines ambulanten Pflegedienstes

- Ist ein ausführliches und kostenloses Informationsgespräch mit einer fachkompetenten Einsatzleitung des Pflegedienstes zu Hause möglich? Fragt man dabei ausführlich und einfühlsam nach den Erwartungen und Wünschen des Patienten und der pflegenden Angehörigen?
- Hat der Pflegedienst einen Vertrag mit der Pflegekasse des Pflegebedürftigen?
- Legt der Pflegedienst einen schriftlichen Vertrag vor, der Leistungen und Kosten klar ausweist?
- Sichert er Einsicht in die Dokumentation der erbrachten Leistungen (Pflegedokumentation) zu?
- Hat er einen Notfalldienst?

- Bietet er die Möglichkeit einer Rund-um-die-Uhr-Pflege und der Pflege an Wochenenden, Sonn- und Feiertagen?
- Arbeitet der Pflegedienst mit dem Hausarzt zusammen?
- Bietet er zusätzlich zu der Grund- und Behandlungspflege weitere Leistungen wie hauswirtschaftliche Dienste (Versorgen der Wäsche, Putzen, Einkaufen) an, oder kann er sie vermitteln?
- Erfolgt die Pflege hauptsächlich durch Fachpflegekräfte?
- Erfolgt die Betreuung durch ein festes Pflegeteam, oder kommen immer wieder neue Pflegekräfte?
- Erläutert die Pflegeperson ihre Pflegehandlungen? Leitet sie die häusliche Pflegeperson an?
- Nimmt sich die Pflegeperson genügend Zeit, um mit dem Patienten und der häuslichen Pflegeperson über den Gesundheitszustand zu sprechen?
- Erfolgen die Abrechnungen nachvollziehbar und monatlich?

Falls diese Fragen von einem Pflegedienst nicht mit ja beantwortet werden, sollte man sich einen anderen suchen. Vor der endgültigen Auswahl eines ambulanten Pflegedienstes sollte man sich bei Verwandten, Nachbarn oder Bekannten, die bereits mit einem Pflegedienst zusammenarbeiten, genau erkundigen: Welchen Gesamteindruck machen die Mitarbeitenden? Gab es Probleme? Halten sich die Mitarbeitenden an die Abmachungen?
Pflegeverträge können von den Patienten und ihren Angehörigen ebenso wie vom Pflegedienst gekündigt werden.

Die Pflegedienste sichern durch Behandlungs- und Grundpflege die sozialpflegerische Grundversorgung. Zur Grundpflege gehören beispielsweise die Hilfe beim Aufstehen, Waschen und Anziehen, das richtige Betten und Lagern sowie die Fuß- und Nagelpflege. Zur Behandlungspflege zählen unter anderem der Verbandswechsel, die Wundbehandlung, die Medikamentengabe oder die Gabe einer Insulinspritze.

Die ambulanten Pflegedienste bieten in der Regel auch hauswirtschaftliche Hilfen, Fahrdienste, Essen auf Rädern und Hausnotruf-Dienste an. Zudem beraten sie Angehörige über die Leistungen der Pflegeversicherung und organisieren Pflegekurse für Angehörige. Die häusliche Pflege durch ambulante Pflegedienste wird nach ärztlicher Verordnung mit der Kranken- und Pflegekasse abgerechnet. Eine Zuzahlung der Patienten ist meist notwendig, da die finanziellen Leistungen der Pflegeversicherung gesetzlich begrenzt sind.

Wer trägt die Kosten für die ambulante häusliche Pflege?

Kostenträger für die professionelle häusliche Pflege durch Pflegedienste sind grundsätzlich die Krankenkassen für die Behandlungspflege und die Pflegekassen für die Grundpflege. Die Patienten müssen einen Eigenbeitrag leisten, wenn die Pflegeleistungen die finanzielle Leistung der Pflegeversicherung übersteigen. Können sie das nicht, ist ein Antrag beim Sozialamt zu stellen.

Ein großer Anteil der Mitarbeitenden der Pflegedienste sind staatlich geprüfte Altenpflegerinnen und Altenpfleger, Krankenschwestern und Krankenpfleger sowie Familienpflegerinnen. Sie kommen je nach Bedarf mehrmals täglich, auch in der Nacht und am Wochenende, zu ihren Patienten. Für nichtpflegerische, hauswirtschaftliche Leistungen werden auch angelernte Personen, Zivildienstleistende oder Frauen im Freiwilligen Sozialen Jahr eingesetzt. Sie helfen manchmal auch bei leichten Pflegetätigkeiten wie dem Haarewaschen mit. Diese Personen sind vorher in speziellen Lehrgängen auf ihre Tätigkeit vorbereitet worden.

Zusätzlich zu den genannten Leistungen bieten manche Pflegedienste auch Einkaufsdienste, Handwerkerdienste oder Begleitdienste zu Ämtern an, die zum Teil ehrenamtlich, zum Teil gegen Bezahlung erbracht werden.

Ganztägige Betreuung

Auch wenn die ambulanten Pflegedienste mehrmals täglich kommen und eine 24-stündige Rufbereitschaft installiert haben, können sie in der Regel keine Rund-um-die-Uhr-Präsenz am

Krankenbett bieten. In den letzten Jahren sind einige Organisationen gegründet worden, um diese Betreuungslücke bei besonders schwer kranken und sterbenden Menschen zu schließen. Die Pflegeperson zieht dann in der Regel für 14 Tage zum Kranken in die Wohnung und betreut ihn 24 Stunden. Nach zwei Wochen wird sie von einer anderen Pflegeperson abgelöst. Diese zeitaufwändige Form der Betreuung ist natürlich sehr teuer.

Man kann auch geeignete Personen aus dem Ausland mit der Betreuung betrauen. Darüber und über die Form eines Arbeitsvertrages berät die Agentur für Arbeit.

Gesprächskreise für pflegende Angehörige

Pfarrgemeinden, Seniorenzentren und ambulante Pflegedienste haben Gesprächskreise für pflegende Angehörige eingerichtet. Diese Gruppen sollen den pflegenden Angehörigen eine seelische Stütze und praktische Anleitung für ihren täglichen Dienst beim Kranken geben. Unter Gleichbetroffenen erfahren sie neben emotionalem Zuspruch auch für die Pflege wichtige Informationen.

Aktion Pflegepartner

Im Rahmen einer Aktion Pflegepartner, die meist von ambulanten Pflegediensten initiiert wird, stellen sich geschulte Ehrenamtliche stundenweise zur Verfügung, wenn pflegende Angehörige einmal Zeit für sich selber brauchen oder «pflegefrei» machen möchten.

Hospizdienste

Viele Menschen haben Angst davor, einsam, würdelos und unter unerträglichen Schmerzen oder angeschlossen an «lebensverlängernde» Apparate sterben zu müssen. Die Palliativmedizin und die Hospizbewegung will schwerkranke Menschen im Sterben begleiten. Die Palliativmedizin kann die Schmerzen lindern. Eine fürsorgliche Betreuung ermöglicht ein bewusstes Sterben in Würde und Geborgenheit. Sie legt gleichsam einen Mantel (pallium = lateinisch für Mantel) der Betreuung und des Beistandes in der Phase des Sterbens um die Betroffenen. Das Ende des Lebens wird weder künstlich verlängert noch durch aktive Sterbehilfe verkürzt. In stationären Hospizen und auf Palliativstationen in Krankenhäusern werden die medizinischen Maßnahmen für eine weitgehende Schmerzfreiheit der Schwerstkranken und Sterbenden getroffen. Damit die Patienten wieder nach Hause entlassen werden können, sind ambulante Hospizdienste entwickelt worden, die den Patienten zu Hause weiter betreuen. Insbesondere kirchliche Organisationen bieten nach dem Tod des Patienten den trauernden Angehörigen Begleitung in Einzelgesprächen und in Trauergruppen an.

Hilfen außer Haus: Kurzzeitpflege und Tagespflege

Teilstationäre Einrichtungen wie die Kurzzeitpflege, die Tagespflege und die Nachtpflege stützen und ergänzen die häusliche Pflege durch die Angehörigen. Sie entlasten pflegende Angehörige.

Kurzzeitpflege

Manche Pflegeheime bieten eine zeitlich befristete stationäre Aufnahme von pflegebedürftigen Menschen an, die ansonsten in der eigenen Wohnung von ambulanten Diensten oder/und Angehörigen gepflegt werden. Es gibt auch eigenständige Kurzzeitpflege-Einrichtungen. Der Aufenthalt kann von einigen Tagen bis zu mehreren Monaten dauern.

Tagespflege

Einrichtungen der Tagespflege stehen an Werktagen von morgens bis nachmittags kranken und pflegebedürftigen Menschen offen, die nicht mehr alleine zu Hause bleiben können, deren Versorgung aber während der Nacht und am Wochenende in der eigenen Wohnung gewährleistet ist. Das Leistungsspektrum der Tagespflege umfasst den Hol- und Bringdienst, die pflegerische Versorgung, therapeutische und rehabilitative Leistungen, Beschäftigungs- und tagesstrukturierende Angebote wie zum Beispiel das gemeinsame Vorbereiten von Mahlzeiten.

Nachtpflege

Nachtpflege ist ein noch seltenes Angebot, bei dem eine betreuungs- und pflegebedürftige Person zur Übernachtung in einer meist vollstationären Einrichtung am Abend aufgenommen und am Morgen wieder nach Hause gebracht wird. Ziel ist es, die pflegenden Angehörigen von der Nachtbetreuung zu entlasten.

Wer trägt die Kosten für die teilstationäre Pflege?

Die Kosten für die Tagespflege, Kurzzeitpflege und Nachtpflege werden je nach Pflegestufe bis zu einem Höchstbetrag von 1.432 Euro (Pflegestufe III) im Jahr von der Pflegeversicherung übernommen. Den Rest müssen die Betroffenen bezahlen. Falls sie das nicht können, ist ein Antrag beim Sozialamt zu stellen.

Wohnen im Heim und die Alternativen

Je nach der gesundheitlichen Situation können sich ältere Menschen für unterschiedliche Möglichkeiten des Wohnens entscheiden, wenn sie nicht mehr allein leben können oder wollen. Längst ist das Heim nicht mehr die einzige Alternative. Wenn jemand sehr schwer pflegebedürftig wird, ist aber trotz aller Alternativen im Vorfeld (wie Wohngemeinschaften in unterschiedlichen Formen oder Betreutes Wohnen) in der Regel der Umzug in ein Pflegeheim die beste Lösung.

Barrierefreie und angepasste Wohnung

Um möglichst lange in der eigenen Wohnung bleiben zu können, sollte man frühzeitig beginnen, die Wohnung barrierefrei zu gestalten. Dabei beraten die schon genannten Fachstellen für Wohnungsanpassung und altengerechtes Wohnen. Im Internet kann man über www.wohnungsanpassung.de Informationen und weitere Adressen erhalten.

Zusammenwohnen mit Angehörigen

Manche Menschen, die jahrzehntelang nach dem Auszug ihrer Kinder allein gelebt haben, spielen mit dem Gedanken, im Alter wieder zu ihren Kindern zu ziehen, wenn dies die räumlichen Möglichkeiten zulassen. Dieses Zusammenleben mehrerer Generationen unter einem Dach birgt Chancen und Risiken. Man kennt sich seit Jahrzehnten und kann sich auf die Stärken und Schwächen «der anderen Seite» einstellen. Andererseits kann es schwer fallen, die neue Rollenverteilung zwischen dem Hilfebedürftigen und dem Helfer zu akzeptieren. Um diesen Konflikten aus dem Weg zu gehen, möchten die meisten alten Menschen nicht mit Angehörigen in derselben Wohnung leben, sondern in einer getrennten Wohnung in der Nähe mit viel Kontakt. Sie wollen «Nähe auf Distanz» oder «Intimität auf Abstand».

Altenwohnanlagen

Altenwohnanlagen haben ganz normale abgeschlossene Wohneinheiten. Jede Wohnung verfügt über eine eigene Klingel, einen eigenen Briefkasten und eine eigene Wohnungstür. In der Regel ist die Wohnung lediglich mit einer Einbauküche möbliert. Die Wohnung sollte barrierefrei sein. Um zu gewährleisten, dass die Wohnung den Bedürfnissen und körperlichen Fähigkeiten des Mieters entspricht, müssen individuelle Wohnungsanpassungen möglich sein. Es gilt das Mietrecht. Wer sehr schwer pflegebedürftig ist, muss in der Regel in ein Heim umziehen.

Wohngemeinschaften

Wohngemeinschaften in ihren unterschiedlichen Varianten sind geeignet für kontaktfreudige alte Menschen, die noch rüstig sind.

Das bisher in einigen Großstädten realisierte, generationsübergreifende Projekt «Wohnraum für Hilfe» vermittelt an ältere Menschen jüngere alleinstehende Menschen, zum Beispiel Studenten, als Untermieter. Für die anteilig anfallenden Nebenkosten zahlen die Untermieter eine Pauschale. Für die Grundmiete leisten sie bedarfsorientierte Hilfen bei der Hauswirtschaft oder Pflege. Hauptanliegen ist die Förderung der Selbstständigkeit und Selbstbestimmung im Alter sowie die Verständigung und Solidarität unter den Generationen. Das Projekt wirkt damit der Vereinsamung älterer Menschen entgegen und bietet jungen Menschen einen bezahlbaren Wohnraum.

Zugenommen haben in den vergangenen Jahren Wohngemeinschaften von alten Menschen. Ihr Ziel ist es, sich gemeinsam zu unterstützen und so einen Einzug in ein Heim hinauszuschieben. Manche Wohngemeinschaften sind von alten Menschen selbst organisiert, andere von den Freien Wohlfahrtsverbänden oder anderen Trägern.

Integriertes Wohnen und Siedlungsmodelle

Hier leben Bewohnergruppen verschiedenen Alters in größeren Wohnkomplexen, zum Beispiel in einem Wohnblock oder einer Siedlung, zusammen und gewähren sich nachbarschaftliche Hilfe und Unterstützung. In der Regel gibt es Begegnungs- und Gemeinschaftsräume. Bekannt geworden ist das «Bielefelder Modell». Hier wurden innerhalb bestehender Wohnviertel rund 20 bis 30 neue und barrierefreie Wohnungen geschaffen. Ein Pflegedienst versorgt alle betroffenen Bewohner mit allen notwendigen Dienstleistungen. Ein ganztägiger Bereitschaftsdienst ist gewährleistet.

Betreutes Wohnen oder Service-Wohnen

Das Betreute Wohnen bietet Wohnen in Kombination mit unterschiedlichen Serviceleistungen an. Da der Begriff rechtlich nicht eindeutig fixiert ist, gibt es noch keine verbindlichen Standards. Die Wohnungen werden meist von kommerziellen Wohnungsbauträgern in Form von Anlagen errichtet. Sie sind in der Regel barrierefrei und rollstuhlgerecht. Man kann sie kaufen oder mieten. Zur Grundausstattung der Wohnung sollten in allen Räumen rutschfeste Böden, vom Rollstuhl erreichbare Griffhöhen an Türen und Fenstern sowie ein Notrufsystem gehören. Die Serviceleistungen unterteilen sich in Grund- und Wahlleistungen. Zur Grundleistung gehören regelmäßige Sprechstunden einer Kontaktperson in der Anlage. Sie kümmert sich bei Bedarf um die Vermittlung von Hilfen und berät bei persönlichen, sozialen und wirtschaftlichen Angelegenheiten. Grundleistungen werden meist pauschal bezahlt. Die Preise liegen in der Regel nicht unter 100 Euro. Die durch Beratung vermittelten Leistungen, zum Beispiel ambulante Grundpflege, sind in der Regel nicht mehr Bestandteil der Grundleistung des Betreuten Wohnens und von daher über einen anderen Leistungsträger abzurechnen. Wahlleistungen sind zusätzliche Leistungen, die vom Träger des Betreuten Wohnens entweder angeboten oder organisiert werden. Ihre Bezahlung erfolgt nur im Bedarfsfall. Sie sind sehr unterschiedlich und können vom «stationären Mittagstisch», über die Schwimmbadnutzung bis hin zu Fußpflege oder organisierten Ausflügen reichen.

Um die unterschiedlichen Angebote des Betreuten Wohnens zu beurteilen, empfiehlt es sich, zunächst eine Checkliste mit den ganz persönlichen Anforderungen (z. B. Vollversorgung, intensive Pflege, Selbstständigkeit) zu erstellen oder sich an entsprechende Fachberatungsstellen zu wenden. Neben den persönlichen Wünschen sind auch die Lage der Wohnung (Nähe zu Geschäften, Ärzten, Apotheken) und die altengerechte Ausstattung der Anlage zu bedenken.

Betreutes Wohnen ist eine Wohnmöglichkeit für noch nicht schwer pflegebedürftige Menschen, die nicht mehr zu Hause, aber auch nicht in einem Pflegeheim leben wollen. Wer rund um die Uhr betreut werden muss und intensive Pflege braucht, sollte vom Betreuten Wohnen von vornherein Abstand nehmen. Sollte er nach seinem Einzug in eine Anlage Betreuten Wohnens sehr schwer pflegebedürftig werden, muss er in der Regel ausziehen, weil die Pflege nicht geleistet werden kann. Ist eine Anlage jedoch baulich mit einem Pflegeheim gekoppelt, kann man bei zunehmender Pflegebedürftigkeit innerhalb des Hauses umziehen.

Inzwischen gibt es auch Modelle Betreuten Wohnens zu Hause. Man schließt mit einem ambulanten Pflegedienst einen Vertrag, der einen regelmäßigen, meist wöchentlichen Hausbesuch einer Betreuungsperson enthält. So können die Entwicklung des Gesundheitszustandes und Hilfebedarfe gut eingeschätzt werden.

Hausgemeinschaften

In Hausgemeinschaften leben bis zu acht Personen familienähnlich zusammen. Die Tages- und Lebensgestaltung ist möglichst frei von heimtypischen Organisationsstrukturen. Nicht Pflegetätigkeiten, sondern hauswirtschaftliche Tätigkeiten wie Kochen, Tischdecken, Essen, Spülen etc. und Freizeitgestaltung dominieren den Tagesablauf, in den die Bewohner so weit wie möglich einbezogen werden. Jeder Bewohner entscheidet nach Möglichkeit selbst darüber, wie viel Hilfe und Betreuung er in Anspruch nehmen will. In jeder Hausgemeinschaft gibt es dauernd präsente feste Bezugspersonen, die von meist externen Pflegefachkräften unterstützt werden. Die Angehörigen sollen sich aktiv mit ihren Erfahrungen und Anliegen in das Leben der Hausgemeinschaft einbringen. Auch Ehrenamtliche werden einbezogen, die zum Beispiel den Bewohnern vorlesen oder mit ihnen spazieren gehen. Inzwischen haben auch traditionelle Pflegeheime eine interne Struktur etabliert, die den Hausgemeinschaften gleicht.

Gerontopsychiatrische Wohngruppen oder Wohngemeinschaften

Neben dem Betreuten Einzelwohnen für psychisch kranke Erwachsene in ihrer eigenen Wohnung gibt es für ältere Menschen gerontopsychiatrische Wohngruppen oder Wohngemeinschaften. Sie bieten dementen alten Menschen, die in ihrer selbstständigen Lebensführung eingeschränkt sind und zudem auffällige Verhaltensweisen zeigen, eine intensive persönliche Betreuung und Begleitung. Zentrale Aspekte des Betreuungskonzeptes sind die Beachtung der individuellen Biografie und des bisherigen Lebensrhythmus sowie die Stabilisierung der Wohngruppe durch gemeinschaftliche Aktivitäten. Neben dem hauptberuflichen Betreuungs- und Pflegepersonal leisten auch die Angehörigen oder andere enge Bezugspersonen zur Stabilisierung der psychischen Situation der Betroffenen einen wichtigen Beitrag.

Alten- und Pflegeheime

Alten- und Pflegeheime haben unterschiedliche Namen, vom einfachen Pflegeheim bis zum Seniorenstift oder der Seniorenresidenz. Da die Begriffe gesetzlich nicht geschützt sind, empfiehlt es sich, sehr genau die Leistungen, den Ruf und die Atmosphäre zu prüfen, bevor man sich für ein Heim entscheidet. Träger von Heimen sind Städte und Gemeinden, Kirchen, gemeinnützige Stiftungen und Wohlfahrtsverbände sowie private Unternehmen. Gemeinsam ist allen Heimen unabhängig vom Namen: Sie sind Wohnstätten für Senioren zur vollen Betreuung und Pflege, und sie müssen gesetzlichen Richtlinien, zum Beispiel hinsichtlich baulicher Standards und der Vorhaltung von Fachpersonal, entsprechen.

Der Einzug in ein Heim erfolgt meist erst dann, wenn die Betroffenen sich in einer Lebenslage befinden, in der das notwendige Maß an Betreuung und Pflege zu Hause nicht mehr geleistet werden kann. Die meisten Menschen haben kaum Vorstellungen von einem Heim, und wenn, dann meistens nur negative. Deshalb erleben viele Senioren diesen Umzug als große Belastung. Um dem entgegenzuwirken, haben größere Heime sozialpädagogische Fachkräfte angestellt, die neue Bewohner beim Einzug begleiten und sie in den Heimalltag einführen.

Checkliste zur Auswahl und Beurteilung eines Pflegeheimes

- Wie nahe liegt das Heim beim Wohnort der Angehörigen? Ist es leicht mit öffentlichen Verkehrsmitteln zu erreichen?
- Haben Sie bei Ärzten, Behörden, Bekannten und Angehörigen von Bewohnern Positives über das Heim gehört?
- Erhalten Sie beim ersten Besuch die Möglichkeit zu einem ausführlichen Gespräch, bei dem alle Ihre Fragen offen beantwortet werden?
- Werden Ihnen die Konzeption des Heimes und die Preisgestaltung erläutert? Erhalten Sie dazu schriftliche Unterlagen?

- Erhalten Sie einen Heimvertrag? Räumt man Ihnen Bedenkzeit ein, damit Sie den Vertrag in Ruhe prüfen und mit anderen Personen besprechen können?
- Erhalten Sie die Möglichkeit zu einer ausführlichen Besichtigung?
- Sind die alten Menschen individuell, der Jahreszeit und Temperatur entsprechend gekleidet? Ist die Kleidung sauber?
- Ist am Nachmittag eine Pflegekraft in Sichtweite? Stellen Sie in den Gemeinschaftsräumen regen Kontakt des Pflegepersonals mit den Bewohnern fest? Gibt es genügend Anregungen (Zeitungen, Spiele …)?
- Sind Besucher willkommen?
- Werden die Bewohner vom Personal mit dem Namen und mit Sie angesprochen? Sind die Pflegenden freundlich, gelassen, zugewandt? Reagieren sie möglichst schnell auf Zurufe der Bewohner?
- Wird die Intimsphäre gewahrt? Sind die Zimmertüren während der Pflegetätigkeit geschlossen?
- Sind die Räumlichkeiten ansprechend, der Jahreszeit entsprechend gestaltet? Sind sie sauber und gut beleuchtet?
- Können Sie Ihr Zimmer weitgehend individuell möblieren und ausgestalten?
- Haben Sie den Eindruck, dass es im Heim ein offenes Informationssystem gibt? Sehen Sie aktuelle Aushänge (Veranstaltungen, Ansprechpartner, Namenslisten der aktuell Pflegenden auf der Station, Heimbeirat)?
- Bietet das Heim eine Bezugs- oder Bereichspflege? Ist also jedem Bewohner eine bestimmte Pflegekraft zugeordnet?
- Werden Bewohner und Angehörige an der Erstellung und Aktualisierung des individuellen Pflegeplans beteiligt? Werden Sie über alle Veränderungen, insbesondere des Gesundheitszustandes und über Arztbesuche, informiert?
- Erhalten Sie Einblick in die Pflegedokumentation?
- Ist die monatliche Rechnungsstellung korrekt?

Ein Heimvertrag regelt die Leistungen für den Bewohner. Darüber hinaus gibt es eine Vielzahl von gesetzlichen wie vertraglichen Normen, die das Geschehen in und um ein Heim bestimmen, insbesondere das Heimgesetz. Alle Heime müssen eine Fachkraftquote von 50 Prozent nachweisen, das heißt: 50 Prozent aller Mitarbeitenden in der Pflege müssen ausgebildete Pflegefachkräfte sein. Angesichts der zunehmenden Zahl von dementen alten Menschen haben die meisten Heime «beschützende Stationen» eingerichtet, in denen dieser Personenkreis von eigens ausgebildeten Pflegekräften betreut und gepflegt wird. Bevor jemand in eine solche Station aufgenommen werden kann, ist ein Beschluss des Vormundschaftsgerichtes notwendig.

Wer trägt die Kosten der stationären Pflege?

Die Kosten eines Heimaufenthaltes betragen zwischen 2.500 und 3.500 Euro im Monat je nach Schwere der Pflegebedürftigkeit. Sie sind in der Regel in zwei Bereiche geteilt, nämlich die unmittelbaren Pflegekosten und die Kosten für Unterkunft und Verpflegung («Hotelkosten»). Der Bewohner muss die Kosten grundsätzlich selber tragen. Bei Einstufung in eine Pflegestufe durch den Medizinischen Dienst der Krankenversicherung erhält er für die pflegebedingten Aufwendungen Mittel aus der Pflegeversicherung. Kann er die verbleibenden Restkosten nicht aus eigenen Mitteln decken, können auch der Ehepartner und die Kinder zur Mitfinanzierung herangezogen werden, sofern es ihre Einkommensverhältnisse erlauben. Ist dies nicht möglich, springt die Sozialhilfe ein. Eine exakte Berechnung hierzu erstellt das zuständige Sozialamt.

Die Heime haben in den vergangenen Jahren große Anstrengungen unternommen, um die Pflege an die veränderten Bedingungen – hohes Eintrittsalter meist schon erheblich pflegebedürftiger, multimorbider alter Menschen und steigende Zahl dementer alter Menschen – anzupassen. Intern haben sich die Heime umstrukturiert. Manche bieten unter einem Dach mehrere Betreuungsformen je nach der Schwere der Pflegebedürftigkeit an. Diese Formen reichen vom Betreuten Wohnen und der Kurzzeitpflege bis hin zu einer hospizähnlichen palliativmedizinischen Versorgung. Um möglichst nahe am bisher gewohnten Alltag zu sein, haben manche Heime die um die Pflege konzentrierte Stationsorientierung aufgelöst und den Alltag im Heim als familienähnliche Hausgemeinschaft organisiert. Insbesondere für die Betreuung von dementen Bewohnern sind neue Konzepte entwickelt worden. In vielen Einrichtungen hat das Bezugspflegesystem die bisherige Funktionspflege abgelöst. Unter Bezugspflege versteht man eine bewohnerorientierte Pflege in kleineren Gruppen. Bestimmte Pflegekräfte sind für bestimmte Bewohner zuständig und versorgen diese umfassend; bei der bisher üblichen Funktionspflege waren Pflegepersonen für bestimmte Tätigkeiten für alle Bewohner zuständig. Die Bezugspflege ermöglicht einen ganzheitlichen, engen Kontakt zwischen dem einzelnen Pflegenden und dem einzelnen Bewohner.

Fast alle Heime bieten ihren Bewohnern ein breites Programm wie gemeinsames Singen, Erzählgruppen, Ausflüge, Theateraufführungen, Konzerte und Feste. Insbesondere die konfessionellen Heime bieten regelmäßige Gottesdienste und Seelsorge an.

Informationen

Detaillierte Fragen richtet man an die Stadt- oder Gemeindeverwaltung, die Kirchengemeinde oder an die örtlichen Wohlfahrtsverbände (Arbeiterwohlfahrt, Caritas, Rotes Kreuz, Diakonisches Werk, Paritätischer Wohlfahrtsverband, Zentrale Wohlfahrtsstelle der Juden). Um eine größere Transparenz der unterschiedlichen Angebote zu schaffen und durch ihre Vernetzung eine Verbesserung der Hilfen zu erreichen, ist in den letzten Jahren in vielen Kommunen eine stärkere Zusammenarbeit der verschiedenen Träger entstanden. Manche Kommunen geben eigene Senioren-Informationen heraus.

Große Bedeutung wird der «Pflege des Personals» beigemessen. Regelmäßige fachliche Fortbildung ist obligatorisch, auch Supervisionsmöglichkeiten nehmen zu.

Die Kontrolle über die Einhaltung der Vereinbarungen erfolgt zunächst über die Einrichtungen selber, die durch eigene Qualitätsvorgaben, Heimkonzepte, Fortbildungen, Supervision und Qualitätszirkel die Durchführung fachlicher Standards sichern. Als externe Kontrollorgane fungieren die Heimaufsichtsbehörden sowie der Medizinische Dienst der Krankenversicherung. Ein von den Bewohnern gewählter Heimbeirat hat gesetzlich garantierte Möglichkeiten zur Mitbestimmung der Heimangelegenheiten.

Ein gut geführtes Heim mit einer genügenden Anzahl von gut ausgebildeten und motivierten Mitarbeitern kann für den einzelnen Bewohner ein erfülltes Leben bieten.

Wohnen zu Hause – aber wie?
Tipps zu einer altengerechten Umgestaltung der eigenen vier Wände

Von Michael Klingseisen

Leben ist ein Prozess. Dieser Prozess spiegelt sich auch in Wohngewohnheiten und Wohnungseinrichtungen wider. Privileg der Jugend ist es, eine Matratze auf den Boden legen zu können, um dort zu schlafen. Dies ist vielen älteren Menschen versagt, sie kämen beim Aufstehen nicht mehr auf die Beine. So muss die Wohnung, aber auch die Einrichtung der Wohnung auf das jeweilige Alter abgestimmt sein. Im Idealfall erlaubt eine Wohnung ein Verbleiben bis in das hohe Alter. Oft genug ist es aber die Wohnung, die den veränderten Anforderungen eines Bewohners nicht mehr standhält und ihn zwingt, sie zu verlassen. Dies aber bedeutet meist auch den Verlust einer gewohnten Wohnumgebung und die Aufgabe von gewachsenen sozialen Beziehungen.

Wohnen ist der Lebensmittelpunkt des Menschen, die Qualität von Wohnen und Wohnumfeld ist wichtig. Wenn, bedingt durch das allmähliche Verschwinden der traditionellen Familienstrukturen und die Aufgabe des Berufes im Alter, zwei wesentliche soziale Integrationsmechanismen wegfallen, dann bekommt Wohnen einen neuen, besonderen Stellenwert.

Wo wohnen alte Menschen? Viele haben in der Familiengründungsphase ein Eigenheim bezogen, in dem sie nach dem Auszug der Kinder geblieben sind. Dies bedeutet meist eine überdurchschnittliche Ausstattung, eine große Wohnfläche und die Möglichkeit der Gartenbenutzung. Nicht selten kehren sich diese Vorteile aber in das Gegenteil, wenn die Treppe zu steil wird, die Pflege des Gartens zur Last wird und die Versorgung des Haushaltes durch die meist größeren Entfernungen zu den Einkaufsmöglichkeiten schwierig wird.

In innerstädtischen Wohnquartieren ist die Versorgung durch die kürzeren Wege besser, aber hier wird die Bewältigung der Treppe oft zum Problem, wenn sich die Wohnung im dritten oder vierten Stockwerk befindet. Die Wohnsiedlungen der Wiederaufbauphase weisen gelegentlich enge Aufzüge auf, aber hier sind es oft die minimierten Badgrundrisse, die den Bewohnern zunehmend Schwierigkeiten bereiten.

Allen gemeinsam ist aber der Wunsch, in der gewohnten Wohnung und dem vertrauten Quartier zu verbleiben. Mit dem Alter nimmt auch der Anteil der zu Hause verbrachten Zeit zu.

Eine Verbesserung der Wohn- und Lebensbedingungen kann nur durch eine abgestimmte Verknüpfung sozialer und baulicher Maßnahmen erreicht werden.

Das Alter geht einher mit einem Leistungsabfall in den Bereichen Mobilität und Sensorik. Entsprechende Maßnahmen sind zu treffen. Dabei ist eine bewusste Auseinandersetzung mit den körperlichen Alterungsprozessen anzustreben; aktiv und selbstbestimmt leben ist dann keine Frage des Alters, wenn man sich mit diesem neuen Lebensabschnitt auseinander setzt und sich auf ihn einstellt.

Gesucht wird eine Wohnraumgestaltung, die verloren gegangene körperliche Leistungsfähigkeit möglichst ausgleicht und andererseits den Einsatz der noch vorhandenen Fähigkeiten einfordert und fördert. Eine intelligente und auf die individuellen Bedürfnisse abgestimmte Einrichtung kann den durch das Alter bedingten Defiziten entgegenwirken und damit zum Erhalt der körperlichen und geistigen Leistungsfähigkeit beitragen. Wichtig ist es, früh auf eventuelle Defizite zu achten und Veränderungen im Wohnbereich einzuleiten.

Die Basisausstattung der Wohnung bei leichten körperlichen Einschränkungen

Gutes Sehen – richtiges Licht

Unsere Augen benötigen alle Informationen, damit unser Kopf daraus dann die richtigen Schlüsse ziehen kann. Und dies ist eine Grundvoraussetzung für geistige Regsamkeit und den Erhalt der körperlichen Beweglichkeit. Bei allen bekannten Einschränkungen im Sehbereich ist die Brille ein wichtiges Hilfsmittel, aber nicht immer ausreichend. Hier muss auch die Beleuchtungsstärke auf die Restsehkraft abgestimmt werden. Erst dann werden Hindernisse oder Barrieren erkannt, erst dann kann auch die Zeitung wieder gelesen werden, die uns informiert. Grundvoraussetzung für altengerechtes Wohnen ist eine ausreichende Beleuchtungsstärke, die es erlaubt, die Dinge im richtigen Licht zu betrachten.

Etwa ab Mitte der vierziger Jahre stellen viele Menschen fest, dass das Lesen immer mehr Mühe macht. Eine Lesebrille schafft hier Abhilfe. Hat ein Mensch beide Sehschwächen, sieht er sowohl in der Ferne als auch in der Nähe nicht mehr gut, so trägt er eine Brille, die beide Defizite ausgleicht. Doch Vorsicht – eine solche Brille birgt auch Gefahren: Begeht man mit einer solchen Sehhilfe eine Treppe, so muss der ganze Kopf nach unten bewegt werden, will man Beginn und Ende der Treppenstufen genau identifizieren. Wird nur der Augapfel nach unten bewegt, fällt der Blick durch den Teil der Brille, die für die Nahsicht bestimmt ist, und die Treppenstufe bleibt unscharf. Werden die unterste und die oberste Treppenstufe farblich kontrastierend abgesetzt, können sie auf jeden Fall identifiziert werden.

Grundsätzlich sollten auch die Eingangs- und Flurbereiche besonders gut ausgeleuchtet sein. Von einem hellen Treppenhaus kommend, muss die Beleuchtungsstärke im Wohnungsflur annähernd gleich sein, will man nicht im Dunkel tappen und womöglich über einen Stuhl stolpern. Hier zeigt sich, dass die Fähigkeit der Augen zur Hell-Dunkel-Adaption mit dem Alter langsamer wird. In Bereichen wie der Küche oder dem Bad sollten zusätzliche Leuchten Sicherheit geben. Aber auch beim Lesesessel sollte eine zusätzliche Leuchte stehen. Wichtig ist auch, dass das Licht möglichst blendfrei ist. So kann z. B. indirektes Licht den ganzen Raum gut erhellen und blendfrei erfahrbar machen, zusätzliche Leuchten akzentuieren den Raum und betonen besondere Bereiche. In der Nacht kann der Gang zum WC auch durch besondere Nachtlichter, die den Fußboden ausleuchten, erleichtert werden.

Sicherheit durch Kontraste

Eine hellbeige Couch auf einem hellbeigen Teppichbelag ist schlecht auszumachen, und das Hinsetzen verursacht schnell ein Gefühl der Unsicherheit. Dieses Gefühl der Sicherheit ist es aber, das grundsätzlich angestrebt werden sollte, denn nur wenn sich alte Menschen sicher fühlen, wenn das Auge das Sitzmöbel klar identifizieren kann, wird der Sturz vermieden.

Das Auge benötigt die Farbe, um Gegenstände klar wahrzunehmen, und erst durch klare Kontraste kann unser Gehirn die Informationen, die über das Auge kommen, einordnen. Hier müssen Unsicherheiten vermieden werden, hier muss Klarheit herrschen, damit Handlungssicherheit besteht. Dies betrifft die ganze Wohnung: Wände und Fußböden benötigen unterschiedliche Farben, ein Handlauf an einer Treppe darf nicht die gleiche Farbe haben wie die Wand, Küchenmöbel sollten sich ebenso farblich von der Wand abheben wie der Schlafzimmerschrank. Dabei sind hier keine Signalfarben gemeint. Der persönliche Geschmack und die individuellen Lieblingsfarben sollten hier die Kontraste setzen, die dann nicht nur ein Mehr an Sicherheit bieten, sondern auch die Wohnung gestalten.

Der richtige Griff

Das Angebot von Türdrückern und Fenstergriffen ist unglaublich groß, und es ist schon schwierig genug, sich aus diesem Angebot Produkte auszusuchen, die der eigenen Ästhetik entsprechen. Doch all diese Produkte sollen nicht nur schön sein, sie müssen auch funktionell sein, und dies beinhaltet auch eine gute Benutzung noch im hohen Alter. Es gibt wunderschöne Türdrücker, die sich bei genauer Betrachtung aber als funktionsuntüchtig erweisen. Die einen sind zu dünn, man hat sie nicht wirklich gut in der Hand, die anderen stehen zu weit in den Raum, sie können zwar gut ergriffen werden, aber die Gefahr, sich mit dem Hemdsärmel darin zu verfangen, ist groß. So müssen verschiedene Aspekte des Designs betrachtet werden, um den richtigen Griff zu finden.

Im Alter, wenn die Hände nicht mehr die Kraft der jungen Jahre haben, sollte ein Türdrücker so geformt sein, dass er der Hand Halt gibt, dass er sie aufnimmt. Er darf nicht scharfkantig sein, und er muss einen sicheren und festen Zugriff möglich machen. Türdrücker, die z. B. zu einem U geformt sind, lassen die Hand in den Griff gleiten und verhindern durch das abgebogene Ende ein Abgleiten der Hand.

Ähnlich verhält es sich mit der Armatur am Waschbecken: Einmal sollte sie natürlich eine so genannte Einhebelmischarmatur sein, also eine Armatur, bei der eine Hand ausreicht, um das richtige Mischungsverhältnis von Warm- und Kaltwasser zu finden. Auch hier wäre ein genau definiertes Ende des Griffes von Vorteil: Es sollte etwas nach oben gebogen sein, so dass die Hand dort gebremst wird und einen guten Halt hat. Doch auch die Länge ist von Wichtigkeit, denn ist der Bedienungsbügel zu kurz, dann ist er nur schwer erreichbar und taugt nicht.

Schaltern in einer Wohnung sollte ebenfalls größere Aufmerksamkeit gewidmet werden. Nur Schalter, die dem Finger auch eine Rückmeldung geben, ob man sie bedient hat, sind sinnvoll, man ist sonst nicht sicher, ob z. B. der Öffner der Haustüre nun betätigt wurde oder nicht.

Auch die Einbauhöhe von Schaltern, von Steckdosen und Türgriffen sollte überdacht werden: Die heute übliche Einbauhöhe von 105 Zentimeter ist dann schwer zu erreichen, wenn man z. B. gezwungen ist, sich mit Hilfe von Unterarmstützen fortzubewegen. Will man dann einen Türgriff oder einen Schalter betätigen, muss meistens eine der Unterarmstützen an die Wand gelehnt werden, damit der Schalter oder der Türgriff erreicht werden kann. Dies ergibt jedes Mal eine instabile Situation. Eine Einbauhöhe von 85 Zentimetern erlaubt es, einen Schalter zu betätigen, ohne die Stütze loslassen zu müssen. Im Übrigen kommt eine solche Einbauhöhe nicht nur älteren Menschen entgegen, auch Kinder freuen sich darüber, und entgegen der landläufigen Meinung, man müsse sich bücken, um einen solchen Schalter zu erreichen, kann jeder Mensch diesen gut erreichen, da die Hände aller Menschen, ob groß oder klein, in einer Höhe von etwa 75 Zentimetern hängen.

Treppensteigen leicht gemacht

Eine Treppe ist eine Treppe, und doch gibt es Unterschiede. Als Architekt differenziert man zwischen Trittstufen und Setzstufen, das sind also zum einen die Stufen, auf die man tritt, zum anderen die vertikalen Abschlüsse zwischen den Trittstufen. Oft genug wird auf die Setzstufen verzichtet, das gefällt, es gibt einer Treppe Transparenz und eine gewisse Leichtigkeit. Oft werden die Trittstufen auch unterschnitten, die Auftrittsfläche wird von der darüber liegenden Stufe überragt. Dies sind meist nur wenige Zentimeter, doch in beiden Fällen, sowohl bei fehlenden Setzstufen als auch bei unterschnittenen Treppenstufen, ergibt sich ein fataler Effekt: Hier bleiben bei Mobilitätseinschränkungen gerne die Füße hängen, dies führt zum Stolpern und zu Stürzen. In diesem Fall sollte man Abhilfe schaffen und die Treppe mit den entsprechenden Setzstufen nachrüsten.

Ein weiteres Hilfsmittel, um das Begehen einer Treppe gefahrloser zu machen, ist ein zweiter Handlauf. Bei den meisten Treppen existiert nur ein Handlauf, doch für die Sicherheit ist ein zweiter oft entscheidend. Denn ein Mensch, der beim Hinaufsteigen einer Treppe den Handlauf z.B. auf seiner rechten Seite als Stütze benötigt, braucht ihn auch beim Hinabsteigen auf der rechten Seite, das bedeutet aber Handläufe auf beiden Seiten der Treppe. Unabhängig von allen zu beachtenden Absturzsicherungen sollte auch dieser Handlauf in einer Höhe von 85 Zentimetern montiert werden. Doch auch hier kann man noch einen Schritt weiter gehen: Wird der Handlauf am Anfang und am Ende der Treppe noch 30 Zentimeter in der Waagrechten weitergeführt, so ist auch der letzte Schritt auf der Treppe ein sicherer. Mit der bereits erwähnten Markierung der ersten und der letzten Stufe sind dann alle Maßnahmen getroffen, um die Treppe sicher zu machen.

Weniger ist mehr

Der Mensch erweist sich immer wieder als Jäger und Sammler, und so sieht es auch in vielen Wohnungen aus: Im Laufe eines Lebens werden viele Möbel gesammelt, Teppiche liegen oft in mehreren Lagen übereinander, und viele größere und kleinere Schränke nehmen all die Kleidungsstücke, Bücher und Souvenirs auf. Es ist dies natürlich auch die Summe eines Lebens, aber ich möchte doch zu bedenken geben, ob man sich nicht von dem einen oder anderen Stück trennen sollte. Denn oft genug erweist sich die Fülle der Dinge auch als Ballast, und im Falle der gestapelten Teppiche entsteht Sturzgefahr.

Manche der Sitzgelegenheiten taugen auch nicht mehr, weil auf Grund ihrer Sitzhöhe das Aufstehen aus ihnen nahezu unmöglich wird. Ein Tausch wäre also fällig. So sollte ein neuer Lieblingssessel besorgt werden – dieser sollte ein standsicherer Sessel sein, damit er auch als Stütze dienen kann, die Sitzhöhe sollte angenehm sein und ein leichtes Aufstehen zulassen, zwei Lehnen sollten den Armen zum Ausruhen dienen, aber auch ein bequemes Aufstehen und ein sicheres Hinsetzen gewährleisten.

Insgesamt sollte die Einrichtung so klar wie möglich sein. Nach der Trennung von Überflüssigem sollten alle Verkehrswege innerhalb der Wohnung frei sein. Die lästigen, aber gewohnten und damit auch nicht mehr bemerkten Hindernisläufe in der Wohnung sollten verschwinden. Und all dies sollte geschehen, noch bevor es zu einem Sturz kommt und solange man sich noch fit fühlt.

Auch im Schlafzimmer kann viel zum Besseren verändert werden. Ist das Bett hoch genug? Ist ein sicherer und bequemer Einstieg gewährleistet? Wäre nicht doch ein Bett besser, das eine verstellbare Liegefläche hat? Ist der Nachttisch groß genug? Neben einer Nachttischlampe sollte dort Platz sein für ein Telefon, ein Getränk, etwas zum Lesen und eine Uhr! Neben dem Bett kann ein Haltegriff an der Wand oder ein standsicherer Stuhl gute Dienste leisten beim Aufstehen oder zum kurzen Verweilen nach dem Aufstehen.

Die richtige Küche

Genauso wie beim Schlafzimmerschrank sollte darauf geachtet werden, was in Schubladen und was in Regalfächern untergebracht wird. Schubladen sollten sich unten befinden, nach dem Herausziehen kann der Inhalt von oben betrachtet und das gewünschte Gerät ausgewählt werden. Bei Regalfächern, die sich in der Höhe eines Schrankes befinden, wird die Auswahl durch transparente Fächer bereits sehr erleichtert: Man sieht den gesuchten Gegenstand bereits von unten und kann zielsicher agieren.

Zur Basisausstattung gehört ein Arbeitsplatz im Sitzen, der die Küchenarbeit erleichtert. Bei den Unterschränken sollte darauf geachtet werden, dass sie auf einem nach hinten versetzten Sockel stehen: Dann können die Füße unter den Unterschrank gestellt werden, und der Oberkörper muss nicht nach vorne geneigt werden, um z. B. Zwiebeln zu schneiden. Dadurch wird eine aufrechte Haltung des Oberkörpers erreicht, die einer raschen Ermüdung vorbeugt und Kreuzschmerzen verhindert.

Die Küchengeräte sollten ebenfalls in einer Höhe eingebaut werden, die häufiges Bücken vermeiden lässt. So kann der Kühlschrank, aber auch das Backrohr auf einen Unterschrank gestellt werden, der Dinge enthält, die nicht so oft benötigt werden. Befürchtungen, man könne vergessen, den Herd abzuschalten, kann man mit unterschiedlichen Herdüberwachungssystemen begegnen.

Grundsätzlich sollte auf die Organisation der Küche großer Wert gelegt werden. Was brauche ich wo, wann und wie oft? Daraus ergibt sich bereits die Einteilung der Küche. Ein wichtiges Kriterium für die Auswahl von Küchengeräten wie z. B. den Mixer: Er muss mit einer Hand betätigt werden können, dann ist die andere Hand frei, um sich selbst festhalten zu können.

Die Ausstattung der Wohnung bei schweren körperlichen Einschränkungen

Das Badezimmer

Dies ist der neuralgische Punkt der Wohnung. Bereits bei leichten körperlichen Einschränkungen erweisen sich die meisten Badezimmer als zu beengt. Auch wenn man sich den Einstieg in die Badewanne mit Hilfsmitteln wie geeigneten Griffen oder Badewannenliftern erleichtern könnte, so machen es manchmal doch die fehlenden Bewegungsflächen unmöglich, sein Ziel zu erreichen. So lässt sich kein Hocker neben die Badewanne stellen, um von dort auf den Lifter in der Badewanne umzusetzen, ein Hocker, der auch so gut brauchbar wäre, um die Kleidung auf ihm abzulegen oder sich im Sitzen die Zähne zu putzen.

Ist die Mobilität so weit eingeschränkt, dass Unterarmstützen, ein Rollator oder gar ein Rollstuhl benötigt werden, dann ist der Zugang zum Bad meist schon an der Türe versperrt, weil diese zu eng ist. Es wird spätestens jetzt der Ruf nach einem Badumbau laut. Bei einem Umbau sollte man sich unbedingt professionelle Hilfe durch eine Beratungsstelle wie z. B. die Beratungsstelle der Bayerischen Architektenkammer[1] holen. Hier finden alle am Bau Beteiligten kostenfrei professionellen Rat, wenn es um Fragen des barrierefreien Bauens geht.

Bei einem Badumbau muss natürlich zuerst die Frage nach der Schwere der körperlichen Beeinträchtigung gestellt werden. Was ist noch möglich? Hat diese körperliche Beeinträchtigung einen progressiven Verlauf, ist also mit einer weiteren Verschlimmerung zu rechnen, oder ist sie statisch? Erst dann können die notwendigen Maßnahmen abgeschätzt werden wie z. B. die Entscheidung über eine Verbreiterung der Türe und über den Einbau einer bodengleichen Dusche.

Die geliebte Badewanne, die herrliche Entspannung bietet und auch therapeutische Wirkung haben kann, erweist sich leider manchmal als unbenutzbar, wenn aufgrund der körperlichen Einschränkungen der Ein- und Ausstieg nicht mehr möglich ist. Dann sollte eine so genannte bodengleiche Dusche eingebaut werden, die sich durch einen schwellenlosen Zugang auszeichnet, den vor allem Menschen mit Gehbehinderungen, aber auch Rollstuhlbenutzer zu schätzen wissen. Diese bodengleiche Dusche sollte in ihren Abmessungen auf die körperlichen Einschränkungen abgestellt sein: Ist man in der Mobilität eingeschränkt, so reichen im Allgemeinen die Abmessungen 120x 120 Zentimeter aus. Dort kann dann eine Sitzgelegenheit installiert werden, die einem das Duschen leicht macht. Bewegt man sich im Rollstuhl, so sollten die Abmessungen 150x 150 Zentimeter betragen, denn man befährt ja die Dusche, und gegebenenfalls ist auch noch eine zweite Person als Hilfestellung anwesend. Die Duscharmatur muss dann auch in einer Höhe angebracht werden, die der sitzenden Position entspricht: Dies sind 85 Zentimeter Höhe, und diese Höhe sollte sich grundsätzlich für alle Bedienungselemente wie Schalter, wichtige Steckdosen, Türgriffe etc. durchsetzen.

Wie überall steckt auch hier der Teufel im Detail: Wie steht es mit den Griffen der Dusch- und Waschtischarmaturen? Sind sie auch bei eingeschränkten Handfunktionen gut zu erreichen und leicht zu bedienen? Können sie mit nur einer Hand bedient werden? Auch dieses Kriterium – die Bedienbarkeit von Geräten oder anderen Bedienelementen mit nur einer Hand – sollte grundlegend für die gesamte Wohnung werden.

Ein weitere Schlüsselstelle im Bad ist natürlich das WC. Die Sitzfläche ist meist so weit unten, dass das Aufstehen schwierig werden kann. Hier kann man sich mit Sitzerhöhungen helfen, sollte jedoch das Bad tatsächlich im Ganzen umgebaut werden, ist es von Vorteil, gleich ein neues WC mit einer Sitzhöhe von 48 Zentimetern einzubauen. Auch beim WC sollte auf entsprechende Bewegungsflächen geachtet werden. Vor dem WC sollten mindestens 120 Zentimeter vorhanden sein, macht der Grad der körperlichen Beeinträchtigung einen Rollstuhl oder einen Rollator notwendig, dann sind bereits 150 Zentimeter notwendig. Je nach körperlicher Einschränkung kann auch rechts oder links neben dem WC eine Bewegungsfläche notwendig werden. Hier ist es wirklich von Vorteil, mit Fachleuten über die Anforderungen an ein neues Bad zu sprechen.

Auch das Waschbecken sollte man sich genau ansehen: Kann man sich auch im Sitzen die Zähne putzen? Stößt man mit den Knien an den Siphon? Hat das Waschbecken die richtige Höhe? Kann man im Sitzen sein Gesicht im Spiegel sehen, oder hängt er dafür zu hoch? So sollte ein neues Waschbecken folgende Kriterien erfüllen: Die Höhe der Oberkante zwischen 80 und 85 Zentimetern, ein so genannter Unterputz- oder Aufputzsiphon, um sich nicht die Knie anzustoßen, eine Einhebelmischarmatur, nicht an der Wand befestigt, sondern auf dem Waschtisch stehend, eventuell sogar mit Temperaturbegrenzer. Das Profil des Waschbeckens sollte so gestaltet sein, dass die Oberschenkel auch unter das Waschbecken passen, d. h., es sollte unterfahrbar sein, und die Tiefe des Waschbeckens sollte 55 Zentimeter nicht unterschreiten. Über dem Waschbecken sollte ein einfacher rechteckiger Spiegel hängen, der etwa zehn Zentimeter über dem Waschbecken beginnt und in einer Höhe von circa 180 Zentimeter endet. Über die Notwendigkeit und Positionierung von Haltegriffen sollte jeder selbst entscheiden, auch über die richtige Lage von Ablagemöglichkeiten.

Wie kommt man in das Haus? Die Überwindung von Höhendifferenzen

Nahezu alle Häuser haben vor der Eingangstüre mehrere Stufen, über die das Haus betreten wird. Dies ist ein Umstand, der nicht bemerkt wird, solange man gut zu Fuß ist. Sobald aber die Mobilität eingeschränkt ist, und dies ist bereits der Fall, wenn man mit einem Kinderwagen unterwegs ist oder z. B. einen schweren Koffer trägt, werden diese Treppenstufen zum Hindernis, zur Barriere. Ist die Mobilität schwerer eingeschränkt, bewegt sich ein Mensch mit Hilfe von Unterarmstützen, einem Rollator oder gar mit dem Rollstuhl, dann können diese Stufen zu einem unüberwindbarem Hindernis werden. Hier Abhilfe zu schaffen, ist nicht einfach, manchmal sogar unmöglich und zwingt im schlimmsten Fall zum Umzug.

Doch es gibt auch hier Möglichkeiten. Beim Einfamilienhaus kann manchmal eine entsprechende Rampe den Zugang zum Haus wieder ermöglichen. Dies setzt allerdings voraus, dass auf dem Grundstück noch räumliche Reserven vorhanden sind, denn eine behindertengerechte Rampe, deren Steigung nicht mehr als sechs Prozent betragen sollte, wird lang. Befinden sich vor dem Haus drei Stufen mit 15 Zentimetern, ist also eine Höhendifferenz von insgesamt 45 Zentimetern zu überwinden, so wird eine Rampe bei maximal sechs Prozent Steigung bereits 7,50 Meter lang! Diese Länge verlangt nach den Regeln der Baukunst bereits ein Zwischenpodest von 1,50 Meter Länge, so dass die Gesamtlänge der Rampe bereits bei 9,00 Meter liegt. Dies ist selten zu realisieren, da die Grundstücke meist zu klein dafür sind. In manchen Fällen können diese Rampen auch zu einer rückwärts gelegenen Terrasse geführt werden – das Haus wird dann quasi über den Hintereingang betreten bzw. befahren.

Doch es gibt natürlich auch die Möglichkeit, auf mechanischem Wege eine solche Höhendifferenz zu überwinden. Die Industrie bietet Außenaufzüge in Form von Hubplattformen an, die den Transport übernehmen. Hier sollte genau recherchiert werden, welche Firmen günstige und praktische Angebote haben.

Ähnliche Angebote gibt es zur Überwindung von Höhendifferenzen innerhalb von Häusern, wobei Aufzugshilfen, die an der Treppen angebracht werden, sich eigentlich nur für Privathaushalte eignen, da die Treppe im Mehrfamilienhaus immer auch der Rettungsweg im Brandfall ist und deshalb nicht mit Einbauten blockiert werden darf.

Bei Treppenliften innerhalb von Einfamilienhäusern muss das Anforderungsprofil genau definiert werden: Reicht ein Sitzlift aus, oder wird ein Plattformlift benötigt, der mit einem Rollstuhl befahren werden kann? Ist die Treppe breit genug, um einen solchen Lift aufzunehmen? Kann das Treppenhaus mit seiner Statik eine solche Belastung aufnehmen? Sind die Bewegungsflächen am Anfang und am Ende der Treppe ausreichend? Wäre es nicht besser, einen Senkrechtaufzug zu wählen? Auch hier sollte man Fachleute zu Rate ziehen.

Zugang zu Balkon oder Terrasse

Gerade bei Mobilitätseinschränkungen werden Balkon oder Terrasse immer wichtiger, um bei geeigneter Witterung ein wenig frische Luft zu schöpfen oder um die ersten Sonnenstrahlen des Jahres zu genießen. Doch der Zugang bleibt oft durch Stufen und hohe untere Abschlüsse der Balkontüren verwehrt.

Liegt der Balkon tiefer als die Wohnung, kann die Höhendifferenz zwischen Oberkante Fußboden in der Wohnung und Oberkante Balkon bzw. Terrasse oft durch einen Holzbalkenrost ausgeglichen werden. Dann liegen beide Oberkanten bereits auf einem Niveau, und es verbleibt noch die Türschwelle. Ist auch die in ihrer Höhe nicht zu überwinden, muss eine neue Türe mit einem entsprechenden unteren Abschluss eingebaut werden, der dann für Schwellenfreiheit sorgt. Doch auch hier ist Vorsicht geboten und der Rat von Fachleuten gefragt. Schnell können Fehler bei der Ausführung und falsche Einschätzungen der Situation zu Bauschäden führen.

Beratungsstellen
Beratungsstelle Barrierefreies Bauen der
Bayerischen Architektenkammer
Haus der Architektur, Waisenhausstraße 4
80637 München
Telefon (0 89) 13 98 80–31
www.byak.de
Jeden Dienstag 15.00–17.00 Uhr
Die Beratung ist kostenfrei

Beratungsstelle Barrierefreies Bauen der
Bayerischen Architektenkammer
Baumeisterhaus der Stadt Nürnberg, Bauhof 9
90402 Nürnberg
Jeden ersten und dritten Donnerstag im Monat 15.00–17.00 Uhr
Die Beratung ist kostenfrei

Literatur

Lothar Marx, Barrierefreie Wohnungen – Planungsgrundlagen, Leitfaden für Architekten, Fachingenieure, Bauherren zur DIN 18025, Teil 1 und Teil 2, Ausgabe 1992, Herausgeber: Oberste Baubehörde im Bayerischen Staatsministerium des Inneren; Bayerisches Staatsministerium für Arbeit und Sozialordnung, Familie und Frauen; Bayerische Architektenkammer

Johann Ebe, Michael Klingseisen, Dieter Richthammer, Jörg Nußberger, Öffentlich zugängige Gebäude und Arbeitsstätten – Planungsgrundlagen, Leitfaden für Architekten, Fachingenieure, Bauherren zur DIN 18024, Teil 2, Ausgabe 1996, Herausgeber: Oberste Baubehörde im Bayerischen Staatsministerium des Inneren; Bayerisches Staatsministerium für Arbeit und Sozialordnung, Familie und Frauen; Bayerische Architektenkammer

Johann Ebe, Dieter Richthammer, Straßen, Plätze, Wege, Öffentliche Verkehrs- und Grünanlagen sowie Spielplätze – Planungsgrundlagen, Leitfaden für Architekten, Fachingenieure, Bauherren zur DIN 18024, Teil 1, Ausgabe 1998, Herausgeber: Oberste Baubehörde im Bayerischen Staatsministerium des Inneren; Bayerisches Staatsministerium für Arbeit und Sozialordnung, Familie und Frauen; Bayerische Architektenkammer

Die obengenannten Broschüren sind kostenfrei zu beziehen bei der Obersten Baubehörde im Bayerischen Staatsministerium des Inneren und bei der Bayerischen Architektenkammer

Barbara Brasse, Michael Klingseisen, Ulla Schirmer (Hrsg.), Alt sein – aber nicht allein, Neue Wohnkultur für Jung und Alt. Ein Lesebuch der Anstiftung, Münster 1993

Joachim Brech, Michael Klingseisen, Martin Späth, Peter Schmidt, Integriertes Wohnen – Ein Modell für sozialen Wohnungsbau, Darmstadt 1994

Pflegen zu Hause
Was können Angehörige leisten?

Von Wilfried Mück

Pflegebedürftigkeit ist in den meisten Familien ein Tabu. Gespräche über den «Fall der Fälle», den möglichen Eintritt der Pflegebedürftigkeit, enden meist emotional und abrupt: «Noch komme ich allein zurecht.» Oder: «Da sterbe ich eher.» Oder, verhalten optimistisch, aber ohne sich sicher zu sein: «Meine Kinder sorgen schon für mich.» Oder: «Mutter zu Hause pflegen? Das schaffe ich nie.»

Dennoch: Wenn der Ernstfall eintritt, greift die familiäre Verbundenheit in den meisten Fällen noch immer. Die Familie ist nach wie vor der größte Pflegedienst der Nation. Rund 1,4 Millionen Pflegebedürftige – das sind 70 Prozent aller Pflegebedürftigen – werden zu Hause gepflegt.[1] Die Inanspruchnahme stationärer Pflege ist in den letzten Jahren leicht angestiegen, doch die Bereitschaft zur Pflege von Angehörigen ist ungebrochen; und das nicht nur für einige Wochen, sondern über Monate und Jahre hinweg, oft rund um die Uhr.

Das private Pflegeengagement folgt dem Wunsch der meisten alten Menschen, möglichst lange in den eigenen vier Wänden zu bleiben. Es ist auch politisch erwünscht, weil es billiger ist als eine Unterbringung in einem Pflegeheim.

Rechtzeitige Vorbereitung auf die Pflegebedürftigkeit

Was jahrelang verdrängt wurde, kann von einer Stunde auf die andere eine Entscheidung verlangen. Soll der alte Vater nach einem Schlaganfall zu Hause gepflegt werden? Schaffen wir das überhaupt? Soll er in ein Heim umziehen? Können wir die Kosten bezahlen? Was will er eigentlich selber? Wenn er nicht mehr sprechen kann: Was hätte er jetzt gewollt? Wer soll die gesetzliche Betreuung übernehmen, wenn er seine Angelegenheiten nicht mehr selbst regeln kann?

Die Entscheidungen über diese Fragen dürfen nicht unter emotionalem Zwang und zeitlichem Druck entschieden werden. Dafür sind sie zu wichtig. Sie legen schließlich fest, wo und wie ein Mensch die letzte Zeit seines Lebens verbringen wird. Die Entscheidung greift auch massiv in das Leben der Menschen ein, die ihn möglicherweise zu Hause pflegen. Deshalb sollte man mit dem Lebenspartner und in der weiteren Familie rechtzeitig und ohne äußeren Druck darüber reden. Rechtzeitig, das heißt dann, wenn die Betroffenen noch selber Wünsche äußern können, wenn die Pflegebedürftigkeit noch nicht eingetreten ist, wenn es noch Entscheidungsalternativen gibt. «Grübeln und Spekulieren über den ‹Fall der Fälle›, über gegenseitige Erwartungen und Befürchtungen können ein solches Ausmaß annehmen, dass die Schatten sich auch über die ‹guten› Tage legen. Dann kommt es darauf an, ob es in der Familie schon früher erprobt wurde, über die eigenen Gefühle zu sprechen und die eigenen Gefühle dabei ernst zu nehmen. Es erscheint nicht einfach, ein offenes Gespräch in der Familie anzufangen, ohne dass ein konkreter ‹Notfall› vorliegt, der rasche Entscheidungen verlangt.»[2]

Mit welchen Gefühlen geht man in solche Gespräche? Die erwachsenen Kinder und ihre Familien sowie die Lebenspartner älterer Menschen müssen wissen: «Handeln aus bloßer Pflichterfüllung birgt auch bei der Pflege alter Menschen immer das Risiko in sich, dass diese Haltung zum Nährboden für negative Gefühle wie Hass oder Rache für die entgangenen Chancen und Einschränkungen des eigenen Lebens wird.»[3] Sie müssen auch verstehen, dass unangebrachte Fürsorglichkeit von alten Menschen als Entmündigung erlebt und abgelehnt werden kann. Die alten Menschen müssen akzeptieren, dass eine Pflege zu Hause nicht in jedem Fall möglich ist und dass sie ihre Kinder und deren Familien auch nicht überfordern dürfen.

Anlässe für ein erstes Gespräch gibt es genug, ohne dass man gleich mit der persönlichen Frage «Was sollen wir tun, wenn du pflegebedürftig wirst?» emotionale Blockaden aufbauen muss. Solche unverfänglichen Anlässe können sein: Zeitungsartikel und Fernsehsendungen, Pflegefälle in der Nachbarschaft oder im Bekanntenkreis, Tage der offenen Tür in Einrichtungen. Wer den Anstoß zu einem ersten Gespräch gibt und wer dabei ist, das hängt ab von der jeweiligen Situation, den sozialen und emotionalen Beziehungen, der bisherigen Gesprächskultur. In manchen Fällen treffen sich zuerst die erwachsenen Kinder besser allein. In anderen setzen sie sich zuerst mit ihren Partnern und Kindern zusammen. In manchen Fällen sind die alten Eltern sofort dabei, in anderen mag es ratsamer sein, sie erst später hinzuzuziehen, wenn man die ersten Probleme ausdiskutiert hat. Wichtig ist nur: Zu irgendeinem Zeitpunkt müssen alle zu einem offenen Gespräch an einen Tisch. Dabei sollten die Kinder keine fertigen, unveränderbaren Lösungen präsentieren, sondern die Meinung der Älteren hören und in die Entscheidung einbeziehen.

Bei diesen Gesprächen sollte man auch über Verbesserungen im aktuellen Alltag reden, die ein selbstständiges Leben der alten Menschen weiterhin ermöglichen. Dabei kann es sich zum Beispiel um kleine bauliche Veränderungen in der Wohnung handeln (wie Haltegriffe im Bad) oder die Organisation von Einkäufen. Wenn die gesundheitliche Situation der alten Menschen bereits recht prekär ist, sollte man bald mit einem professionellen Pflegedienst sprechen.

Niemand vermag zu Beginn einer Pflege abzuschätzen, wie hoch das Ausmaß der körperlichen, seelischen und sozialen Belastung im Lauf der Zeit sein wird. Deshalb sollten sich alle Beteiligten von vornherein einig sein, dass eine für die Pflege zu Hause getroffene Entscheidung auch wieder zurückgenommen werden kann. Oft hört man von älteren Menschen Äußerungen wie: «Ins Heim gehe ich nicht. Lieber bringe ich mich um.» Mit solchen Drohungen setzen sie ihre Angehörigen massiv unter Druck. Man darf ihnen sehr deutlich zu verstehen geben, dass ein solches Verhalten schlicht unmoralisch ist.

Ein Angehöriger wird pflegebedürftig

Was ist zu tun, wenn ein Angehöriger pflegebedürftig geworden ist oder seine Pflegebedürftigkeit in naher Zukunft absehbar ist?

Erstberatung: Wo erhält man eine umfassende Erstberatung als pflegender Angehöriger? Die Freien Wohlfahrtsverbände (Arbeiterwohlfahrt, Deutscher Caritasverband, Deutsches Rotes Kreuz, Diakonisches Werk, Der Paritätische Wohlfahrtsverband, Zentralwohlfahrtsstelle der Juden in Deutschland), die Kommunen (in der Regel das Sozialamt), die Pfarreien, die Kranken- und Pflegekassen oder andere Einrichtungen der Gesundheitshilfe (Krankenhäuser, häusliche Pflegedienste, Selbsthilfegruppen) helfen weiter.

Ergänzende professionelle Hilfen: Wo findet man ergänzende professionelle Hilfen, zum Beispiel einen ambulanten Pflegedienst, Essen auf Rädern, teilstationäre Angebote wie Tages- und Nachtpflege oder Kurzzeitpflege? Auch hier wendet man sich an die oben genannten Institutionen. Die Kranken- und Pflegekassen halten Listen der Pflegedienste bereit, mit denen sie Verträge abgeschlossen haben. Bei den Pflegediensten erkundigt man sich ausführlich und, wenn es sein muss, hartnäckig nach den Leistungen.[4]

Finanzielle Leistungen: Welche finanziellen Leistungen sind aus der Pflegeversicherung und der Krankenversicherung zu erwarten? Hier wendet man sich an seine Kranken- und Pflegekasse. Wichtig ist es, den Antrag auf finanzielle Leistungen der Pflegeversicherung sofort nach Eintritt der Pflegebedürftigkeit zu stellen, da Leistungen – sollte eine Einstufung in eine leistungsbegründende Pflegestufe erfolgen – ab der Antragstellung gezahlt werden, frühestens jedoch ab dem Zeitpunkt, ab dem die gesetzlichen Anspruchsvoraussetzungen vorliegen. Um diese zu prüfen, kommt der «Medizinische Dienst der Krankenversicherung» (MDK) in die Wohnung und begutachtet die pflegebedürftige Person; bei dieser Begutachtung sollte eine Pflegefachkraft eines Pflegedienstes dabei sein. Wird eine Einstufung in eine Pflegestufe durch den MDK abgelehnt, hat man die Möglichkeit, Einspruch zu erheben.

Pflegehilfsmittel: Welche Pflegehilfsmittel sind notwendig und wie können diese beschafft werden? Zu den Pflegehilfsmitteln gehören zum Beispiel ein Pflegebett, Haltemöglichkeiten an Toilette, Dusche und Badewanne, Badelifter, Toilettenstuhl, Rollstuhl. Hier wendet man sich an seine Kranken- und Pflegekasse (die nur nach einer vorherigen Genehmigung zahlen!) oder einen professionellen Pflegedienst. Die Kosten für viele Pflegemittel werden von den Kassen übernommen. Manche Pflegehilfsmittel wie Pflegebetten oder Lifter kann man bei den Pflegediensten oder bei Sanitätshäusern leihen.

Bauliche Änderungen: Welche baulichen Änderungen sind im Haus oder der Wohnung vorzunehmen? Gibt es hierfür Zuschüsse? Hier wendet man sich zum Beispiel an eine Beratungsstelle der Wohlfahrtsverbände oder einen Pflegedienst. Zuschüsse für manche Baumaßnahmen geben die Pflegekassen. Bevor man eine bauliche Änderung vornimmt, sollte man deshalb mit der Pflegekasse Kontakt aufnehmen. Informationen findet man im Internet unter www.wohnungsanpassung.de.

Rehabilitationsangebote: Gibt es Rehabilitationsangebote oder therapeutische Angebote wie Krankengymnastik, die in Anspruch genommen werden können? Ärzte, Pflegedienste, Krankenhäuser oder geriatrisch ausgerichtete Kliniken geben hier Auskunft.

Krankenpflegekurse: Wo kann man fundierte Tipps für die Gestaltung der häuslichen Pflege erhalten? Krankenpflegekurse der Pflegedienste bieten die Möglichkeit, das notwendige Knowhow für die Grundpflege im häuslichen Bereich zu erwerben. In diesen Kursen werden auch Kontakte zu anderen pflegenden

Angehörigen aufgebaut, die Unterstützung und Begleitung sein können. Die Kosten übernimmt die Pflegekasse, wenn der Patient in eine Pflegestufe eingruppiert ist. Möglich ist auch eine Einzelschulung zu Hause.

Selbsthilfegruppen für pflegende Angehörige: Gibt es Selbsthilfegruppen für pflegende Angehörige, mit denen man sich austauschen kann? Diese Gruppen sind wichtig, da sie Rückhalt in dieser belastenden Lebensphase sind. Betroffene sind sich gegenseitig Stütze und Hilfe.

Ehrenamtliche Hilfe: Können Ehrenamtliche oder Personen aus dem sozialen Umfeld, etwa Nachbarn, ergänzende Dienste übernehmen? Zu diesen Diensten zählen zum Beispiel stundenweise Präsenz beim Pflegebedürftigen, Zubereiten von Mahlzeiten, Einkaufen, hauswirtschaftliche Dienste. Diese ehrenamtlichen Dienste sind vor allem für berufstätige Pflegepersonen eine große Hilfe. In manchen Orten gibt es auch ehrenamtliche Helferkreise, meist in Zusammenhang mit einem Pflegedienst oder einer Pfarrgemeinde. Manche ihrer Dienste sind kostenfrei, für andere wird eine kleine Aufwandsentschädigung erhoben.

Praktische Tipps

Der pflegebedürftige Mensch bleibt derselbe Mensch wie vor dem Eintritt der Pflegebedürftigkeit, unabhängig von der Art und Schwere seiner Krankheit oder Behinderung. Er behält uneingeschränkt seinen Anspruch auf Zuwendung und Respekt, auf Vertrauen und Liebe.

Verstehen kann man einen Kranken nur, wenn man über seine Krankheit informiert ist. Diese Informationen geben am besten der Hausarzt, die Fachpflegekräfte und die Literatur. Beide, der Pflegebedürftige und die Pflegeperson, können oft lange Zeit die neue Situation nicht annehmen. «Es braucht Zeit, sich mit den tiefgreifenden Veränderungen zu arrangieren. Man wird Fehler in der Behandlung des Pflegebedürftigen machen. So manches Verhalten empfindet man vielleicht als boshaft oder als Schikane, obwohl es gar nicht persönlich genommen werden muss, sondern auf den Abbau von Fähigkeiten zurückzuführen ist. Auch wird es vorkommen, dass man andere ungerecht behandelt und vor den Kopf stößt, die helfen wollen.»[5] Hier können Gespräche mit anderen Pflegepersonen oder Fachpflegekräften weiterhelfen.

Pflegen ist mehr als das Anlegen von Verbänden, das Waschen, Baden oder das Fiebermessen. Die folgenden Tipps sollen Aufmerksamkeit wecken für einige wichtige Punkte, mit denen sich jede Pflegeperson auseinander setzen muss. Eine erschöpfende Darstellung ist nicht einmal ansatzweise möglich. Es wird verwiesen auf Fachliteratur[6] oder Druckschriften von Ministerien.[7] Allen pflegenden Angehörigen wird darüber hinaus die Teilnahme an einem Kurs für häusliche Pflege dringend empfohlen.

Was der Pflegedürftige selber machen kann, das soll er auch selber tun. Übertriebene Fürsorglichkeit gibt dem Kranken zu wenig Raum für Eigeninitiative und Eigenverantwortung. «Je mehr Sie den geschwächten Menschen fordern, das heißt, je geduldiger Sie manchmal warten, dass er sein Hemd selbst zuknöpft, seine Mahlzeit ohne Ihre Hilfe isst, umso mehr tun Sie für seine Gesundheit – geistig-seelisch und auch körperlich. Er erhält die Chance, verlorene Fähigkeiten wieder einzuüben und mehr oder weniger gut neu zu beherrschen. Gleichzeitig nehmen Sie ihm ein wenig von der Last ab, hilflos und abhängig auf jede Ihrer Handreichungen angewiesen zu sein.»[8] Eine aktivierende Pflege steht somit im Vordergrund.

Kommunikation: Pflegebedürftige drohen zu vereinsamen. «Im persönlichen, direkten ‹In-Beziehung-Treten› mit einem Menschen (Kommunikation) über Sprache, Gestik, Mimik und Körperkontakt entstehen Vertrauen und Hoffnung. Ein Gespräch am Bett ermöglicht dem Pflegebedürftigen, seine Ängste und Zweifel zu äußern und seine Wünsche, Hoffnungen und seine Freude verbal oder nonverbal mitzuteilen.»[9] Er soll zum Sprechen motiviert werden (Nicht: Hast du Hunger? Sondern: Was möchtest du essen?). Wichtig ist, dass über alle Themen gesprochen wird, nicht nur über die Pflegebedürftigkeit. Besuche von

Verwandten und Bekannten geben das Gefühl, weiterhin dazuzugehören. Rundfunk, Fernsehen und Zeitungen sollten auf Wunsch zugänglich sein. Grundsätzlich redet man mit pflegebedürftigen Menschen ganz normal und lässt sie so am Leben außerhalb des Krankenzimmers teilhaben. Das gilt auch für schwerstpflegebedürftige Menschen, denn niemand weiß, was sie noch wahrnehmen können.

Pflegezimmer: Ein ideales Pflegezimmer ist sonnig, lärmgeschützt und für die Angehörigen leicht erreichbar, insbesondere wenn der Pflegebedürftige dauerhaft bettlägerig ist. Die Zimmertemperatur beträgt gleich bleibend 18 bis 20 Grad Celsius, regelmäßiges Lüften ist dringend erforderlich. Unbedingt notwendig ist ein professionelles Pflegebett, das in der Höhe leicht verstellbar ist und die notwendigen Zusätze (u. a. Bettbügel, Matratzenschutz, Spannbetttücher, Stecklaken, leichte, aber warme Decke, Baumwollbettwäsche) hat. Zur Erleichterung der Pflege soll das Bett mindestens von zwei Seiten zugänglich sein und mit Blick zum Fenster oder zur Tür stehen. Persönliche Gegenstände des Pflegebedürftigen (wie Bilder, Fotos, Kreuz) tragen sehr zu einer wohltuenden Atmosphäre bei.

Wohnung: Ist der Pflegebedürftige nicht dauernd bettlägerig, soll die gesamte Wohnung den körperlichen Einschränkungen angepasst werden (zum Beispiel Haltegriffe an den Wänden, rutschfester Bodenbelag, Beseitigung von Stolperfallen). Das Bad muss in jedem Fall pflegegerecht ausgestaltet werden (zum Beispiel breite Tür, pflegegerechte Dusche ohne Schwelle statt Badewanne).

Beobachtung des Pflegebedürftigen: Private Pflegepersonen sind weder Ärzte noch Pflegefachkräfte. Dennoch sollen sie, insbesondere wenn keine tägliche professionelle Pflege erfolgt, den Pflegebedürftigen genau beobachten, um Veränderungen seines Zustandes rechtzeitig erkennen und dem Arzt mitteilen zu können. In der Regel sind dabei insbesondere die Haut (Alarmzeichen: zum Beispiel Rötungen, erhöhte und niedere Hautspannung, übermäßiges Schwitzen, ungewohnter Hautgeruch nach Apfel oder Azeton), die Ausscheidungen (Alarmzeichen: zum Beispiel farbliche Veränderung des Urins oder blutiger Stuhl) und die Vitalzeichen (Alarmzeichen: zum Beispiel hoher Puls und Blutdruck, hohe Körpertemperatur, flache Atmung) zu beobachten. Auch seelische Stimmungen sind sensibel wahrzunehmen. Am besten, man spricht zunächst mit dem Arzt, lässt sich den Ist-Zustand erklären und achtet auf Abweichungen. Durch eine genaue Beobachtung können auch Zweiterkrankungen verhindert werden.

Verhinderung von Zweiterkrankungen: Zu den wichtigsten Zweiterkrankungen, insbesondere bei dauerhaft bettlägerigen Pflegebedürftigen, zählen Druckgeschwüre (Dekubiti), Lungenentzündung, Thrombosen und Gelenkversteifungen. Diese Erkrankungen können durch vorbeugende Maßnahmen verhindert oder zumindest erschwert werden. Als Dekubitusvorsorge gelten zum Beispiel richtige Lagerung, Hautpflege und Hilfsmittel wie geeignete Felle als Unterlage, Latexkissen und Wechseldruckmatratzen. Einer Lungenentzündung lässt sich zum Beispiel durch Aufsetzen, Abhusten bei Schleimbildung, Einreibung der Schulterblätter mit Franzbranntwein oder Lavendelspiritus, reichlich Flüssigkeitszufuhr, Durchlüften des Zimmers, tiefes Ein- und Ausatmen und andere Atemübungen vorbeugen. Gegen eine Thrombose schützen Stütz- und Kompressionsstrümpfe, Atem-, Fuß- und Beingymnastik, Wechselbäder, Einreibungen und die zeitweilige Hochlagerung der Beine. Zur Vorbeugung gegen Gelenkversteifungen hilft regelmäßiges Bewegungstraining.

Heben, Tragen und Bewegen des Pflegebedürftigen: In Pflegekursen können kräfte- und rückenschonende Methoden erlernt werden.

Stärkung der Muskelkräfte: Hier empfehlen Pflegefachkräfte isometrische Übungen, die ebenfalls in Pflegekursen erlernt werden können.

Gesunde Ernährung: Zu achten ist auf eine ausgewogene und vollwertige Ernährung. Als täglicher Grundumsatz eines erwachsenen bettlägerigen Menschen werden von Fachleuten genannt: 400 Gramm Kohlenhydrate, 55 Gramm Fette, ein bis zwei Gramm Eiweiße je Kilogramm Körpergewicht, davon die Hälfte tierische Eiweiße. Die Speisen sollen dem Krankheitsbild angepasst (gegebenenfalls passierte Kost), leicht verdaulich und ballaststoffreich sein. Lebensnotwendig ist ausreichendes Trinken; der tägliche Bedarf liegt bei eineinhalb bis zwei Litern pro Tag. Ausreichende Flüssigkeitszunahme verhindert Desorientiertheit und Verwirrtheit sowie Herz- und Kreislauferkrankungen. Um die Aufnahme von Nahrung zu verbessern, gibt es Hilfsmittel wie Spezialbestecke, Spezialgeschirr und Schnabeltassen.

Medikamentengabe: Man hält sich strikt an die Anweisungen des Arztes.

Körperpflege: Eine regelmäßige Ganzkörperpflege ist aus hygienischen und gesundheitlichen Gründen erforderlich. Dabei sollte man, um die eigene Gesundheit und den Kranken gleichermaßen zu schützen und zu schonen, Hilfsmittel wie Lifter, Duschstuhl, Toilettensitzerhöhungen oder Gleitmatten im Bett verwenden. Duschen ist weniger belastend als Baden.

Kleidung: Der nicht bettlägerige Pflegebedürftige sollte ganz normale Alltagskleidung, wie er es bisher gewohnt war, tragen. Für die Nacht empfiehlt sich saugfähige, atmungsaktive Baumwollwäsche.

Kontakt und Auseinandersetzung mit Ärzten, Pflegediensten, Behörden: Pflege erfordert heute ein hohes Maß an Bürokratie und Verwaltung. Zudem zeigen sich Kranken- und Pflegekassen, aber auch manche Ärzte immer zögerlicher bei der Verordnung und Finanzierung von Leistungen. «Pflegebedürftigkeit bedeutet Formalitäten und Termine ohne Ende. Immer wieder sind Anträge zu stellen, Atteste einzuholen, Fragebögen auszufüllen, Nachweise zu führen, Einsprüche zu erheben, Rezepte und Medikamente zu beschaffen, finanzielle Unterstützung zu suchen, mit Ärzten und Therapeuten die Behandlung abzustimmen und Gutachtern Erklärungen abzugeben.»[10] Hier braucht es zum Wohle des Patienten einen langen Atem. Pflegepersonen können sich Unterstützung holen bei Organisationen wie dem Sozialverband VdK, der seine Mitglieder bis hin zur ersten Instanz vor dem Sozialgericht kostenlos anwaltschaftlich vertritt.

Belastungen der Pflegepersonen

Einen Angehörigen zu pflegen, bedeutet immer eine Konfrontation mit den eigenen körperlichen und seelischen Möglichkeiten und Grenzen. Die pflegenden Angehörigen selbst schätzen ihre körperliche und seelische Belastung «als erheblich» ein.[11]

Zeitliche Belastungen: Für die Hauptpflegeperson ist die Pflege fast immer eine 24-Stunden-Aufgabe. Die meisten sagen, sie müssten rund um die Uhr verfügbar sein, und das zum Teil über Jahre hinweg. Mehr als zwei Drittel aller Pflegenden sind im erwerbsfähigen Alter, davon rund 45 Prozent erwerbstätig, überwiegend in Vollzeitstellen.[12] Dies führt zu Mehrfachbelastungen. Insbesondere unflexible Arbeitszeiten sowie fehlendes Einfühlungsvermögen im Kollegenkreis und Unverständnis des Arbeitsgebers belasten pflegende Angehörige zusätzlich. Soziale Kontakte sind nur noch eingeschränkt möglich oder brechen sogar ganz ab, die berufliche Karriere ist in Gefahr.

Finanzielle Belastungen: Eine Studie[13] weist nach, dass sich bei einem Drittel der pflegenden Angehörigen die finanzielle Lage mit Beginn der Pflege verschlechtert. Diese Zahlen widerlegen das Vorurteil, Pflegende würden sich durch Inanspruchnahme des Pflegegeldes am Pflegebedürftigen bereichern. In der Regel ist das Gegenteil der Fall: Wenn pflegende Angehörige ihre Berufstätigkeit aufgeben oder verkürzen, können die ausfallenden Gehaltsanteile nicht durch das Pflegegeld kompensiert werden, geschweige denn die Nachteile in der Rentenversicherung ausgleichen.

Seelische Belastungen:[14] Niedergeschlagenheit und Erschöpfung werden vor allem bei lange tätigen Pflegepersonen beobachtet. Dahinter verbergen sich oft seelische Belastungen wie die Trauer über den körperlichen und geistigen Abbau eines nahen Angehörigen, die Angst vor einer Verschlimmerung seines Zustandes, die Enttäuschung und Wut über nicht erfüllte und nicht mehr erfüllbare eigene Wünsche und Lebenspläne. Zukunftsangst und Versagensängste können sich breit machen, gerade dann, wenn der Pflegende mit dieser schweren Aufgabe allein gelassen wird. Manche Pflegepersonen kommen in einen psychischen Teufelskreis: Aus Überlastung wünschen sie sich den Tod des Gepflegten, haben Schuldgefühle, verstärken deshalb ihren Pflegeeinsatz und werden so selbst immer kränker. Sie geraten zunehmend stärker in die Abhängigkeit des zu Pflegenden, da dessen Bedürftigkeit die eigenen Bedürfnisse in den Hintergrund drängt.

Körperliche Belastungen: Pflegende Angehörige können durch die belastende Pflegetätigkeit selbst erkranken. Gestörte Nachtruhe, falsche Hebetechniken und das dauernde Dasein-Müssen führen bei vielen Pflegepersonen zu körperlicher Erschöpfung, zu Kreislaufproblemen und zu Schäden der Wirbelsäule.

Soziale Belastungen: Die zeitliche Beanspruchung und die Bindung an das Haus können zum Verlust sozialer Kontakte führen.

Familiäre Belastungen: In einer Familie mit einem pflegebedürftigen Mitglied dreht sich fast alles um den zu Pflegenden. Das führt manchmal zu Spannungen unter den anderen Familienmitgliedern, die sich von der Hauptpflegeperson vernachlässigt fühlen. Die oft über Jahre dauernde Überlastung der Pflegepersonen ist wohl auch ein Grund für Gewalt gegen Pflegebedürftige.[15]

Sicherung der Pflegefähigkeit und Pflegebereitschaft der Pflegepersonen

Unterstützung holen sich die Pflegepersonen viel zu selten. Nur einige haben an einem Krankenpflegekurs teilgenommen, ganz wenige tauschen sich regelmäßig mit Pflegefachkräften aus.[16] Unterstützung von außen ist aber notwendig, damit man eine längere Pflegetätigkeit ohne eigene gesundheitliche Schäden überstehen kann. Der Rat von Fachleuten an die Pflegepersonen ist eindeutig: «Gerade aus Respekt und erst recht aus Liebe zu dem Menschen, den Sie pflegen, müssen Sie topfit bleiben und regelmäßig Kraftreserven tanken. Und das kann nur funktionieren, wenn Sie nicht alles aufgeben, was Ihr Leben früher ausgemacht hat.»[17] Es nützt dem pflegebedürftigen Menschen nichts, wenn sich die Pflegeperson aufopfernd um ihn kümmert, aber dabei selbst immer kränker wird und schließlich die Pflege aufgeben muss.

Um die Pflegefähigkeit und Pflegebereitschaft nachhaltig zu sichern, braucht die häusliche Pflege in jedem Einzelfall mehrere sichere Säulen (den Arzt, den ambulanten Pflegedienst und andere Pflegepersonen), damit ihr Fundament, der pflegende Angehörige, keinen Schaden nimmt. Beim regelmäßigen Kontakt zu einem Arzt darf es nicht nur um die Gesundheit des Pflegebedürftigen gehen, sondern auch um die Gesundheit der Pflegeperson. Der ambulante Pflegedienst soll den Kranken und die häusliche Situation frühzeitig kennen lernen, um bei Bedarf problemlos einspringen zu können, wenn er nicht schon von Anfang an regelmäßig in die Pflege einbezogen wird. Insbesondere andere Familienmitglieder, aber auch Nachbarn und Bekannte sollen in die Pflege nach ihren Möglichkeiten eingebunden werden, damit die Pflege nicht auf einer einzigen Person lastet.

Wohlfahrtsverbände bieten «Auftankwochen für pflegende Angehörige» an. Die Betreuung des Pflegebedürftigen kann in dieser Zeit durch Aufnahme in die professionelle Kurzzeitpflege erfolgen. Entlastung bieten auch Einrichtungen der Tagespflege und der Nachtpflege. Für das dauernde «seelische Auftanken» sind Selbsthilfegruppen von pflegenden Angehörigen eine gute Einrichtung.

Die körperliche Gesundheit der pflegenden Person ist nicht nur für diese selbst, sondern auch für den Pflegebedürftigen wichtig. Um die schwere Belastung durch das Heben und Tragen des pflegebedürftigen Menschen auszugleichen, sollten Pflegepersonen regelmäßig an Gymnastikübungen in Sportschulen oder in Gruppen pflegebedürftiger Angehöriger teilnehmen und die Übungen auch zu Hause durchführen.

Finanzierungsfragen und soziale Absicherung der Pflegepersonen

Wer vom Medizinischen Dienst der Krankenversicherung in eine der drei Pflegestufen der Pflegeversicherung eingestuft worden ist, hat Anspruch auf finanzielle Leistungen.[18]

Die Pflegeversicherung ist keine «Vollkaskoversicherung». Sie deckt also nicht alle pflegebedingten Mehraufwendungen ab. Viele Pflegebedürftige, die von einem Pflegedienst gepflegt werden, müssen deshalb zusätzlich Geld für die Pflege aufwenden.

Wer keine oder keine ausreichenden finanziellen Leistungen aus der Pflegeversicherung erhält, kein Mitglied in einer Pflegekasse ist oder nicht genug Eigenmittel hat, kann beim örtlichen Sozialamt «Hilfe zur Pflege» beantragen. Voraussetzungen für die Gewährung sind die Angemessenheit und die finanzielle Bedürftigkeit.

Manche Pflegeleistungen der so genannten Behandlungspflege, die ein Pflegedienst erbringt, werden auch über die Krankenversicherung abgerechnet. Dazu gehören zum Beispiel Blutdruckmessen, Verbinden und Spritzen. Die Pflegeversicherung übernimmt die Leistungen der so genannten Grundpflege, die u. a. Hilfen beim An- und Auskleiden, Baden und Waschen, Körperpflege, Betten und Lagern oder Verabreichung von Sondennahrung umfasst. Seit Einführung der Pflegeversicherung versuchen die Krankenkassen, Leistungen der Behandlungspflege über die

Pflegeversicherung abzurechnen. Gelingt dies, wird das Budget der Pflegeversicherung geschmälert. Das bedeutet für den Pflegebedürftigen: Sein Geld aus der Pflegeversicherung reicht dann nur für «weniger Pflege», er muss mehr zuzahlen. Sollte es zu diesem Konflikt kommen, müssen Pflegebedürftige die Entscheidung der Krankenkasse nicht von vornherein akzeptieren, sondern können Widerspruch einlegen.

Mit Einführung der Pflegeversicherung ist die Leistung der pflegenden Angehörigen erstmals gesetzlich anerkannt worden. Grundsätzlich steht der Leistungsanspruch aus der Pflegeversicherung dem Pflegebedürftigen zu. Das Pflegegeld soll den pflegebedingten Mehraufwand zumindest teilweise auffangen und den Pflegebedürftigen in die Lage versetzen, der Pflegeperson eine finanzielle Anerkennung zukommen zu lassen. Pflegebedürftige, die keine «Sachleistungen» beziehen, sondern Geldleistungen oder Kombinationsleistungen, finden das Geld aus der Pflegeversicherung monatlich auf ihrem Konto. Sie sollten dieses Geld nicht horten, sondern ihrer Pflegeperson als Dank und Anerkennung weitergeben.

Als Pflegeperson in der häuslichen Pflege gilt im Sinne des Pflegeversicherungsgesetzes, wer nicht erwerbsmäßig wenigstens 14 Stunden wöchentlich in der häuslichen Umgebung pflegt. Pflegepersonen sind über die Pflegeversicherung auch sozialversichert. Für die Pflegepersonen, die nicht mehr als 30 Stunden wöchentlich erwerbstätig sind, zahlt die Pflegeversicherung Beiträge zur gesetzlichen Rentenversicherung. Pflegepersonen sind während ihrer Pflegetätigkeit und bei allen Tätigkeiten und Wegen, die mit der Pflege zusammenhängen, auch unfallversichert.

Die heikle Frage Pflegeheim

Man sollte sich schon vor dem Eintritt der Pflegebedürftigkeit eines Angehörigen, spätestens bei ihrem Eintritt eine heikle, aber notwendige Frage stellen: Käme nach sachlicher Abwägung aller Fakten nicht doch ein Heimaufenthalt für den Pflegebedürftigen in Frage? Angehörige sind bei dieser Entscheidung häufig überfordert. Sie sind bestrebt, den Wunsch des Familienangehörigen, in der gewohnten Umgebung zu bleiben, so lange als möglich zu erfüllen. Doch irgendwann stoßen sie an die Grenzen der eigenen Belastbarkeit. Nun muss die Frage nach dem Pflegeheim gestellt werden.[19]

Leichter tun sich die Pflegenden, wenn in einer «Familienkonferenz» vorab über diese Frage gesprochen worden ist und die Meinung des pflegebedürftigen Angehörigen bekannt ist. Aber es kann auch Situationen geben, in denen man sich an eigene Zusagen («Wir pflegen dich immer zu Hause!») nicht mehr gebunden fühlen muss. Niemand, auch kein naher Angehöriger, kann von einer Pflegeperson verlangen, sich selbst und ihre Familie durch die Pflege körperlich und seelisch zu schädigen.

In Beratungsgesprächen mit dem professionellen Pflegepersonal können Angehörige behutsam der Frage nachgehen, ob der künftige Aufenthalt in einem Pflegeheim eine geeignete Alternative darstellt. Fällt eine Entscheidung für das Leben im Heim, muss sich die Pflegeperson – zumal nach einer langen häuslichen Pflege – keine Vorwürfe machen. Bei der Suche nach einem geeigneten Heim soll man sich – Zeit und Auswahl vorausgesetzt (auch hier gilt: sich rechtzeitig vor dem «Fall der Fälle» informieren!) genau erkundigen, zum Beispiel bei Ärzten und Pflegediensten. Man sollte selber die Heime besuchen, auch unangemeldet. Vor dem Einzug ist ein ausführliches Gespräch der bisherigen Pflegeperson mit einem oder mehreren Verantwortlichen im Heim angezeigt. Dieses Gespräch wird vom Heim meist auch gewünscht, damit sich die Pflegekräfte ein umfassendes Bild von dem neuen Heimbewohner, von seinen Wünschen und Vorlieben, Ängsten und Eigenheiten machen können. Wichtig ist es für ihn, einige Dinge aus seinem bisherigen Leben mitnehmen zu können, zum Beispiel Bilder, Bücher, Bettwäsche, einen Tisch oder Stuhl.

Immer wieder gibt es Konflikte zwischen den Pflegekräften im Heim und den Angehörigen der Heimbewohner. Mitunter ist es eine unbewusste Folge von Schuldgefühlen, wenn die bisherige Pflegeperson dem Pflegepersonal Vorwürfe wegen angeblich unzureichender Pflege macht. «Zum Wohle der Pflegebedürftigen ist es wichtig, dass Angehörige und Pflegepersonal sich gegenseitig mit den verschiedenen Fähigkeiten, Fertigkeiten und Erfahrungen schätzen lernen. Die Pflegekräfte haben aufgrund ihrer speziellen Ausbildung einen professionellen Umgang mit den Heimbewohnern.»[20] Kein Heim kann dabei freilich die Familie ersetzen. Angehörige sollten oft Besuche im Heim machen und den Kontakt zu ihrem pflegebedürftigen Mitglied halten. Sie können sich auch im Heim ehrenamtlich engagieren.

Am Ende steht der Tod

Spricht man schon kaum über Pflegebedürftigkeit, so redet man noch viel weniger über den Tod. Aber der Tod steht unausweichlich am Ende jeden Lebens. Man darf vermuten, dass die meisten pflegebedürftigen Menschen ihren bevorstehenden Tod erahnen. Manche können darüber sprechen, andere nicht, oft um die Angehörigen zu schonen. Erst im Rückblick kann man manche Worte und Gesten als Wissen um den nahen Tod deuten. Pflegepersonen sollten deshalb aufmerksam die Signale pflegebedürftiger Menschen beachten. Religiöse Menschen wünschen sich einen Priester am Krankenbett. Diesen Wunsch sollte man erfüllen, auch wenn ihn der Pflegebedürftige nicht mehr äußern kann. Die häusliche Pflege kann gerade in den letzten Monaten, Wochen oder Tagen besonders belastend werden. Hier muss man Hilfe holen. Palliativmedizin kann die Schmerzen lindern. Ehrenamtliche Mitarbeiterinnen und Mitarbeiter der Hospizbewegung helfen bei der Betreuung und Wache am Sterbebett.

Ist der Angehörige gestorben, entstehen bei der Pflegeperson oft widersprüchliche Gefühle wie Erleichterung über das Ende einer Aufgabe, die die Kräfte zu überfordern drohte, und Trauer über den Verlust eines geliebten Menschen. Beiden Gefühlen darf man offenen Lauf lassen. Viele Pfarrgemeinden und Hospizdienste haben Trauergruppen eingerichtet, in denen man mit Menschen in der gleichen Situation sprechen kann.

Die Situation pflegender Angehöriger ist eng mit den Leistungen aus der Pflegeversicherung und mit der gesellschaftlichen Anerkennung dieser schwierigen Tätigkeit verknüpft. Es ist eine vordringliche Aufgabe aller Verantwortlichen in Politik und Gesellschaft, auf eine Verbesserung der Rahmenbedingungen für die Pflege insgesamt und besonders im Bereich der häuslichen Pflege beim größten Pflegedienst der Bundesrepublik, nämlich die pflegenden Angehörigen, hinzuarbeiten.

Literatur

Ingeburg Barden, Alfred Vogel, Georg Wodraschke, Der große TRIAS-Ratgeber Hauskrankenpflege, Stuttgart 1998

Verbraucher-Zentrale Nordrhein-Westfalen (Hrsg.), Pflegende Angehörige. Balance zwischen Fürsorge und Entlastung, Düsseldorf 2002

Wenn Sie Rat suchen ...

wenden Sie sich an die Wohlfahrtsverbände: Arbeiterwohlfahrt, Caritasverband, Deutsches Rotes Kreuz, Diakonisches Werk, Der Paritätische Wohlfahrtsverband, Zentralwohlfahrtsstelle der Juden in Deutschland.

Das Kartell des Schweigens brechen

Engagement für eine menschenwürdige Altenpflege

Von Claus Fussek

In meinem Büro stehen 150 Aktenordner mit weit über 30000 erschütternden und dramatischen Briefen, E-Mails und Gesprächsnotizen von Anrufen. Rund 70 Prozent stammen von verzweifelten Pflegekräften aus dem ganzen Bundesgebiet, die mir in den letzten acht Jahren über schockierende und häufig unglaubliche Erfahrungen in Heimen und Krankenhäusern berichtet haben. Viele bleiben anonym – aus Angst vor arbeitsrechtlichen Konsequenzen oder Mobbing. Die meisten Pflegekräfte wirken traumatisiert und sind vollkommen am Ende. Ich erhalte auch Briefe und Anrufe von Angehörigen, die Ähnliches berichten. Diese Schilderungen sind oft schwer erträglich, das ganze Ausmaß ist kaum zu begreifen und zu beschreiben.

Die geschilderten Erfahrungen werden inzwischen weitgehend auch durch den Medizinischen Dienst der Krankenversicherung (MDK) bestätigt. Er hat selbst bei überwiegend angemeldeten Kontrollen festgestellt, dass zum Beispiel die Nahrungs- und Flüssigkeitszufuhr in einem Teil der Pflegeheime in Deutschland nicht mehr sichergestellt ist. Durch unsachgemäße Pflege und Zeitnot des Pflegepersonals bekommen alte Menschen schwere Druckgeschwüre. Alte Menschen sterben direkt oder indirekt an den Folgen eines Dekubitus, an Durchliegegeschwüren, die durch gute Pflege weitgehend vermieden werden könnten. Windeln und Dauerkatheter gelten inzwischen als die «Pflege erleichternde» und damit auch als die «Pflege vermeidende Maßnahmen», obwohl die Pflegekräfte in der Ausbildung zum Beispiel Toilettentraining gelernt haben. Pflegebedürftige bekommen eine

Magensonde, weil die Zeit fehlt, um einem Menschen mit Schluckproblemen das Essen mit der notwendigen Ruhe und Würde zu geben. Wenn eine Magensonde gelegt wird, wenn Katheter gesetzt werden, obwohl der alte Mensch durchaus noch mit ein bisschen Hilfe zur Toilette gehen könnte, wenn es statt Zuwendung Beruhigungsmittel gibt – dann muss man von «menschenunwürdigen Zuständen» sprechen. Menschen kommen tage- und wochenlang nicht aus dem Bett und an die frische Luft. Es findet zu wenig Gebisspflege statt, die Menschen haben Zahnschmerzen, die nicht behandelt werden. Pflegekräfte berichten, dass sie die rechtlich vorgeschriebenen Dokumentationen fälschen, um den Anschein einer funktionierenden Pflege zu erwecken. Diese Mitarbeiter übersehen, dass sie sich wegen Urkunden- und Dokumentenfälschung strafbar machen. Zeitnot führt zu entwürdigender Pflege. Die ganze Verzweiflung einer Pflegekraft zeigt sich in dem bei einer Diskussion geäußerten Wunsch, «wenigstens zwölf Minuten einem sterbenden Menschen die Hand zu halten». Menschen werden im Bett und im Stuhl «fixiert», «weil sie unruhig sind» und niemand Zeit für sie hat. Ursprünglich motiviertes und qualifiziertes Personal steht massiv unter Druck, verabreicht Psychopharmaka als Medikament gegen Zeitnot und nicht finanzierte Zuwendung. Wenn Altenpfleger nachts zu zweit für 150 pflegebedürftige Menschen verantwortlich sind, dann ist eine würdige Pflege nicht mehr möglich. Die damit Belasteten beschreiben diese Arbeitsbedingungen so: «Eigentlich darf ich meinen Dienst unter diesen Bedingungen gar nicht antreten.» Die Folgekosten für die Pflegefehler, die bis zu Beinamputationen reichen, gehen in die Milliarden Euro. Wenn man dieses Geld für eine bessere Pflege verwenden würde, könnte man solche schwerwiegenden Fehler weitgehend verhindern. Die Rechtsmedizin versucht inzwischen, diese gravierenden Verletzungen der Menschenwürde öffentlich zu machen.

Pflegekräfte werden durch die Rahmenbedingungen gezwungen, ihr Berufsethos, ihr christliches Menschenbild, ihre Fachlichkeit zu verraten. Eine couragierte Altenpflegerin klagt in einem offenen Brief an: «Zu einer Frau, deren Kontrakturen in den Beinen sich immer mehr verschlimmern, habe ich immer wieder gesagt: Wenn wir zu dritt in der Schicht sind, dann hole ich Sie raus, das verspreche ich Ihnen. Zweimal konnte ich sie aus dem Bett in den Rollstuhl mobilisieren. Ich fuhr sie in die Wohnküche, in der sie sich früher auch aufgehalten hatte. Ihre Augen strahlten, als sie von den anderen Bewohnern begrüßt wurde, sie hatten die Frau schon lange nicht mehr gesehen. Leider war mir nicht jede Kollegin bei meinem Vorhaben behilflich, und die Personalbesetzung war so knapp, dass ich keine Gelegenheit mehr hatte, dies zu wiederholen. Somit wird sie wohl den Rest ihres Lebens im Zimmer verbringen und darf alle drei Stunden eine andere weiße Wand im Zimmer anstarren. Jedes Mal, wenn ich der Frau in die Augen schaue, habe ich ein schlechtes Gewissen, weil ich nicht in der Lage bin, mein Versprechen zu halten. Sie ist untertags alleine im Zimmer, die einzige Abwechslung, die sie hat, ist, wenn eine Schwester eine pflegerische Tätigkeit bei ihr ausführt. Ein Radio, das ich im Zimmer aufgestellt hatte, wurde wieder entfernt.» In den Arm nehmen, einem Sterbenden die Hand halten, trösten, heißt inzwischen in manchen Kreisen zynisch «Kaviarleistung».

Altenpflege ist Arbeit an der Belastungsgrenze

Pflegekräfte arbeiten jahrelang an der Belastungsgrenze: «Ich kann nicht mehr.» Auch der Medizinische Dienst in Bayern bestätigt in einem Gutachten über ein Heim: «Eine wünschenswerte und auf Dauer zufriedenstellende Versorgung der Pflegebedürftigen kann nicht mit minimaler personeller Besetzung durchgeführt werden. Dies gilt jedoch nicht speziell für diese Einrichtung, sondern zeigt sich in allen bisher besuchten Pflegeheimen.»

Seit über zehn Jahren ist bekannt, dass rund 80 Prozent der Pflegekräfte nach fünf Jahren den Beruf aufgeben. Hoch motivierte Pflegeschüler hören bereits in der Ausbildung auf. Ein Krankenstand beim Personal eines Heimes von über 30 Prozent ist keine Seltenheit. Ärzte berichten von Pflegekräften, die sich «gesund schreiben lassen», weil «sonst überhaupt niemand da ist». Ein Thema, das offenbar die Krankenkassen und Berufsgenossenschaften nicht interessiert.

Warum lassen sich die Pflegekräfte das gefallen? Kritisches Personal, das Probleme offen anspricht, muss leider immer noch mit arbeitsrechtlichen Konsequenzen der Vorgesetzten und Mobbing seitens der Kollegen rechnen. Die Pflegekräfte vor Ort benötigen massive Unterstützung. Ihre Belastungsgrenze ist längst überschritten. Aber diese Berufsgruppe kennt wegen ihres hohen Berufsethos offenbar keine Schmerzgrenze. Es ist infam, wenn dieses hochmoralische Engagement politisch ausgenutzt wird. Der gewerkschaftliche Organisationsgrad der Pflegekräfte ist sehr niedrig; Gewerkschaften und berufsständische Organisationen interessieren sich kaum für Altenpflegekräfte.

Es fehlt an Transparenz. Die meisten Heimträger legen ihre Bilanzen nicht offen und leisten so dem Eindruck Vorschub, sie würden Profit auf Kosten ihrer pflegebedürftigen Bewohner und des Personals machen. Ein Heimträger muss nicht nachweisen, ob der Pflegeplatz wirklich die 3000 oder 3500 Euro wert ist, die er verlangt. Die Pflege ist längst zum Milliardengeschäft geworden. Aber die Anreize sind falsch gesetzt. Die gesetzlich vorgeschriebene Rehabilitation findet kaum statt. Schafft es eine Pflegerin, einen alten Menschen zu aktivieren, verbessert sich also sein Zustand, rutscht er in eine niedrigere Pflegestufe, das Heim erhält also weniger Geld. Aktivierende Pflege ist folglich, ökonomisch betrachtet, sogar kontraproduktiv. Die bittere Konsequenz daraus wäre, rein finanziell gesehen, Menschen «in die Betten zu pflegen». Hinzu kommt, dass an den Folgen schlechter Pflege offensichtlich sehr viel Geld verdient wird. Ein Arzt erklärte mir «im Vertrauen», jeder Dekubitus, jeder Oberschenkelhalsbruch sei für eine Klinik inzwischen auch ein Wirtschaftsfaktor. Soll dieses rein ökonomische Denken tatsächlich zum Mainstream des Gesundheitswesens und der Pflege werden? Im System der Krankenkassen gibt es unglaubliche Fehlsteuerungen. «Hüftschutzhosen» zur Vermeidung von Oberschenkelhalsbrüchen, die nicht einmal 100 Euro kosten, werden von den Krankenkassen nicht bezahlt. Allein der Transport ins Krankenhaus mit dem Notarzt kostet ein Vielfaches, die durchschnittlich 5000 Euro für Klinik und Rehabilitation werden dann von den Kassen übernommen. Ein ethischer und volkswirtschaftlicher Irrsinn!

Die Mindestanforderungen an Würde und Menschenrechte sind nicht mehr in allen Heimen gegeben. Viele Menschen wissen das. Doch kaum jemand spricht darüber. Noch immer wird abgewiegelt, schön geredet, relativiert und gelogen. Ein Kartell des Schweigens hat sich etabliert. Ihm gehören Politiker und Heimträger, Ärzte, gesetzliche Betreuer, Seelsorger, «Erben» und leider auch Teile des Pflegepersonals in den Heimen an. Es gibt tatsächlich immer noch Zyniker, die von ein «paar bedauerlichen Einzelfällen» oder «ein paar schwarzen Schafen» sprechen, statt das gesamte System in Frage zu stellen. Allerdings sei nicht verschwiegen, dass es auch «gute Heime» gibt.

Es geht auch anders ...

Das Haus St. Lucia in Wesseling zum Beispiel ist eines von den Heimen, die zeigen, dass es «auch anders» geht. In der Wohngruppe «Himmelblau» gleicht kein Tag dem anderen, weil sich die Mitarbeiter täglich neu an den Bedürfnissen der Bewohner orientieren. Der Tagesablauf hat lediglich ein sehr «grobes» Raster. Jeder Bewohner steht auf, wann er möchte. Je nach Wunsch werden sie vor oder nach dem Frühstück bei der Grundpflege unterstützt. Gefrühstückt wird in der Wohnküche an gedeckten Tischen, begleitet von einer hauswirtschaftlichen Mitarbeiterin. Während des Vormittags können die Bewohner nach Lust und Laune im Haushalt mithelfen; je nach Situation und Befindlichkeit der Bewohner wird gemeinsam gekocht oder gebacken. Das Mittagessen wird in dampfenden Schüsseln auf dem Tisch angeboten. An jedem Tisch sitzt, ebenso wie beim Kaffee und beim Abendessen, ein Mitarbeiter zur Unterstützung. Selbstverständlich sind die Bewohner nicht an die festen Zeiten gebunden, sondern können ihre Mahlzeiten auch zu einem anderen Zeitpunkt einnehmen. Wer möchte, kann seinen Mittagsschlaf im Wohnzimmer halten oder sich ins eigene Zimmer zurückziehen. Ab 14 Uhr wird gemeinsam der Kaffeetisch gedeckt und Kaffee getrunken. Am Nachmittag werden je nach Stimmung gemütliche Runden (Singen, Spielen, Basteln, Spaziergänge, hauswirtschaftliche Aktivitäten, Kaninchenpflege und Ähnliches) angeboten. Dabei ist selten etwas fest geplant, sondern geschieht immer aus der Situation und der Gruppenatmosphäre heraus. Regelmäßig finden auch religiöse Veranstaltungen in der Gruppe statt. Das Abendessen wird gemeinsam vorbereitet. Am Abend geht jeder nach Wunsch zu Bett. Oft sitzen die Bewohner noch gemütlich bei einem Glas Wein und Musik zusammen. Nachts sind die Gemeinschaftsräume zugänglich. «Nachtschwärmer» können sich dort mit Getränken versorgen.

Eine solche Betreuung und Pflege hat positive Folgen für die Bewohner und das Personal. Die Grundstimmung ist gelöst und ausgeglichen. Angst, Unruhe und Aggressivität lassen schnell nach. Der Kontakt zum Personal wird lebhafter und intensiver. Die Gabe von Psychopharmaka wird reduziert. Der Schlaf-Wach-Rhythmus verbessert sich. Fixierungen sind nicht mehr erforderlich, Weglauftendenzen verringern sich. Durch das häufige Beisammensein kann das Personal durch gezielte Beobachtung Veränderungen der Bewohner frühzeitig erkennen und, wenn nötig, gegensteuern. Verborgene Fähigkeiten werden wieder entdeckt, vergessene Gewohnheiten wieder belebt, insbesondere durch biografisches Arbeiten. Die Lust auf Essen und Trinken wird durch das Kochen und die Gerüche in der Wohnküche geweckt. Die Bewohner sind selbstständiger geworden, sie streichen sich das Brot selber, holen sich die Getränke. Die Räumlichkeiten machen Lust auf Gemeinschaft; Bewohner geben ihre selbst gewählte Isolation auf. Das psychische Wohlbefinden fördert das körperliche Wohlbefinden, die Bewohner werden körperlich mobiler. Die Bewohner genießen es, dass ständig etwas los ist, und beobachten ihre Umgebung sehr aufmerksam. Auch Zärtlichkeiten finden ihre Ausdrucksformen, bei den Bewohnern untereinander, beim liebevollen Umgang mit Stofftieren und Puppen und beim Umsorgen von Haustieren.

Es gibt noch mehr solcher Heime. Ihre Heimleitungen machen aber keinen Hehl daraus, dass die Mitarbeiter angesichts der von der Politik zugestandenen Personalschlüssel am absoluten körperlichen und seelischen Limit arbeiten, um die Minimalstandards für eine menschenwürdige Pflege zu erfüllen.

Die Verantwortlichen

Die positiven Beispiele zeigen, dass Heime bei gutem Management und Engagement sehr wohl einiges tun können, um eine gute Pflege zu realisieren. Häufig sind es «nur Selbstverständlichkeiten und Kleinigkeiten», die den Pflegealltag für die Bewohner und Mitarbeiter erträglicher machen. Man muss ehrlich einräumen, dass nicht alle Missstände mit «Pflegenotstand» zu entschuldigen sind. Manche Pflegekräfte sind für diesen Beruf ungeeignet, andere sind «ausgebrannt» oder fortbildungsresistent.

«Die Haftung erfolgt noch immer am Bett», fasst das Kuratorium Deutsche Altershilfe die Haftungssituation bei Pflegefehlern in Altenheimen zusammen. Wenn überhaupt, werden nur die oft überlasteten Pflegekräfte zur Verantwortung gezogen. Das aber sind in der Regel die Falschen. Pflegefehler passieren, wenn fachlich nicht qualifiziertes Personal mit fachfremden Aufgaben betraut wird, oder aus zeitlicher Überforderung und Personalmangel. Durch eine so genannte Überlastungsanzeige könnte sich das Personal vor Haftungsproblemen und eventueller strafrechtlicher Verfolgung schützen. Nur durch eine solche Überlastungsanzeige verlagert sich die Verantwortung zum Teil nach oben, zur Heimleitung und zum Träger des Heimes. Aber auch dort darf die Verantwortung für die inzwischen «gefährliche Pflege» letztlich nicht alleine angesiedelt werden. Allerdings darf man nicht übersehen, dass manche Heimleitungen weder motivierend führen noch patienten- und mitarbeiterorientiert organisieren kön-

Mindestanforderungen an die Pflege in Pflegeheimen

1. Jeder pflegebedürftige Mensch muss täglich seine Mahlzeiten und ausreichend Getränke/Flüssigkeit in dem Tempo erhalten, in dem er kauen und schlucken kann. Die Ernährung mittels Magensonden und Infusionen darf nur nach ausdrücklicher und regelmäßig kontrollierter medizinischer Indikation erfolgen. Die Notwendigkeit solcher Maßnahmen muss ständig hinterfragt werden. Eine Magensonde als pflegeerleichternde und damit auch pflegevermeidende Maßnahme ist menschenunwürdig und eine Körperverletzung!
2. Jeder pflegebedürftige Mensch muss täglich so oft zur Toilette gebracht werden, wie er es wünscht. Windeln und Dauerkatheter als pflegeerleichternde Maßnahmen sind menschenunwürdig und eine Körperverletzung!
3. Jeder pflegebedürftige Mensch muss täglich (wenn gewünscht) gewaschen, angezogen, gekämmt werden und sein Gebiss erhalten (Mundpflege).
4. Jeder pflegebedürftige Mensch muss (auf Wunsch) täglich die Möglichkeit erhalten, sein Bett zu verlassen und an die frische Luft zu kommen.
5. Jeder pflegebedürftige Mensch muss die Möglichkeit haben, seinen Zimmerpartner zu wählen oder abzulehnen. Doppel- und Mehrbettzimmer sind menschenunwürdig.
6. Jeder pflegebedürftige Mensch muss die Möglichkeit haben, dass wenigstens ein Mitarbeiter auf der Station mit ihm in seiner Muttersprache spricht. Kommunikation ist ein Grundrecht und ein Grundbedürfnis, ohne das niemand leben kann. Trösten, Zuhören, geduldig in den Arm nehmen, ein paar liebevolle, verständliche, einfühlsame Worte sind Forderungen der Menschlichkeit und dürfen nicht als unfinanzierbare «Kaviarleistungen» diffamiert werden.
7. Jeder pflegebedürftige Mensch muss die Sicherheit haben, dass ihm in der Sterbestunde jemand die Hand hält, damit er nicht alleine und einsam sterben muss.

nen. Es wäre zu einfach, die Verantwortung für die Situation der Pflege allein den Heimleitungen und Pflegekräften zuzuschieben. Die Arbeitsbedingungen in der Pflege sind das Resultat von politisch geschaffenen Rahmenstrukturen der Versorgung alter und pflegebedürftiger Menschen. Die Politik in Bund, Ländern und Kommunen setzt fachlich richtige Qualitätsmaßstäbe, ohne aber die zu ihrer Umsetzung notwendigen finanziellen Ressourcen und somit mehr qualifiziertes Personal bereitzustellen.

Druck auf die Politik

Angesagt ist deshalb ein massiver Druck auf die Politik und Gesellschaft. Das Kartell des Schweigens, Leugnens und der Gleichgültigkeit muss durchbrochen werden. Die Pflege muss endlich zur «Chefsache» werden, zu einem Thema für die Spitzenleute in Staat und Gesellschaft, für den Bundespräsidenten, den Bundeskanzler und die Bischöfe. Pflege darf nicht weiter nur ein Thema der Sozialpolitik und der Sozialverbände sein. Wichtig ist neben der deutlichen Verbesserung des Personalschlüssels vor allem die Verbesserung der Situation der Pflegekräfte im Hinblick auf die Fortbildung. Die Heimleitungen müssen so qualifiziert besetzt werden, dass sie nicht nur die Grundregeln der Pflege beherrschen, sondern auch die Mitarbeiter befähigen können, ihren Beruf gut auszuüben und auch darin weiterzuarbeiten. Unabhängige, fachlich qualifizierte und unangemeldete Kontrollen sind wichtig und unverzichtbar, aber sie alleine lösen die Grundprobleme nicht. Notwendig ist eine allgemein verbindliche Definition von Pflegezeiten als gesicherte Grundlage für eine heimindividuelle Personalbemessung. Wir brauchen keine weiteren teuren Studien und Modelle mehr, wir haben keine Erkenntnisprobleme, sondern Umsetzungsprobleme.

Heimträger müssen ihre Bilanzen offen legen: Wer nichts zu verbergen hat, kann die notwendigen Zahlen und Bilanzen mitteilen. Die Pflegekräfte müssen die Pflegedokumentationen ehrlich führen und dürfen nicht die strukturellen Defizite verschleiern, wenn die Kontrollen in die Heime kommen. Es ist bei allen Experten unumstritten, dass die Qualitätsanforderungen der Pflegekassen und Artikel 1 des Grundgesetzes («Die Würde des Menschen ist unantastbar») mit dem vorhandenen Pflegeschlüssel und der fehlenden Qualifikation vieler Mitarbeiter nicht erbracht werden können. Konfrontieren wir die Verantwortlichen endlich offen, ehrlich und schonungslos mit der Realität, mit dem Pflegealltag! Die Funktionäre der Heim- und Kostenträger und die Pflegewissenschaftler, die seit vielen Jahren – weit weg von jedem Heim – in zahlreichen Kommissionen, Arbeitskreisen und runden Tischen sitzen, müssen selber praktische Erfahrungen in Pflegeheimen machen. Politiker müssen unangemeldet Pflegeheime besuchen, die Pflegekräfte dürfen bei Besuchen nicht vorher die Heime «präparieren». Es ist grotesk, wenn Heime über die schlechten Rahmenbedingungen klagen, aber bei Politikerbesuchen so tun, als sei «alles in Ordnung», und in den Hochglanzprospekten der Heime eine «optimale Versorgung und Pflege» versprechen. Das Thema «Pflege» geht uns früher oder später alle an und ist für parteipolitische Auseinandersetzungen ungeeignet.

Die ethische Wertfrage ist offensiv zu stellen: Wie viel sind uns unsere alten Urgroßeltern, Großeltern, Eltern und anderen Angehörigen wert? Wie viel will sich unsere Gesellschaft eine menschenwürdige Pflege ihrer alt und hilfebedürftig gewordenen Mitglieder kosten lassen? Wer nichts tut und die prekäre Pflege in den Heimen weiter verschweigt, lässt zu, dass sich in unserer Gesellschaft ein «sozialverträgliches Frühableben» etabliert. Wer schweigt, macht sich mitschuldig! Niemand kann jetzt und in Zukunft behaupten: «Davon habe ich nichts gewusst.»

Altenpflege – ein Beruf mit Zukunft

Ausbildung, Berufsfelder, Karrierechancen

Von Sophia Böhnisch

Wer vor einer Berufswahl oder einem Berufswechsel steht, stellt sich viele Fragen: Wird ein Beruf nach Beendigung der Ausbildung und auch in fernerer Zukunft überhaupt noch gebraucht? Ist die Ausbildung überall anerkannt? Bietet der Beruf finanzielle Sicherheit? Ist er so abwechslungsreich und interessant, dass ich mir vorstellen kann, längerfristig in diesem Berufsfeld tätig zu sein? Gibt es Aufstiegsmöglichkeiten? Bringe ich die nötigen Voraussetzungen mit?

Altenpflege – ein junger Berufszweig

Als Beruf wird eine bestimmte Tätigkeit im Allgemeinen dann bezeichnet, wenn für ihre Ausübung sowohl theoretisches als auch praktisches Wissen benötigt wird. Dieses Wissen wird in einer Ausbildung vermittelt, und es ist staatlich geregelt, über welche Fähigkeiten nach Abschluss der Ausbildung verfügt werden muss, um die Erlaubnis zur Berufsausübung zu erhalten.

Gemessen an diesen Kriterien ist der Altenpflegeberuf ein relativ junger Beruf. Anfang der 60er Jahre des letzten Jahrhunderts wurden zunächst halbjährliche Lehrgänge zur Pflege alter Menschen angeboten. Diese Kurse wurden noch ohne Abschlussprüfung absolviert und waren in erster Linie für Frauen gedacht, die bereits Erfahrungen in der Führung eines Familienhaushalts mitbrachten. Als man gegen Ende der 50er Jahre dringend Personal für die neu errichteten Alten- und Pflegeheime brauchte und das ausgebildete Krankenpflegepersonal in den Kliniken benötigte, wandte man sich an diese «erfahrenen» Frauen. Das lag nahe, war doch jahrhundertelang die Pflege alter Menschen eine Aufgabe der Familie. Doch sehr bald wurde deutlich, dass die Erfahrungen der «Familienfrauen», gekoppelt mit einem «kleinen Pflegeschnellkurs», nicht ausreichten, um den immer komplexer werdenden Anforderungen, die die Pflege und Betreuung alter Menschen mit sich bringt, gerecht zu werden. Nach und nach führte jedes Bundesland geregelte Ausbildungen zur Altenpflegerin und zum Altenpfleger ein. Erst 1985 einigten sich die Bundesländer auf eine «Rahmenvereinbarung», die Minimalstandards für die Ausbildung festlegte. Es sollte jedoch noch einmal weitere achtzehn Jahre dauern, bis 2003 einheitlich in allen Bundesländern mit einer Ausbildung nach dem «Bundesaltenpflegegesetz» begonnen werden konnte.

Abgeschlossen ist die Entwicklung des Altenpflegeberufes noch nicht, denn das Profil eines Berufes ist immer abhängig vom Kontext gesamtgesellschaftlicher Trends und Ereignisse. So wird zurzeit darüber diskutiert, ob nicht alle Pflegeberufe, das heißt die Krankenpflege, die Kinderkrankenpflege und die Altenpflege, auf eine gemeinsame Basis gestellt werden sollten. Das Bundesaltenpflegegesetz sieht – ebenso wie das Krankenpflegegesetz – ausdrücklich eine «Experimentierklausel» vor, in der Ausbildungen erprobt werden sollen, die den künftigen Anforderungen der Pflege gerecht werden können.

Altenpflege – ein krisensicherer Beruf

Keine andere Branche kann derzeit eine derart große Nachfrage und sogar einen steigenden Bedarf an Fachkräften verzeichnen wie die Altenhilfe. Nach Berechnungen des Deutschen Instituts für Wirtschaftsforschung (DIW) werden in den nächsten 15 Jahren 50 Prozent mehr qualifizierte Kräfte im Gesundheits- und Sozialwesen gebraucht. Noch größer wird die Nachfrage ausfallen, wenn sich der bisher hohe Anteil der in der Familie geleisteten Pflege zur professionellen Pflege verschiebt. Den Prognosen zufolge wird sich dann der Arbeitskräftebedarf in der Pflege schon im Jahr 2020 verdoppelt haben.[1] Dieser enorme Fachkräftebedarf ist auf mehrere Ursachen zurückzuführen. Die Zahl älterer, alter und hochbetagter Menschen wird stark zunehmen. Zwar bedeutet alt sein nicht automatisch auch pflege- und hilfsbedürftig sein, aber mit zunehmendem Alter steigen die Risiken chronischer körperlicher Erkrankungen. Auch die Wahrscheinlichkeit des Eintretens einer gerontopsychiatrischen Erkrankung nimmt mit steigendem Lebensalter zu. Ein weiterer Grund liegt in den veränderten Familienstrukturen und einer Pluralisierung der Lebensformen. Der Drei-Generationen-Haushalt, der in der Regel vorübergehend oder dauerhaft die Pflege von hilfsbedürftigen und kranken Familienmitgliedern übernahm, ist nicht mehr die gesellschaftliche Regel. Viele Menschen leben alleine oder in Paarbeziehungen und können nicht mit der Unterstützung anderer Familienmitglieder rechnen.[2] Daraus ergibt sich die Notwendigkeit, bei eintretender Hilfs- und Pflegebedürftigkeit auf professionelle Hilfe außerhalb der Familie zurückzugreifen.

Arbeitsfelder der Altenpflege

Gut ausgebildete Altenpflegerinnen und Altenpfleger werden in allen Feldern der Altenhilfe gebraucht. Sie können sich heute und wohl auch künftig aussuchen, wo sie arbeiten wollen. Die Angebote der Altenhilfe sind differenziert und zahlreich, denn man will den Bedürfnissen alter Menschen auf vielfältige Weise gerecht werden. Ständig entwickeln sich neue Aufgabenfelder, deren oberstes Ziel stets die Unterstützung des alten Menschen bei der Erhaltung seiner Selbstständigkeit und Selbstbestimmung ist. Die zahlreichen Angebote der Altenhilfe mit den entsprechenden Einsatzmöglichkeiten für Altenpfleger werden üblicherweise fünf Bereichen zugeordnet.

Stationärer Bereich: Altenwohnheime, Altenheime und Altenpflegeheime

In Altenwohn- und Altenheimen sorgt das Pflegeteam für das Wohlbefinden der alten Menschen und ist verantwortlich für deren Pflege und Betreuung. In Altenpflegeheimen werden kranke und pflegebedürftige alte Menschen rund um die Uhr von Pflegefachkräften und anderen Berufsgruppen gepflegt.

Klinischer Bereich: Kliniken, spezielle Gerontopsychiatrische Abteilungen, geriatrische Rehabilitationskliniken, Hospize

In Kliniken werden Altenpfleger vor allem auf Stationen der Inneren Medizin eingesetzt. Gemeinsam mit dem Krankenpflegepersonal pflegen sie alte Menschen, die zum Beispiel an chronischen Herzerkrankungen oder Diabetes leiden. In den Gerontopsychiatrischen Abteilungen werden alte Menschen mit schweren psychiatrischen Erkrankungen betreut. Besonders in diesem Bereich ist ein Anwachsen des Bedarfs an Fachpersonal mit gerontopsychiatrischer Qualifizierung zu erwarten. In Geriatrischen Rehabilitationskliniken bemüht man sich, die Gesundheit älterer Patienten nach schweren Krankheiten oder Unfällen wiederherzustellen. Hier arbeiten Altenpflegefachkräfte eng mit anderen Berufsgruppen, wie zum Beispiel Physiotherapeuten und Logopäden, zusammen. In Hospizen werden Sterbende gemeinsam von Angehörigen, Pflegepersonal und Ärzten in der letzten Phase ihres Lebens betreut und begleitet.

Teilstationärer Bereich: Tagespflegestätten und Einrichtungen zur Kurzzeitpflege

In der Tagesbetreuung werden alte Menschen tagsüber von Altenpflegefachkräften gepflegt und betreut; die Nacht und das Wochenende verbringen sie bei ihren pflegenden Angehörigen. In der Kurzzeitpflege pflegen und betreuen Altenpfleger pflegebedürftige Menschen für einen begrenzten Zeitraum; sie dient vor allem der Entlastung der pflegenden Angehörigen.

Ambulanter Bereich: Ambulante Pflegedienste und Sozialstationen, Überleitungspflege

Ambulante Pflegedienste betreuen und pflegen alte Menschen in ihrer häuslichen Umgebung. Darunter fallen Dienstleitungen wie Körperpflege, Krankenpflege bei akuten und chronischen Erkrankungen sowie die Beratung der alten Menschen und ihrer Angehörigen. Altenpfleger besuchen in einer Schicht mehrere Patienten. Da die Pflegekräfte in der Pflegesituation oft mit den alten Menschen alleine sind, müssen sie weitgehend selbstständig Zustandsveränderungen einschätzen und entscheiden, ob die Hinzuziehung eines Arztes nötig ist. Eine Tätigkeit in der ambulanten Pflege bietet den Pflegenden viel Raum für die eigene Gestaltung und Organisation der Arbeit. Sozialstationen bieten sowohl gesundheits- als auch sozialpflegerische Dienste, aber auch Beratung für pflegende Angehörige und Nachbarschaftshilfe an. Eine neue Form des Wohnens für ältere Menschen ist das «Betreute Wohnen». Beim Betreuten Wohnen leben alte Menschen in altengerechten Wohnungen innerhalb speziell konzipierter Wohnanlagen. Sie erhalten ein Angebot von Versorgungs- und Dienstleistungen und bei Bedarf Begleitung und Pflege.

Die Überleitungspflege dient dazu, dem alten Menschen den Übergang von der Klinik zurück nach Hause zu erleichtern. Die Pflegenden beginnen bereits in der Klinik mit der pflegerischen und sozialen Betreuung und setzen diese dann zu Hause so lange fort, bis der alte Mensch seinen gewohnten Tagesablauf wieder aufnehmen kann. Auch bei dem oft schwierigen Übergang vom Heim in die Klinik und zurück kommen die Pflegekräfte der Überleitungspflege zum Einsatz.

Offene Altenhilfe: Seniorenberatungsstellen, Altenclubs, Telefonservice, Tagesstätten, Angehörigenberatung

Die Angebote der so genannten offenen Altenhilfe unterstützen alte Menschen und pflegende Angehörige bei der Kontaktpflege und bei der Organisation von Selbsthilfegruppen. Eine neuere Entwicklung ist die Gründung von Altenwohn- und Hausgemeinschaften. Senioren ziehen zusammen in größere Wohnungen oder in ein Haus und organisieren in Selbsthilfe die nötige Unterstützung. Einrichtungen der offenen Altenhilfe bieten auch Informations- und Bildungsveranstaltungen sowie Freizeitgestaltungsmöglichkeiten für alte Menschen an. Auch in diesen Angeboten sind Altenpflegefachkräfte tätig.

Berufsbild Altenpflege

Was den Altenpflegeberuf auszeichnet und von anderen Pflegeberufen abgrenzt, wird deutlich am Berufsbild. Altenpflegefachkräfte haben – nicht nur, aber vor allem – mit Menschen zu tun, die einer anderen Generation angehören und professionelle Hilfe brauchen. Das Hilfsangebot berücksichtigt die gesamte Lebenssituation, das heißt sowohl die körperlichen als auch die psychischen und sozialen Bedürfnisse des alten Menschen. Es richtet sich auch an deren Angehörige. Altenpflege hat die gesellschaftliche Aufgabe, für das Recht und das Wohlergehen alter Menschen einzustehen und ihnen einen anerkannten Platz in der Gesellschaft sichern zu helfen. Der Deutsche Berufsverband für Altenpflege (DBVA) sieht die umfassendste Aufgabe von Altenpflegerinnen und Altenpflegern in der Unterstützung der alten Menschen bei ihrer Lebensgestaltung.[3]

Was heißt dies konkret? Was machen Altenpflegefachkräfte in ihrem Berufsalltag? Sie pflegen, beraten, betreuen und begleiten hilfebedürftige alte Menschen und deren Angehörige in deren Lebensraum. Ganz gleich, wo Pflege erbracht wird, ob im häuslichen Bereich oder in einer Einrichtung, sie findet immer in der Privatsphäre des alten Menschen statt. Ein Pflegebett kann der letzte private Raum eines Menschen vor seinem Tod sein. In Respekt vor der Würde des alten Menschen ist es notwendig, diese Privatsphäre unter allen Umständen zu schützen. Altenpflegefachkräfte unterstützen alte Menschen bei der Aufrechterhaltung der Aktivitäten des täglichen Lebens, der Förderung der Gesundheit und der Gestaltung des Alltags. Hierzu gehören die tägliche

Selbstversorgung des Menschen, wie Körperpflege, Toilettengang, Nahrungszubereitung und Nahrungsaufnahme, aber auch Unternehmungen im Außenbereich wie zum Beispiel einkaufen gehen, Behördengänge erledigen, das Regeln von Geldangelegenheiten, Benutzen von Verkehrsmitteln, Besuche von Freunden und Verwandten usw. Altenpfleger beobachten Veränderungen des Gesundheitszustandes und von Verhaltensweisen und veranlassen notwendige Schritte, zum Beispiel die Hinzuziehung des Arztes. In Zusammenarbeit mit dem Arzt führen sie auch behandlungspflegerische Maßnahmen bei Erkrankungen durch, wie das Geben von Spritzen.

Je pflegebedürftiger der alte Mensch ist, desto enger ist der Kontakt des Pflegenden zu ihm. Sowohl bei der Nahrungsaufnahme – wenn der Pflegebedürftige nicht mehr selbstständig essen kann, muss das Essen eingegeben werden – als auch bei den Ausscheidungen und der Körperhygiene betreten die Pflegenden die innerste Intimsphäre des alten Menschen. Sie leiten Angehörige und Laien zur Mithilfe bei der Pflege an. Sie unterrichten und sind zuständig für die Praxisanleitung von Altenpflege- und Krankenpflegeschülern. Sie erstellen Pflegepläne und führen die Pflegedokumentation durch. Sie begleiten Menschen beim Sterben und unterstützen Angehörige beim Verlust lieb gewonnener Menschen. Sie bilden sich weiter und besuchen Fortbildungsveranstaltungen, damit sie neueste Erkenntnisse über die erfolgreiche Betreuung und aktivierende Pflege anwenden können.

Altenpflegefachkräfte stehen, gleich, ob sie in der stationären oder ambulanten Pflege arbeiten, unter großem Zeitdruck, denn es gibt einfach noch zu wenig ausgebildete Altenpfleger. Auch der Kostendruck trägt zu einer weiteren Verdichtung der Arbeitsabläufe bei. Nur durch eine hervorragende Arbeitsorganisation und Strukturierung der Abläufe gelingt es den Pflegenden, den ihnen anvertrauten alten Menschen die nötige professionelle Hilfe zu geben.

Damit die Pflegenden die großen Herausforderungen des Arbeitsalltags bewältigen können, brauchen sie auch selbst professionelle Unterstützung. Der Umgang mit schwerstkranken und sterbenden, aber auch mit geistig verwirrten alten Menschen ist eine hohe psychische Belastung. In vielen Einrichtungen wird deshalb Supervision angeboten. In der Supervision können Probleme und Konflikte mit Fachleuten besprochen und zu einer Lösung gebracht werden. Unter dem Stichwort «Selbstpflege» werden Pflegende schon in der Ausbildung dazu angehalten, auf die Erhaltung der eigenen Gesundheit zu achten. Hierzu zählt auch der Erwerb von Arbeitstechniken, die ein die eigenen Kräfte schonendes Arbeiten ermöglichen.

Ausbildung in der Altenpflege

Altenpflege ist ein anspruchsvoller Beruf, an den hohe Anforderungen gestellt werden. Wer diesen Beruf ergreifen will, muss deshalb die richtigen persönlichen Voraussetzungen haben. Nur Menschen mit physischer Gesundheit und Belastbarkeit, die auch psychisch stabil sind und Sensibilität für die Bedürfnisse anderer Menschen mitbringen, sind den Herausforderungen dieses Berufes gewachsen. Respekt vor und Zuneigung zu älteren Menschen verstehen sich von selbst. Altenpflegefachkräfte brauchen ein hohes Maß an psychosozialer Kompetenz. Eine rasche Auffassungsgabe, Lernfähigkeit sowie sprachliches Ausdrucksvermögen sind ebenso Grundvoraussetzungen wie die Fähigkeit zum Erkennen der eigenen Grenzen. Bereits in der Ausbildung zum Altenpfleger werden die Werthaltungen, Fähigkeiten und Fertigkeiten vermittelt, die bei der Ausübung dieses komplexen Berufes nötig sind.

Seit dem 1. August 2003 werden Altenpflegefachkräfte nach bundeseinheitlichen Ausbildungsbestimmungen ausgebildet. Damit wird der gesamtgesellschaftlichen Bedeutung der Pflege und Betreuung alter Menschen Rechnung getragen. Schon in der Ausbildung werden hohe Anforderungen an Schülerinnen und

Schüler gestellt. Für Neueinsteigerinnen und Neueinsteiger in die Altenpflege empfiehlt sich deshalb ein Schnupperpraktikum in einer Einrichtung. Hier können hilfreiche Erfahrungen für eine Berufsentscheidung gesammelt werden.

Ausbildung zum Altenpfleger

Zugangsvoraussetzungen

Wer den Beruf erlernen will, muss folgende Voraussetzungen mitbringen:

- **gesundheitliche Eignung**
- **Realschulabschluss** oder gleichwertiger mittlerer Bildungsabschluss oder
- **Hauptschulabschluss,** wenn außerdem eine Ausbildung in Alten- oder Krankenpflegehilfe oder eine andere mindestens zweijährige Berufsausbildung abgeschlossen wurde.

Der Einstieg in die Ausbildung ist nicht an ein Mindestalter gebunden. Die Probezeit dauert sechs Monate.

Ausbildungsdauer

Die Altenpflegeausbildung dauert grundsätzlich drei Jahre (in Teilzeitform bis zu fünf Jahre).

Ausbildungsstruktur

Es gibt eine schulische und eine praktische Ausbildung. Beide Bereiche werden aufeinander abgestimmt. Von insgesamt 4600 Stunden entfallen auf die praktische Ausbildung 2500 und auf die schulische Ausbildung 2100 Stunden. Die **praktische Ausbildung** hat also eine höhere Gewichtung. Sie wird in einer stationären Pflegeeinrichtung und bei einem ambulanten Pflegedienst absolviert. Ein Teil der praktischen Ausbildung kann auch in anderen Einrichtungen der Altenhilfe abgeleistet werden. Die **schulische Ausbildung** findet an einer Altenpflegeschule statt, die auch die Gesamtverantwortung für die Ausbildung trägt. Die Lerninhalte der schulischen Ausbildung sind nach Lernfeldern gegliedert, um eine bessere Verbindung von Theorie und Praxis zu ermöglichen.

Ausbildungsvertrag

Die Wahl des praktischen Ausbildungsplatzes erfolgt durch die Schülerinnen und Schüler in eigener Verantwortung. Sie schließen mit dem Träger der praktischen Ausbildung, einer Einrichtung der Altenpflege wie zum Beispiel einem Heim oder einem ambulanten Pflegedienst, einen Ausbildungsvertrag ab und erhalten von diesem während der gesamten Dauer der Ausbildung eine Ausbildungsvergütung.

Ausbildungsvergütung

Die Ausbildungsvergütung orientiert sich am Bundes-Angestelltentarifvertrag (BAT/Kr und BAT/Kr-O). Danach erhalten Altenpflegeschüler in den

westlichen Bundesländern	**östlichen Bundesländern**
im 1. Ausbildungsjahr rund 715 €	rund 650 €
im 2. Ausbildungsjahr rund 775 €	rund 703 €
im 3. Ausbildungsjahr rund 870 €	rund 790 €

Umschülerinnen und Umschüler erhalten Unterhaltsgeld durch die Agentur für Arbeit nach SGB III (Arbeitsförderung).

Abschluss

Am Ende der Ausbildung wird nach bestandener Abschlussprüfung, bei gesundheitlicher Eignung und bei Vorlage eines amtlichen Führungszeugnisses, das keine Eintragungen enthalten darf, die der Berufsausübung zuwiderlaufen, von der zuständigen Behörde die Erlaubnis erteilt, die Berufsbezeichnung «Altenpflegerin» oder «Altenpfleger» zu führen. Die Berufsbezeichnung «Altenpflegerin bzw. Altenpfleger» ist geschützt.

Quelle: Bundesministerium für Familie, Senioren, Frauen und Jugend, «Betrifft: Altenpflegeausbildung», Berlin 2003

Ausbildung in der Altenpflegehilfe

Eine Ausbildung zur Altenpflegehelferin oder zum Altenpflegehelfer ist für Menschen interessant, die gerne in der Altenhilfe arbeiten wollen, aber die Voraussetzungen für eine Altenpflegeausbildung nicht erfüllen. Für die Ausbildung zur Altenpflegehelferin oder zum Altenpflegehelfer sind ausschließlich die Länder zuständig. Allgemein gültige Angaben können deshalb an dieser Stelle nicht gemacht werden. In der Regel dauert die Ausbildung ein Jahr in Vollzeit- oder zwei Jahre in Teilzeitausbildung. Wer die Prüfung zum Altenpflegehelfer geschafft hat und mehr Verantwortung übernehmen will, traut sich danach vielleicht auch eine Altenpflegeausbildung zu, die dann auf Antrag um bis zu ein Jahr verkürzt werden kann.

Karriere in der Altenpflege

Wie in allen Berufen sind auch in der Altenpflege Fort- und Weiterbildungen eine wichtige Voraussetzung für einen Aufstieg auf der Karriereleiter.

Fortbildungen dienen dazu, das in der Ausbildung erworbene Fachwissen zu vertiefen oder neuen Erkenntnissen und Entwicklungen, die von Forschung und Wissenschaft bereitgestellt werden, anzupassen. Weiterbildungen führen zu einer höheren Qualifizierung innerhalb eines erlernten Berufes, die zur Übernahme bestimmter Funktionen oder Aufgabenbereiche berechtigt. Mit einer Weiterbildung kann man sich spezialisieren und zur gefragten Fachkraft werden, wie zum Beispiel durch Weiterbildungen zur Fachkraft für Gerontopsychiatrische Pflege, zum Qualitätsbeauftragten, zum Praxisanleiter oder zur Lehrkraft für Altenpflege. Weiterbildungen zur Stations-, Pflegedienst- oder Heimleitung befähigen zur Übernahme von mehr Verantwortung in Leitungs- und Führungspositionen. Einheitliche Standards zu Fort- und Weiterbildungen in der Altenpflege gibt es bislang noch nicht. In einigen Bundesländern wurden Weiterbildungsgesetze erlassen; in diesen Ländern gibt es auch staatlich anerkannte Weiterbildungen für Pflegeberufe, die jedoch bislang die Ausnahme bilden. So unterschiedlich Zugangsbedingungen, Struktur und Stundenumfang in den einzelnen Weiterbildungsmaßnahmen auch sein mögen, so lässt sich doch beobachten, dass, bedingt durch den Wettbewerb der Anbieter untereinander, eine Angleichung der Angebote stattfindet. So werden zum Beispiel inzwischen fast alle Weiterbildungen in berufsbegleitender Form angeboten; zunehmend mehr Anbieter lassen einzelne Weiterbildungsmaßnahmen zertifizieren.

Finanziert werden Weiterbildungen entweder vom Arbeitgeber oder durch die Teilnehmer selbst. Je nach Umfang einer Weiterbildung müssen hierfür zwischen 2000 € und 12 000 € aufgebracht werden. Sind die nötigen individuellen Voraussetzungen gegeben, kann eine Weiterbildung auch nach SGB III (Sozialgesetzbuch III, Arbeitsförderung) gefördert oder – wenn es sich um eine staatlich anerkannte Weiterbildung handelt – nach dem Meister-Bafög beantragt werden.

Eine weitere Tendenz ist die zunehmende Akademisierung in der Pflege. Einige klassische Weiterbildungen wie zum Beispiel die Weiterbildung zur Pflegedienstleitung (Pflegemanagement) oder Pflegepädagogik, aber auch ein Studium in Pflegewissenschaft werden als Diplomstudiengänge an Fachhochschulen oder Universitäten angeboten. Die Studierenden beenden ihre Hochschulausbildung als Diplom-Pflegewirte, Diplom-Pflegewissenschaftler oder Diplom-Pädagogen. Sie arbeiten nach dem Studium in höheren Leitungspositionen oder in Lehre, Wissenschaft und Forschung.

Sprechen wir übers Geld

Eine verantwortungsvolle Tätigkeit mit entsprechender Ausbildung verdient auch eine angemessene Entlohnung. Altenpflegerinnen und Altenpfleger, die im öffentlichen Dienst beschäftigt sind, werden nach dem Bundesangestelltentarif/Krankenpflege (BAT/Kr) bezahlt. Die Träger der Freien Wohlfahrtspflege haben meist eigene Tarife (Arbeitsvertragsrichtlinien, AVR), die jedoch ähnlich gestaltet sind. Auch private Einrichtungen orientieren sich, obwohl sie nicht an einen Tarif gebunden sind, meistens am BAT/Kr.

Die Vergütung nach BAT/Kr setzt sich zusammen aus einer Grundvergütung, dem Ortszuschlag, der allgemeinen Zulage und – je nach Einzelfall – weiteren Zulagen wie zum Beispiel Schicht- und Wechselzulagen. Die Grundvergütung ist abhängig von der «Eingruppierung» im BAT-Gefüge und der Lebensaltersstufe. Die Eingruppierung des einzelnen Arbeitnehmers erfolgt nach Qualifikation und/oder Funktion. Ein Altenpfleger wird nach erfolgreichem Ausbildungsabschluss in KR IV eingestuft. Nach drei Jahren erfolgt ein so genannter Bewährungsaufstieg in BAT/Kr V, nach weiteren vier Jahren in BAT/Kr Va. Der Ortszuschlag ist abhängig davon, ob ein Arbeitnehmer ledig oder verheiratet ist und ob er Kinder hat. Zur Verdeutlichung zwei Beispiele.[4]

Was Altenpfleger verdienen

Beispiel 1:
Bruttogehalt einer 21-jährigen ledigen Altenpflegerin ohne Kinder nach Abschluss der Ausbildung mit Einstufung in BAT/Kr IV und Lebensaltersstufe eins berechnet:
alte Bundesländer: ca. 1925 €, neue Bundesländer: ca. 1800 €

Beispiel 2:
Bruttogehalt eines 28-jährigen verheirateten Altenpflegers mit einem Kind nach sieben Berufsjahren, mit einer Eingruppierung – nach zweimaligem Bewährungsaufstieg – in BAT/Kr Va und Lebensalterstufe fünf:
alte Bundesländer: ca. 2485 €, neue Bundesländer: ca. 2300 €

Die Berechnungsbeispiele zeigen, dass die Bezahlung für Altenpfleger den Vergleich mit anderen Berufsgruppen nicht zu scheuen braucht. Durch Zuschläge oder eine höhere Eingruppierung bei

Übernahme einer höheren Funktion steigt das Einkommen entsprechend.

Quo vadis Altenpflege?

Eine berufliche Tätigkeit im Aufgabenfeld der Altenhilfe hat Zukunft. Dies bestätigt sowohl der gesellschaftliche Bedarf an qualifizierten Pflegekräften als auch das Aufgabenprofil der Altenpflege, das sich von anderen Fachgebieten des Gesundheitswesens unterscheidet. Altenpflege ist ein Beruf, der sich auf die Gesamtsituation des alten Menschen bezieht, und er verbindet menschliche Beziehungsarbeit mit praktisch-pflegerischem Handeln.

Mit der neugeregelten bundeseinheitlichen Ausbildung wurde dem komplexen Anforderungsprofil dieses Berufes Rechnung getragen. Die Entwicklung eines Berufes ist jedoch nie abgeschlossen. Die demografische Entwicklung, die strukturellen Veränderungen des Gesundheitssystems, die Bedeutung von europaweiten Anerkennungen, die Etablierung der Pflegewissenschaft, aber auch die zunehmende Überschneidung der Tätigkeitsfelder von Kranken- und Altenpflege werden voraussichtlich langfristig zu einer gemeinsamen Ausbildung aller Pflegeberufe mit anschließender Spezialisierung führen. Das bedeutet aber nicht, dass die Gesellschaft auf den Altenpflegeberuf in seiner Besonderheit verzichten kann.

Wenn die Sinne schwinden
Alzheimerkrankheit und Demenz

Von Helmut Römig

Demenz ist ein Sammelbegriff für eine mit der Zeit zunehmende und im Wesentlichen unaufhaltsame Verminderung geistiger Fähigkeiten und Hirnleistungen. Diese ist gekennzeichnet durch das Nachlassen von Gedächtnis, Merkfähigkeit, Orientierung, Erlebnisfähigkeit, Vitalität und Gefühlskontrolle. Im späteren Verlauf kommt es zum Verlust von körperlichen Fähigkeiten, wie der Kontrolle von Körperfunktionen, und zu Bettlägerigkeit. Ursache sind der Funktionsverlust von Nervenleitungen und der Untergang von Nervenzellen, die zur Zerstörung von bis zu 20 Prozent des Hirngewebes führen können.

Die Demenz wird in primäre und sekundäre Formen unterteilt. Zur ersten Gruppe zählt die Alzheimer-Krankheit, die nach dem bayerischen Neuropathologen Alois Alzheimer (1864–1915) benannt ist. 60 Prozent aller Demenzkranken leidet unter dieser Form. Der Erkrankungsbeginn liegt im höheren Lebensalter. Die seltene Pick-Krankheit, die vor allem zu Persönlichkeitsveränderungen führt, beginnt dagegen um das mittlere Lebensalter.

Zur zweiten Gruppe gehört die mit 20 Prozent zweithäufigste Form der Demenzerkrankung, die vaskuläre Demenz («Gefäßverkalkung», Hirninfarkte). Über 50 weitere verschiedene Grundkrankheiten können sekundär zur Demenz führen, beispielsweise Suchterkrankungen, Hirntumore, Parkinson-Erkrankung, Multiple Sklerose oder chronische Vergiftungen.

Von Demenzerkrankungen sind rund fünf Prozent der Bevölkerung in Deutschland betroffen. In der Altersgruppe der

70- bis 80-Jährigen ist durchschnittlich jeder Zehnte betroffen, bei den über 80-jährigen jeder Vierte. Vor dem 75. Lebensjahr erkranken Männer häufiger, aufgrund der statistisch längeren Lebenserwartung der Frauen überwiegen diese in der Altergruppe der Hochbetagten. Nach einer Untersuchung der Bundesregierung von 1996 lag die Zahl der Betroffenen in Deutschland damals bei rund 850 000. Werden die leichteren Verlaufsfälle mit eingerechnet, leiden 1,2 bis 1,5 Millionen Menschen an Demenzerkrankungen.

Ursachen der Alzheimerkrankheit

In der Geriatrie werden derzeit verschiedene Ursachen diskutiert. Inwieweit erbliche Faktoren eine Rolle spielen, wird kontrovers gesehen. Bei fünf Prozent der Erkrankungen besteht eine erkennbare familiäre Häufung. Ob eine Erkrankung bei einer erblichen Disposition jedoch tatsächlich auftritt, dürfte von zusätzlichen Faktoren abhängen. Genannt seien Störungen des Immunsystems oder chemischer Botenstoffe (Transmittern), der Einfluss von Umweltgiften sowie Durchblutungs- und Stoffwechselstörungen. Frühere Schädel-Hirn-Verletzungen können – selbst wenn sie nicht eigentliche Ursachen sind – zusätzliche Auslöser sein, wie die so genannten Boxer-Demenzen zeigen. Eine mangelhafte Ernährung, insbesondere ein nachweisbarer Vitaminmangel, eine unzureichende Versorgung des Körpers mit Wasser oder der Genuss von Nikotin und Alkohol im Übermaß können dem Ausbruch einer Alzheimer-Erkrankung ebenfalls Vorschub leisten.

Erste Symptome der Alzheimerkrankheit

Fast alle Menschen über 50 stellen fest, dass sie Alltagsgegenstände wie Brille oder Schlüssel verlegen, dass ihnen bei einem Gespräch bestimmte Fachbegriffe nicht auf Anhieb einfallen oder sie bestimmte Fakten und Erlebnisse vergessen haben. Eine klare

Abgrenzung einer «normalen» Altersvergesslichkeit (die nicht verhindert werden kann und deshalb auch kein Grund für ein ständiges Ärgernis sein sollte) von der Alzheimer-Erkrankung ist deshalb wichtig, sie bereitet in der Praxis jedoch vielfach Schwierigkeiten.

Alzheimerkrankheiten brechen nicht plötzlich aus, sondern beginnen in der Regel schleichend. Solange die Betroffenen in ihrem gewohnten Umfeld leben, der Tagesablauf strukturiert ist und keine ungewöhnlichen und schweren Belastungsproben zu bestehen sind, wird die Krankheit oft nicht entdeckt. Erst ein Wohnungswechsel, ein Krankenhausaufenthalt oder der Tod eines nahen Angehörigen offenbart dann einen schon länger bestehenden Krankheitsverlauf. An eine Alzheimer-Erkrankung muss immer dann gedacht werden, wenn Gedächtnis-, Wortfindungs- und Orientierungsstörungen länger andauern und sich im Verlauf von Monaten deutlich verstärken. Besonders typisch sind Gedächtnislücken, die Ereignisse aus der jüngsten Vergangenheit betreffen, und das Vergessen von dem, was vor kurzem gesehen, gehört oder gelesen wurde. Während das Vergessen einzelner Fakten oder Namen im Alter in der Regel völlig normal ist, muss beim Vergessen ganzer Erlebnisse, vor allem wenn sie für den Betroffenen von emotionaler Bedeutung waren, oder von ganzen Sachverhalten an eine Demenz gedacht werden. Ein Alarmsignal ist das dauernde Verlegen von wichtigen Gegenständen, wie Geldbeutel oder Wohnungsschlüssel, vor allem, wenn diese an völlig ungewöhnlichen Orten platziert werden.

Warnsymptome der Alzheimer-Erkrankung

- Schwierigkeiten, sich in der vertrauten Umgebung zu orientieren
- Vergessen von Erlebnissen, die kurz zurückliegen und Bedeutung hatten
- Schwindendes Interesse an Arbeit und Hobbys
- Probleme beim Autofahren hinsichtlich Orientierung und Reaktion auf Gefahrenmomente
- Schwierigkeiten im Umgang mit Geld

Außenstehende erkennen oft besonders deutlich, dass mit einem alten Menschen «etwas nicht mehr so ganz stimmt» und dass er «rasch abgebaut hat».

Die Erstdiagnose erschwert die Tatsache, dass Gehirnveränderungen im Zusammenhang mit der jeweiligen Persönlichkeitsstruktur, den bisherigen intellektuellen Fähigkeiten, den Lebensumständen oder dem Vorliegen von sonstigen Erkrankungen gesehen werden müssen. Es muss beispielsweise ermittelt werden, ob Schwierigkeiten, sich zu orientieren oder komplexe Sachverhalte zu erfassen, erst im Alter aufgetreten sind oder als Defizite schon ein Leben lang bestanden haben.

Konsens besteht in der Geriatrieforschung hinsichtlich der nachfolgenden Störungen bei Alzheimer-Erkrankungen:

Symptome der Alzheimer-Erkrankung

- Gedächtnisstörungen: Kurz zurückliegende Inhalte, wie zum Beispiel Ereignisse des vorangegangenen Tages, werden vergessen und können nicht mehr erinnert werden
- Abnahme der Fähigkeit, Problemlösungen zu entwickeln
- Störungen der Sprache: Wörter werden nicht mehr gefunden, die Grammatik wird fehlerhaft
- Räumliche Leistungen nehmen ab: Die Orientierung wird zunehmend schlechter, rechts und links werden verwechselt
- Alltägliche Gegenstände und vertraute Personen werden nicht mehr erkannt
- Bisher vertraute Geräte und Werkzeuge können nicht mehr, oder erst auf wiederholte Nachfrage hin, benutzt werden
- Rasche Ermüdbarkeit und Trägheit, zunehmende Lese-, Schreib- und Rechenstörungen
- Bisher untypische, persönlichkeitsfremde Affekte wie Reizbarkeit, Aggressivität, Wutausbrüche oder auch Resignation und depressive Verstimmung treten auf, mitunter auch Sinnestäuschungen, Wahnvorstellungen und die Neigung der Betroffenen zu ständig gleichen Fragen und Bemerkungen

Hinzu kommen weitere körperliche Symptome:
- Nächtliche Unruhe bis hin zu Erregungszuständen, tagsüber aber Inaktivität und Trägheit
- Sinnestäuschungen
- Störungen beim Wasserlassen und Stuhlgang oder deren Kontrollverlust
- Krampfanfälle

Klarheit bringen oft standardisierte psychologische Testverfahren (mit denen Gedächtnis, Sprache, Teile des Denkvermögens überprüft werden) sowie internistische, neurologische und psychiatrische (Labor-)Untersuchungen.

Stadien der Alzheimer-Erkrankung

Die Gerontopsychiatrie teilt die Alzheimerkrankheit in drei Stadien ein:

Erstes Stadium

Leichte und kaum auffällige Symptome. Der Betroffene ist nur bei komplizierten Tätigkeiten beeinträchtigt, er hat Schwierigkeiten, sich in einer fremden Umgebung zurechtzufinden, Gedanken präzise zu formulieren und sich an kurz zurückliegende Ereignisse zu erinnern.

Es fällt dem Betroffenen schwer, abstrakt zu denken, wie es beispielsweise zum Führen eines Kontos erforderlich ist, oder komplexe Situationen richtig einzuschätzen. Hinzu kommen Probleme, die richtigen Wörter zu finden, und die Neigung, diese Lücken mit unsinnigen Wörtern zu ergänzen. Eigeninitiative und Antrieb lassen nach. Räumliche und zeitliche Orientierungsprobleme können auftreten. Der Betroffene wirkt häufig verwirrt und verunsichert, weil er die nachlassenden Fähigkeiten manchmal noch selbst bemerkt und darunter leidet.

Zweites Stadium

Hier verstärken sich die Symptome des Anfangsstadiums. Es fällt dem Betroffenen schwer, sich in der eigenen Wohnung zurechtzufinden, im unmittelbaren Umfeld verirrt er sich rasch. Die Namen von nahe stehenden Menschen werden vergessen. Die zeitliche Orientierung geht zunehmend verloren. Aussagen sind häufig nicht mehr zu verstehen oder scheinen aus dem Zusammenhang gerissen. Alltägliche Verrichtungen wie Körperpflege, Ankleiden (zum Beispiel das Binden einer Krawatte), Einkaufen und die Zubereitung von Mahlzeiten oder die Benutzung von Verkehrsmitteln werden schwierig bis unmöglich. Die Betroffenen sind zunehmend auf Hilfe von anderen angewiesen. Eine selbstständige Lebensführung ist kaum noch möglich.

Drittes Stadium

Neue Informationen können nicht mehr gespeichert werden, der sprachliche Ausdruck reduziert sich auf wenige Wörter. Selbst Familienmitglieder werden nicht mehr richtig erkannt. Der Betroffene kann eine starke körperliche Unruhe entwickeln und das Bedürfnis haben, das Haus und die Wohnung zu verlassen. Wutanfälle und Störungen des Tag-Nacht-Rhythmus begleiten häufig dieses Krankheitsstadium. Der Betroffene verliert zunehmend die Kontrolle über Körperfunktionen wie Schlucken, Motorik, Körperhaltung, Blase und Darm. Dadurch ist er zunehmend inaktiv, bettlägerig und muss rund um die Uhr gepflegt werden. Es entsteht eine Infektanfälligkeit, so dass die Patienten oft an einer Begleiterkrankung, zum Beispiel an einer Lungenentzündung, sterben.

Therapiemöglichkeiten

Nur circa zehn Prozent der Demenzerkrankungen sind kausal heilbar. Es handelt sich dabei um sekundäre Formen der Demenz (zum Beispiel Hormonsubstitution bei einer Demenz im Rahmen einer Schilddrüsenerkrankung (Hypothyreose), z. B. Vitaminsubstitution bei Vitamin-B12-Mangel, Parkinson-Behandlung oder Behandlung mit Antidepressiva im Rahmen einer Demenzsymptomatik bei Altersdepression).

Die Alzheimer-Erkrankung kann dagegen bis heute nicht geheilt werden. Bei einer frühen Diagnose kann der Krankheitsverlauf jedoch um einige Zeit verzögert werden, so dass die Lebensqualität länger erhalten bleibt und die Pflegebedürftigkeit später beginnt. Die Krankheit ist also nicht grundsätzlich therapieresistent, der Verschlechterungsprozess kann durch geeignete Therapien verlangsamt werden. Erfolg versprechend ist dabei die Kombination verschiedener Therapieformen, von Medikamenten, Psycho- und Soziotherapie.

Nichtmedikamentöse Therapieformen können in spielerischen Übungen des Gedächtnisses oder der Konzentration bestehen, solange das Gedächtnis noch nicht zu sehr beeinträchtigt ist. Im Wesentlichen geht es darum, verbleibende Fähigkeiten zu stärken und möglichst lange aufrechtzuerhalten. Die Musik- und die Kunsttherapie versuchen die Betroffenen zum Malen, plastischen Gestalten, Singen oder Musizieren anzuregen und kreative Fähigkeiten (wieder) zu beleben. Verhaltenstherapeutische Techniken sollen den geistigen Abbau verlangsamen und die Betroffenen befähigen, alltägliche Aktivitäten, vom Ankleiden bis hin zur Körperpflege, zu meistern. So ist es wichtig, die Erinnerung an die eigene Biographie zu erhalten oder Lieblingsmusikstücke abzuspielen oder Tätigkeiten, welche die Kranken noch beherrschen, selbstständig ausführen zu lassen. Es kann sinnvoll sein, eine feste Reihenfolge, z. B. bei der Körperpflege, einzuüben. Wenn die Sprachmöglichkeiten reduziert sind, lassen sich die Patienten noch über die anderen Sinne wie Hören, Riechen, Schmecken, Fühlen erreichen. Bei diesen «Therapien» sind freilich nicht nur Fachleute gefordert. Auch Angehörige, Freunde oder Nachbarn können hier unterstützend tätig werden (vergleiche den Beitrag von Volker Faust).

Als Mittel der ersten Wahl unter der medikamentösen Behandlung gelten in der Frühphase der Alzheimer-Erkrankung Cholinesterasehemmer. Sie erhöhen die Wirkung von Acetylcholin, einem Botenstoff im Gehirn, der für das Denkvermögen und die Merkfähigkeit wichtig ist (zum Beispiel Aricept, Reminyl, Exelon). Cholinesterasehemmer sollten so früh wie möglich verordnet werden. Sie können bei Erfolg über längere Zeit gegeben werden. Nebenwirkungen wie Übelkeit, Durchfall, Schwindel oder Hypotonie treten vor allem in der Anfangsphase auf. Der verordnende Arzt hat auch Kontraindikationen zu beachten. In der mittleren bis späten Verlaufsphase der Alzheimer-Erkrankung können neben den Cholinesterasehemmern auch Medikamente mit dem Wirkstoff Mematine (zum Beispiel Axura, Ebixa) eine Verschlechterung der Symptomatik verzögern. Mematine hat einen Einfluss auf den Botenstoff Glutamat im Gehirn. Entsprechende Nebenwirkungen und Kontraindikationen sind vom Arzt zu beachten. Im Verlauf der Alzheimer-Erkrankung kann es erforderlich sein, weitere Medikamente zu geben, um Begleitsymptome, wie Unruhe, Schlafstörungen, depressive Symptome, aggressive Handlungen und Wahnvorstellungen, zu behandeln, unter denen die Patienten, aber auch ihr Umfeld leiden. Dafür stehen Beruhigungsmittel, Schlafmittel, Antidepressiva und Neuroleptika zur Verfügung.

Ebenso wichtig wie eine gute Behandlung der Demenzkranken ist die Unterstützung für Angehörige und Betreuer. Neben Angehörigengruppen sollten alle Hilfsmöglichkeiten zur Entlastung und Unterstützung in die Behandlungsplanung mit einbezogen werden.

Literatur

Huub Buijson, Demenz und Alzheimer verstehen – mit Betroffenen leben, Weinheim 2003

Die Alzheimer-Erkrankung – Angehörigen-Broschüre

Diese Broschüre gibt es kostenlos bei: Deutsche Seniorenliga, Gotenstraße 164, 53175 Bonn, www.dsl-alzheimer.de

Anneliese Furtmayr-Schuh, Die Alzheimer-Krankheit. Das große Vergessen. Wissen, vorbeugen, behandeln, mit der Krankheit leben, Stuttgart 2000

Otto Benkert, Hanns Hippius, Kompendium der Psychiatrischen Pharmakotherapie, Berlin 2003
Daniela Flemming, Mutbuch für pflegende Angehörige und professionell Pflegende altersverwirrter Menschen, Weinheim 2003
Erich Grand, Pflege Demenzkranker, Hannover 2003
Volker Faust, Seelische Störungen heute. Wie sie sich zeigen und was man tun kann, München 1999

Alzheimerkrankheit und Demenz
Hinweise für Angehörige

Von Volker Faust

Die meisten Patienten mit einer Demenz, sei es eine Alzheimerkrankheit oder eine andere Form der Geistesschwäche, leben zu Hause. Das ist in der Regel auch der beste Platz, ihr Heim, an dessen Gestaltung sie beteiligt waren und das ihnen nicht zuletzt in ihrer verunsichernden und demütigenden Erkrankung Schutz, Sicherheit und Wohlgefühl garantiert. Nur wenige Betroffene müssen in ein Alters- oder Pflegeheim, das – so gut es auch organisiert sein mag – natürlich nicht das gleiche Zuhause bietet. Das heißt aber auch: Auf jeden Demenz-Betroffenen kommt mindestens eine Person, meist aber mehrere, die ihn mittragen, wenn nicht gar pflegen müssen. Und dies ohne Aussicht auf Genesung, im Gegenteil. Das ist eine große Belastung, die in der Regel nur diejenigen nachempfinden können, die einmal damit enger in Berührung kamen, und sei es nur im Bekanntenkreis.

Das heißt, auf einen schmerzlichen Nenner gebracht: Nicht nur die eingeschränkte geistige Leistungsfähigkeit, die wachsende Unselbstständigkeit und Hilfsbedürftigkeit, auch die so genannten Begleitsymptome wie Deprimiertheit, Angst, Schlafstörungen, Unruhe, Aggressivität, Wahngedanken, Sinnestäuschungen usw. belasten schon das Zusammenleben in einer kleinen Partnerschaft, noch mehr in einer größeren Familie mit mehreren Generationen. Es drohen Missverständnisse, Auseinandersetzungen, heftige Gefühlsreaktionen, kurz: Das Leben ist nicht mehr das gleiche wie zuvor. Die Folgen sind bekannt und können sogar einen bisher intakten Familienverband auseinander sprengen.

Und doch gibt es eine Reihe von Möglichkeiten, diese Probleme zu mildern. Dies geschieht zusammen mit dem Hausarzt und ggf. Psychiater, mit Freunden, Bekannten und Nachbarn (deren Hilfe man nicht gering schätzen sollte, es spricht nur niemand darüber), mit Pflegediensten, Selbsthilfe- und Angehörigengruppen usw. Ganz wichtig sind die Informationen, die man von den entsprechenden Fachgesellschaften bekommt (z. B. Deutsche Alzheimer-Gesellschaft, 10623 Berlin, Kantstraße 152, Tel.: 030/31505733, dort sind auch die Kontaktadressen der verschiedenen regionalen Alzheimer-Gesellschaften mit ihren Angehörigengruppen zu erfahren).

Nachfolgend nun einige Informationen und konkrete Alltagstipps, wie sie gerade von diesen Institutionen angeboten und immer wieder überarbeitet werden.[1]

Was Angehörige empfinden

Die Alzheimer-Krankheit von Vater, Mutter, Ehemann, Ehefrau oder sonstigen Angehörigen verändert das Leben aller Beteiligten, und zwar entscheidend. Man muss mit völlig neuen Bedingungen zurechtkommen. Dabei ist die Bürde der körperlichen Pflege noch am ehesten zu ertragen. Viel schlimmer ist der Umstand, dass man Tag für Tag ein Stück vom anderen verliert. Das prägt nicht nur die Gegenwart, sondern auch die Zukunft bzw. das, was man gemeinsam vorhatte. Darauf war niemand vorbereitet, so hat man es sich nicht vorgestellt. Nichts ist mehr so, wie es war.

Das pflegt für alle Beteiligten nicht ohne Folgen zu bleiben: Resignation, Trauer, Gefühle von Hoffnungslosigkeit, Bitterkeit und Hilflosigkeit, aber auch Unmut, Reizbarkeit, Aggressivität und Wut prägen die Atmosphäre, und zwar immer mehr. Und nicht zuletzt die typische Frage: «Warum wir, d. h. vor allem ich?» Wie schön könnte man es jetzt haben, nach den vielen Jahren harter Arbeit, nach Mühsal und so mancher Enttäuschung. Und jetzt das. Was wollte man nicht noch alles gemeinsam erleben: Besuche, Reisen, Umzug, endlich dies, endlich das – und nun?

Wichtig ist hier wie bei allen Trauerreaktionen: solche Empfindungen nicht unterdrücken, sondern zulassen, akzeptieren, vor allem herauslassen. Das heißt mit anderen Menschen darüber sprechen (gemäß dem bekannten Spruch des Hippokrates vor mehr als zweieinhalbtausend Jahren: «Für was ich Worte habe, darüber bin ich schon hinweg»). Tatsächlich: Es gibt nicht nur überraschend viel Verständnis sowie allgemeine Tröstungen und konkrete Hilfsangebote, man kommt auch leichter darüber hinweg. Wer es dagegen unausgesprochen und damit letztlich ungelöst mit sich herumschleppt, wirkt zwar auf den ersten Blick stabiler. In Wirklichkeit verschärft er aber seine Situation, insbesondere auf psychosomatischem Gebiet (unverarbeitetes Seelisches, das sich schließlich körperlich äußert) – und schließlich auch auf psychosozialer Ebene: zwischenmenschlich, d. h. familiär, nachbarschaftlich, beruflich usw.

Deshalb nochmals: Die Alzheimer-Krankheit ist keine Schande. Sie gab es schon immer und gibt es inzwischen immer häufiger. Niemand ist dagegen gefeit, auch nicht die Großen aus Politik, Wirtschaft, Kultur, Wissenschaft und Showbusiness, wie man aus bekannten Beispielen weiß (die dies sogar in z. T. bewundernswerter Weise öffentlich bekennen, was der Sache durchaus dienlich ist). Deshalb soll man versuchen, das Leiden anzunehmen und das Beste daraus zu machen. Was heißt das?

- Natürlich irritiert es, wenn plötzlich die Rollen vertauscht sind. Es tut sogar weh. Manche sind überfordert und hilflos, andere fühlen sich verlassen, geraten vielleicht sogar in Panik. Doch man wächst in die neue Aufgabenstellung hinein, selbst im höheren Lebensalter. Man wächst nicht nur hinein, man wächst auch generell mit den anfallenden Aufgaben. Und man bekommt mehr Hilfe, als man zu hoffen wagte, sofern man darüber reden und die Hilfe der anderen damit mobilisieren kann. Die Demenz ist eine gemeinsame Aufgabe, wenngleich mit entsprechenden Schwerpunkten. Man muss die Gemeinsamkeit nur einfordern, von selbst kommt kaum etwas.
- Wichtig ist es auch, die «dunkle Brille» der Resignation abzunehmen. Der Patient ist zwar nicht mehr so selbstständig wie früher, aber er ist auch nicht in jeder Hinsicht hilfsbedürftig und damit abhängig. Deshalb soll man – am besten zusammen

mit Angehörigen, Hausarzt, Angehörigengruppen usw. – eine Liste jener Eigenschaften erstellen, die zurück- oder verloren gehen, aber auch von jenen Fähigkeiten, die noch erhalten und damit förderungswürdig sind. Und man sollte die verbleibenden Fähigkeiten nicht gering schätzen. Sie stehen vielleicht im Alltag der Gesunden nicht so im Vordergrund, haben aber durchaus ihren Wert, vor allem als Stabilisierungsfaktor. Hierunter fallen nicht zuletzt die Erinnerungen und sozialen Umgangsformen.

Missgestimmt – gereizt – wütend

Nicht wenige Angehörige belastet nicht nur ihre neue Aufgabe, sondern auch die Art, mit der sie zumindest gelegentlich (über-)reagieren: missgestimmt, gereizt, gelegentlich sogar aggressiv bis hin zu Wutausbrüchen. Das macht sie verlegen, unsicher, ratlos, das beschämt und erfüllt sie mit Schuldgefühlen. Sie sind enttäuscht und verbittert, und zwar nicht nur über ihr Schicksal, sondern auch über sich selbst («dass ich je einmal so die Haltung verlieren würde»). Hier aber ist Folgendes zu bedenken: Kein «normaler Mensch» ist endlos belastbar und dabei ausgeglichen oder gar heiter. Es ist ja nicht nur die äußere Belastung der Pflege, es ist eine ständige seelische und nach und nach auch körperliche Anspannung, die die Reserven aufzehrt und sich irgendwann einmal Luft schaffen muss. Deshalb sollten sich alle Angehörige die vielleicht überraschende Einsicht vor Augen halten: Es ist nicht üblich und wahrscheinlich auch nicht «gesund», wenn man ständig einen Großteil seiner Kraft in die zusätzliche Aufgabe investiert, sich zu beherrschen und Haltung zu bewahren. Dagegen ist es normal, nachvollziehbar, einsichtig und innerlich wie äußerlich stabilisierend, hin und wieder einmal die Beherrschung zu verlieren. Das ist ein «Überdruckventil», das verhindert, dass man sich gleichsam von innen her selbst «auffrisst».

Deshalb sollen die Betreffenden immer daran denken: Sie erfüllen eine der schwierigsten Aufgaben, die es zu bewältigen gilt. Kein Mensch ist perfekt, vor allem nicht unter Dauerbelastung bzw. Überlastung. Gerade weil man «Mensch ist», also Gefühle und auch überschießende Gefühlsreaktionen hat bzw. abführen muss, ist man ja in der Lage, dem Patienten zu helfen, und zwar langfristig, solange es sein Zustand erfordert. Die meisten Kranken vergessen «unschöne Szenen» ohnehin rasch, viel rascher als die schuldbewussten Angehörigen. Im Übrigen soll man auch solche «Ausbrüche» mit anderen besprechen, nichts schlucken oder gar in sich hineinfressen. Dann wird man nämlich sehen, dass jeder bestätigt: So etwas ist unvermeidlich, wie anders soll man denn mit einer solchen Aufgabe sonst auf Dauer fertig werden.

Schuldgefühle

Eine der unangenehmsten, vor allem aber kräftezehrendsten Folgen sind Schuldgefühle, die so manche Angehörige entwickeln, entweder im Laufe der Zeit oder zumindest aber immer mal wieder. Schuldgefühle sind im normalen Leben keine unnötige Reaktion. Manche kennen überhaupt keine, andere zu viel, je nach Situation und vor allem Wesensart. Während einer Depression gehören Schuldgefühle zum Quälendsten. Im Alltag sind sie eher situationsabhängig. Doch für den Angehörigen eines Demenzkranken gibt es zur alltäglichen Belastung hinzu noch vielerlei Gründe, Schuldgefühle zu entwickeln. Die Ursachen sollen nicht weiter diskutiert werden. Am häufigsten ist die Überlegung, man hätte die Krankheit verhindern können, gefolgt von Selbstvorwürfen, weil man wieder einmal die Beherrschung verloren hat, und vor allem, weil man immer mal wieder daran denkt, den Patienten in ein Pflegeheim zu geben. Und natürlich der Gedanke, dass man noch immer nicht genügend für den Kranken tut.

Doch das alles ist unbegründet. Eine Demenz im Allgemeinen und eine Alzheimer-Krankheit im Speziellen sind durch äußere Einflüsse nicht zu verhindern oder aufzuhalten. Die meisten Angehörigen tun ohnehin mehr, als in ihren Kräften steht. Schuldgefühle verzehren die wenigen Reserven nur noch schneller. Wichtig auch hier: mit anderen Menschen darüber reden. Die pflegen das schnell zu korrigieren.

Rückzug und Isolationsgefahr

Natürlich geht vieles für den Alzheimer-Kranken nicht mehr so wie früher. Die Kontakte reduzieren sich von selbst, aus vielerlei Gründen. Völlig falsch wäre es aber, dies noch zu fördern, aus Angst vor möglicher Peinlichkeiten durch den Patienten oder weil man sich für ihn und für sich selbst schämt. Manche laden niemanden mehr zu sich ein, nehmen keine Einladungen mehr an, «gehen überhaupt nicht mehr unter die Leute». Das ist ein Teufelskreis, der Rückzug und Isolationsgefahr nur noch verstärkt. Damit hilft man weder dem Patienten noch sich selbst. Denn der Kranke ist damit von wichtigen Erlebensmöglichkeiten abgeschnitten, die den intakten Teil von Geist, Gemüt und sogar körperlicher Aktivität in Gang halten könnten. Und der pflegende Angehörige, der sich schämt und Peinlichkeiten, Frustrationen, Kränkungen und Demütigungen befürchtet, verliert langsam selbst Kontakt, Aktivität, Routine, kurz: Lebensfähigkeit, von allen anderen Folgen für eine solche letztlich unnötige Isolierung ganz zu schweigen.

Die Demenz bzw. Alzheimer-Krankheit ist inzwischen in aller Munde. Sie macht Angst, da gibt es keine Diskussion. Sie macht aber auch bereit, das mit ihr verbleibende Problem zu akzeptieren (vor allem wenn man noch froh sein kann, dass es einen nicht selbst trifft). Es gilt also, Verwandte, Freunde, sonstige Bekannte, Nachbarn usw., mit denen man weiter Kontakt haben will bzw. muss, über das Krankheitsbild zu informieren. Das ist kein leichter Schritt. Andererseits erleichtert er alles Weitere. Die Umgebung ist erst einmal irritiert, betroffen, vielleicht peinlich berührt oder schockiert, aber dann auch bereit, Verständnis zu zeigen, mitzutragen, zu helfen. Und das wird nötig sein, denn es mangelt nicht an befremdlichen, wenn nicht gar peinlichen Verhaltensweisen, die es jetzt zu tolerieren gilt. Interessanterweise sind die meisten Menschen aber dazu durchaus in der Lage, willens und hilfsbereit.

Was kann man als Pflegender für sich selbst tun?

Leistung braucht Kraft. Nur wer Kraft hat, kann auch etwas leisten. Außerdem: «Kraft ist Zuteilung, nicht Brunnen», d. h., es fließt nicht endlos etwas nach. Man muss mit den Reserven haushalten. Das weiß man schon aus normal schwierigen Zeiten, und dies gilt umso mehr für eine langfristige und aufzehrende Betreuung, wie sie ein Demenzkranker erfordert. Wer sich also verschleißen lässt, weil er seine Kräfte nicht konsequent einteilt, d. h. auch gezielt schont bzw. seine Reserven wieder auffüllt, der wird am Schluss seiner Aufgabe nicht mehr gerecht – von seinem eigenen traurigen Los ganz zu schweigen. Was heißt das?

Als Erstes müssen die so genannten *vegetativen Funktionen* sichergestellt sein. Das bedeutet vor allem ausreichend Schlaf. Hier gilt es alle Möglichkeiten zu nutzen, die sowohl dem nächtlich unruhigen Patienten als auch seinem Betreuer die notwendige Regeneration sichern. Dabei sollte man auch nicht allzu viel Angst vor «Chemie» haben, wenn sich andere, z. B. nichtmedikamentöse Verfahren als nicht mehr ausreichend erweisen. Dies gilt auch für den Appetit, d. h. Appetitlosigkeit und Gewichtsverlust. Zwar wird gerade dieses Symptom am wenigsten beklagt, kann aber ebenfalls zu einer Doppelbelastung des Pflegepersonals beitragen. Denn eine ausgewogene regelmäßige Ernährung ist die Basis für eine normale psychische und körperliche Belastbarkeit.

Im Weiteren braucht der Pflegende einen Freiraum, d. h. eine so genannte Auszeit, weil er sonst geistig und seelisch verkümmert. Und wer verkümmert, kann wiederum seinem Auftrag nicht gerecht werden. Deshalb müssen die früheren Interessen, Hobbys und Freizeitbeschäftigungen unbedingt beibehalten werden. Eigentlich sollte man sie unter den neuen Belastungen noch verstärken. Das wird wohl nicht möglich sein, aber den notwendigen Ausgleich gilt es sicherzustellen.

Das heißt konkret: regelmäßige, am besten immer zeitgleiche Entlastung vom häuslichen Pflegedienst. Und es heißt vor allem, Wohnung oder Haus verlassen zu können und sich wirklich frei mit dem zu beschäftigen, was Freude macht(e), was ja wieder zur Regeneration beiträgt. Was immer das ist, es muss erhalten bleiben. Und wenn es bisher kein Thema war, sollte man sich etwas Früheres oder Neues suchen, was einen auch ausfüllt und erfüllt. Wer ein Hobby hat, soll, ja muss es pflegen. Ansonsten sind erfahrungsgemäß zwei Aspekte von großer Bedeutung: 1. die Musik (selbst wenn man bisher nicht unbedingt musikalisch interessiert war) und 2. die körperliche Aktivität. Vor allem Letzteres ist Pflicht, und zwar täglich.

Zum einen soll man mit dem Patienten viel spazieren gehen, möglichst bei Tageslicht und im Grünen. Zum anderen sollte man auch für sich selbst einen täglichen Spaziergang alleine oder mit jemand anderem, jedenfalls nicht mit dem Kranken machen und dies wiederum bei Tageslicht und im Grünen, weil sie die besten Regenerationsergebnisse garantieren. Natürlich ist auch jede andere körperliche Aktivität möglich (Fahrradfahren, Schwimmen, Gymnastik, Gartenarbeit, die emotional besonders ausgleichend wirkt usw.). Kurz: Man muss sich Zeit für sich selbst nehmen, und das regelmäßig und ohne Ausnahme. Meist ist es auch sinnvoll, ein Entspannungsverfahren wie autogenes Training, Yoga usw. zu erlernen.

Probleme der Entlastung?

Wer bei diesem Freizeitprogramm ein schlechtes Gewissen hat oder gar Schuldgefühle entwickelt, hat damit nicht nur Unrecht, er macht auch einen strategischen Fehler – letztlich zu Lasten des Patienten. Ein Motor, der viel leisten muss, sollte noch regelmäßiger zur Inspektion als einer, der nur ein durchschnittliches Pensum zu bewältigen hat. Nur bei Menschen gibt es sonderbarerweise Widerstände. In diesem Fall ist es besser, man benutzt nicht das Wort «freinehmen» oder «Freizeit», sondern «aktive Regeneration», um auch weiterhin die geforderte Leistung erbringen zu können. Solche Auszeiten sind nicht nur wichtig für das körperliche, sondern auch das geistige und vor allem seelische Wohlbefinden. Wer nicht regelmäßig «auftanken» kann, wird bald stehen bleiben.

Das heißt, in diesem Falle wird er krank werden oder gar irgendwann einmal zusammenbrechen. Das war dann keine Pflichterfüllung, sondern ein törichtes, alle Beteiligten schädigendes Verhalten.

Wie kann diese regelmäßige (!) Regenerationspause gesichert werden, d.h., wer betreut den Patienten in dieser Zeit? Das wissen vor allem der Hausarzt oder entsprechende Selbsthilfe- und Angehörigengruppen, zumal die Zahl entsprechender Institutionen kontinuierlich zunimmt. So stehen auf der einen Seite Familienmitglieder zur Verfügung (die man allerdings darauf ansprechen und verpflichten sollte) und auf der anderen immer mehr professionelle ambulante Helfer, aber auch Tagesstätten und sogar die Möglichkeit von Kurzzeitpflege in einem Heim. Denn auch regelmäßiger Kurzurlaub ist für den Betreuer unerlässlich, will er seiner Aufgabe langfristig gerecht werden.

Nun können es manche Menschen kaum ertragen, «ihren» kranken Angehörigen in anderen Händen zu wissen. Oder sie haben die erwähnten Schuldgefühle bzw. die Angst, er könnte nicht richtig verstanden, betreut oder behandelt werden. Oder sie fürchten, dass ihn das alles nur noch mehr «durcheinander bringt», was ihnen die eigene Betreuung dann noch schwerer macht. Manche haben sogar Angst, der Patient könnte sich anderenorts wohler fühlen als zu Hause. Die anderen könnten die Pflege womöglich professioneller machen, mehr bieten, flexibler, toleranter, belastungsfähiger sein. Und genau das würde ihnen dann später zum Vorwurf gemacht.

Das alles sind Aspekte, die man ernst nehmen muss. Sie verlieren aber an Überzeugungskraft, wenn man die Negativfolgen eines ausgebrannten, erschöpften, selbst behandlungsbedürftigen Betreuers bedenkt, der seine eigenen Reserven überschätzt und seine Regenerationspflicht vernachlässigt hat. Natürlich haben die meisten Angehörigen zwiespältige Gefühle, wenn sie einmal weg sind. Sie sollten sie aber nur haben, wenn sie nach dem selbst verschuldeten Raubbau ihrer Kräfte für längere Zeit krankheitsbedingt weg sein müssen. Alles andere regelt sich von selbst.

Kontinuität, auch was die Regenerationszeiten des Betreuers anbelangt, wird von Demenzkranken am ehesten toleriert. Und dass professionelle Betreuer manchmal «besser» und damit erfolgreicher sind, ist keine Kunst. Zum einen ist es ihr Beruf, zum anderen werden sie von dem jeweiligen Patienten nur kurzzeitig gefordert. Und dass manche daraus gewisse Vorwürfe ableiten, kann einerseits berechtigt sein, dann sollte man es ändern, andererseits ist es aber auch eine Bestätigung, dass man seine Regenerationsphase braucht.

Schwere Entscheidungen und besondere Belastungen

Zu den besonderen Belastungen bzw. schweren Entscheidungen, zu denen eine Demenz oftmals zwingt, gehören: Soll der Patient seine Diagnose wissen? Kann die alte Wohnung beibehalten werden, vor allem wenn er alleinstehend ist? Wie steht es um finanzielle Angelegenheiten und das Testament? Darf der Patient noch Auto fahren? Und schließlich: Muss eine spezielle Versicherung abgeschlossen werden? Ist ein Pflegeheim nötig usw.?

Alle diese Entscheidungen sollte man am besten im Familienverbund treffen, wobei man sich wiederum bei den erwähnten Fachgesellschaften allgemeinen Rat holen kann. Nachfolgend dazu einige Hinweise, wie sie die Gerontopsychiater und ihre Mitarbeiter und Mitarbeiterinnen aus verschiedenen Disziplinen in der Regel empfehlen:

Soll der Patient seine Diagnose erfahren?

Keine Krankheit macht Freude, die meisten Diagnosen belasten oder schockieren. An der Spitze dieser unerfreulichen Skala stehen seelische Störungen. Einige von ihnen gehören zu den gefürchtetsten Krankheiten. Das liegt einerseits an ihrem Beschwerdebild und seinen seelischen und vor allem psychosozialen Folgen, andererseits am mangelnden Wissensstand darüber (Unwissen macht Angst) und nicht zuletzt an der gesellschaftlichen Abwertung dieser Krankheiten. Die Demenz und insbesondere die Alzheimer-Krankheit gehören jedenfalls dazu. Und deshalb scheuen sich auch viele Ärzte, den Patienten über seine Krankheit aufzuklären und die Diagnose beim Namen zu nennen. Seine Angehörigen sind natürlich noch unsicherer, von ihrer mitunter lähmenden Betroffenheit, Resignation, ja Trauer, Hilflosigkeit oder ohnmächtigen Wut ganz zu schweigen.

Es gibt jedoch kein Krankheitsbild, auch keine seelische Störung, bei der man die Diagnose bzw. Aufklärung dem Patienten verschweigen soll. Denn Wissen ist Macht, und zwar einerseits die Macht zu helfen und andererseits Kraft, mit seinem Schicksal besser fertig zu werden. Alles andere ist eine zwiespältige Einstellung, die zwar in Einzelfällen nachvollziehbar ist, oftmals aber auch nur der Scheu, Angst oder Betretenheit jener entgegenkommt, die sich eigentlich die Mühe der Aufklärung machen und vor allem die Konsequenzen eines solchen Gespräches tragen sollten, um den Betroffenen die nun notwendigen Maßnahmen zu erleichtern.

Deshalb muss auch ein Alzheimer-Patient über seine Diagnose aufgeklärt werden. Und das auch bzw. gerade bei leichtgradig beeinträchtigten Kranken, damit sie sich rechtzeitig danach richten können: Krankheitsbild, psychosoziale Folgen (Partnerschaft, Familie, Vermögen, Freundeskreis, Beruf), Fortschreiten des Leidens, aber auch heutige Behandlungsmöglichkeiten usw. Dass so etwas nicht nur für Patient und Angehörige, sondern auch für den Arzt eine große Belastung ist, versteht sich von selbst. Eine Alzheimer-Krankheit aber auf sich beruhen zu lassen, aus welchem Grund auch immer, ist eine Entscheidung, die man schon nach einiger Zeit kaum mehr begründen kann. Also muss man den Patienten rechtzeitig aufklären, vor allem aber sein Leiden detailliert erläutern. Die Diagnose mitzuteilen, ohne das Krankheitsbild persönlich zu erklären oder auch nur auf schriftliches Aufklärungsmaterial zu verweisen, ist eine überaus mangelhafte Haltung. Denn mit der Erläuterung geht ja auch der immer wiederholte Hinweis einher, dass die Krankheit zwar fortschreitet, aber einen sehr unterschiedlichen, mitunter auch sehr langsamen Verlauf nehmen kann und dass inzwischen wirksame Behandlungsmöglichkeiten zur Verfügung stehen, die es zu nutzen gilt. Vor allem aber muss man dem Patienten und seinen Angehörigen das Gefühl vermitteln, dass er mit dieser Krankheit nicht alleine ist und dass es inzwischen eine geradezu beeindruckende Menge von äußeren Unterstützungsmaßnahmen gibt, auch in nächster Umgebung.

Nach diesen Erläuterungen muss dem Patienten und seinen Angehörigen schließlich Gelegenheit gegeben werden, alle Befürchtungen zu äußern, d. h., Fragen zu stellen, so viele ihnen dazu einfallen, und zwar sofort und auch später immer wieder. Nur so lässt sich das tröstliche Gefühl vermitteln, dass der Betroffene mit seiner Krankheit nicht alleine dasteht, sondern jederzeit Hilfe suchen und finden kann.

Eine Alzheimer-Krankheit ist ein schwerer Schicksalsschlag. Das ist keine Frage. Aber: Eine Alzheimer-Krankheit, die mit den vielschichtigen Unterstützungsmöglichkeiten unserer Zeit begleitet wird, ist wenigstens ein bewältigbarer Schicksalsschlag, dem man nicht völlig ausgeliefert ist. Das ist ein großer Unterschied.

Wohnung oder Pflegeheim?

Die Frage, ob der Patient noch in seiner Wohnung verbleiben kann, gehört zur schwerwiegendsten Entscheidung überhaupt. Im Grunde sind die eigenen vier Wände das, was er sich sehnlichst wünscht und was auch die beste Lösung wäre, solange sie sich realisieren lässt. Lebt er alleine, stellt sich diese Frage natürlich früher als im Familienkreis. Das wird sich auch durch ambulante Dienste nur begrenzte Zeit hinausschieben lassen. Dabei sehen manche Patienten solche nützlichen Hilfen nicht einmal ein und lassen – aus den bekannten Gründen – fremde Personen nur ungern in ihre Wohnung. So etwas braucht also eine lange Vorarbeit, die nicht mit der notwendigen Hilfestellung begründet werden soll, sondern mit «netten Bekanntschaften», die auf diese Weise zu machen sind und damit die Langeweile etwas verringern.

Sobald der Patient aber Orientierungsprobleme in der eigenen Wohnung bekommt, ggf. wegläuft und nicht mehr zurückfindet oder wenn aus anderen Gründen eine durchgehende Versorgung notwendig wird, ist die Unterbringung in einem Heim nicht mehr zu umgehen.

Tatsächlich werden drei Viertel aller Alzheimer-Patienten irgendwann während ihres Krankheitsverlaufs in ein *Pflegeheim* aufgenommen. Die häufigsten Ursachen sind: hochgradige Orientierungsstörungen, ständige Weglaufgefahr, zunehmende Aggressivität, körperliche Pflegebedürftigkeit, insbesondere Inkontinenz u. a. Die Frage: Pflegeheim oder nicht und wenn ja, welches? sollten der Patient (sofern er dazu einen Beitrag leisten kann, meist wird er wohl nur energisch dagegen sein), seine Angehörigen, der Hausarzt, ggf. sonstige Verwandte, Bekannte, Freunde, vielleicht sogar in beratender Funktion entsprechende Angehörigen- oder Selbsthilfegruppen entscheiden. Die meisten Betroffenen werden damit nicht gerade glücklich, doch lässt ihr Zustand in der Regel keine Alternative zu.

Aktive Teilnahme am Verkehr: der Führerschein

Der Anteil der Führerscheinbesitzer über 65 Jahren wächst kontinuierlich. Ein Großteil fährt weiterhin Auto, obgleich das Unfallrisiko mit wachsendem Alter und zunehmender Demenz steigt. Demenz, das heißt nun einmal schwindendes Gedächtnis, reduzierter Antrieb, beeinträchtigte Reaktionsfähigkeit, verringertes Leistungsvermögen, nachlassende Orientierungsfähigkeit, kurz: eine vor allem schleichende Verschlechterung aller wichtigen Wahrnehmungs- und Beurteilungsfaktoren, wobei auch die kritische Selbstkontrolle zu wünschen übrig lässt.

Tatsächlich nimmt die Zahl der Unfälle mit dementen älteren Verkehrsteilnehmern zu (obgleich darüber keine konkrete Unfallstatistik existiert), geringfügig zwar, aber offensichtlich kontinuierlich. Beispiele: falsches Abbiegen oder Einfädeln, nicht zuletzt auf der Autobahn (Geisterfahrer), kleine Rempler bei Parkmanövern, Kollision mit Zäunen oder Verkehrszeichen, ohne es zu merken usw. Vieles wird zwar ausgeglichen durch die vorsichtigere und weniger aggressive Fahrweise älterer Verkehrsteilnehmer, zumal sie insgesamt auch weniger unterwegs sind als in jüngeren Jahren. Trotzdem können die Folgen sehr unangenehm sein, von der Gefahr für Menschen, Tiere und Sachen ganz zu schweigen.

Spricht man den Patienten auf den Führerschein an, reagiert er entweder betroffen, resigniert oder niedergeschlagen, noch häufiger aber gekränkt («Bevormundung», «Degradierung») und wird vor allem das in der Tat wichtige Argument bemühen, so lange wie möglich mobil bleiben zu wollen. Trotzdem wird irgendwann einmal die Entscheidung unumgänglich. Getroffen werden sollte sie am besten von den Angehörigen mit Unterstützung des Hausarztes. Die nun folgenden Auseinandersetzungen sind auf jeden Fall unangenehm und brauchen viel Überwindung, ja Mut. Es ist zwar richtig, dass die meisten und folgenschwersten Unfälle von der jüngeren Generation verursacht werden, es führt aber auch kein Weg an der Mahnung vorbei, sich die letzten Lebensjahre nicht durch einen Unfall mit vielleicht verhängnisvollen Folgen vergällen zu lassen, nur weil man sich nicht rechtzeitig seine nachlassende Leistungsfähigkeit in einem immer komplexer und dichter werdenden Verkehr eingestehen wollte.

Wenn sich die Situation zuspitzt, bleibt schließlich nichts anderes mehr übrig, als die Fahrzeugschlüssel in Sicherheit zu bringen und den Pkw stillzulegen. Der nächste Schritt wäre nämlich eine Meldung bei der Führerscheinstelle des Landratsamtes, und das sollte der Patient nun doch selbst machen. Auf jeden Fall muss man eines bedenken, was nebenbei alle seelischen Störungen mit der gleichen Fragestellung betrifft: Der Führerschein ist mehr als nur eine Fahrerlaubnis. Er ist ein Statussymbol. Und im Falle einer Erkrankung ist er für den Patienten der Beweis von Gesundheit oder, bei Führerscheinverlust, ein Beweis für seine Hinfälligkeit – und damit Ausdruck eines gesellschaftlichen Defizits.

Versicherung, Klärung der Vermögensverhältnisse, Testament

Genauso unangenehm können sich die folgenden Fragen stellen: Noch halbwegs harmlos, weil nachvollziehbar, sind entsprechende *Versicherungsempfehlungen*, in der Regel eine Haftpflichtversicherung, die die meisten aber ohnehin haben. Wenn eine Betreuung besteht (früher Pflegschaft), sollte sich auch der Betreuer durch eine Haftpflichtversicherung vor Schadenersatzforderungen schützen.

Deutlich heikler ist die *Klärung der Vermögensverhältnisse*, vor allem das *Testament.* Das ist schon bei Gesunden eine delikate Angelegenheit, wird es aber noch mehr, wenn der Betroffene offensichtlich nicht mehr im Vollbesitz seiner geistigen Kräfte ist. Trotzdem sollte es so rechtzeitig wie möglich abgefasst werden, um die ansonsten drohenden Erbstreitigkeiten in Grenzen zu halten. Sonst bleibt letztlich nichts anderes übrig, als von Hausarzt, Psychiater oder Nervenarzt die Testierfähigkeit des Alzheimer-Kranken bescheinigen zu lassen, was dem Notar die Beurkundung erleichtert.

Schwierigkeiten im Alltag

Welches sind nun die konkreten Probleme im Alltag? Nachfolgend eine kurze Übersicht, die sich allerdings nur mit seelischen und psychosozialen Schwierigkeiten befasst und die – ja nicht geringen – körperlichen Beeinträchtigungen aus Platzgründen ausklammert. Sie finden sich aber ausführlich in allen Informationsbroschüren für Angehörige.

Mangelnde Krankheitseinsicht

Schon bei körperlichen Erkrankungen braucht es manchmal unerträgliche Schmerzen oder Funktionseinbußen, um den Betroffenen davon zu überzeugen, dass er krank ist und einen Arzt aufsuchen sollte. Krankheiten ohne diese Begleiterscheinungen sind deshalb besonders ungünstig, was rechtzeitiges Erkennen und Handeln anbelangt. Bei seelischen Störungen ist es nicht anders. Die meisten psychischen Störungen brauchen Monate, bis sie einem Arzt gestanden werden.

Die Alzheimer-Krankheit zeigt dabei noch eine besondere Komponente. Wie schon auf Seite 65 dargestellt, nehmen die Betroffenen im frühen Krankheitsstadium ihr zunehmendes Leistungsdefizit durchaus bewusst wahr. Das wäre ein Vorteil, doch die Reaktion ist nicht die Arztkonsultation, sondern lange, viel zu lange Irritation, Verwunderung, schließlich Beschämung, Angst, Resignation, Niedergeschlagenheit, manchmal auch Wut bzw. konkreter: ohnmächtiger Zorn.

Was auf jeden Fall viel zu spät zugegeben wird, sind die eintretenden Fehlleistungen. Erst wenn sich ernstere Einbußen häufen, denkt man an eine diagnostische Abklärung und entsprechende Therapievorschläge. Das wäre auch höchste Zeit, denn im mittleren Stadium beginnt das Krankheitsbewusstsein zu verblassen. Jetzt kann sich der Patient sogar als besonders gesund, vital, dynamisch und erfolgreich einschätzen, obgleich seine Einbußen inzwischen eine kritische (und mitunter zwischenmenschlich und beruflich) kostspielige Dimension annehmen. Die Ursache ist nachvollziehbar: Das Selbstgefühl des Demenzkranken speist sich weniger aus der Gegenwart, es orientiert sich – wie die Erinnerungen – an zurückliegenden und damit an besseren Zeiten. Die Vergangenheit gewinnt an Bedeutung, und die damaligen Fähigkeiten und Erfolge werden in die Gegenwart übertragen. Das hat wahrscheinlich eine biologische Ursache, aber auch einen psychologischen Sinn. Man kann es als den Versuch sehen, sich vor dem quälenden Bewusstsein wachsender Defizite zu bewahren.

Deshalb sollte man den Alzheimer-Kranken nicht ständig mit seinen Mängeln konfrontieren, jedenfalls nicht unnötig oft und lang. Die Einsicht in seine Krankheit und ihre Folgen haben nämlich kaum fruchtbare Konsequenzen. Nur wer Überblick und Einsicht hat, kann auch danach handeln. Der Alzheimer-Patient hat sie nicht, weshalb er die Situation auch nicht zu bessern vermag. So kann es für alle Beteiligten sinnvoller sein, das positive Selbstbild des Patienten, so falsch, ja sogar lächerlich es manchmal sein mag, als einen Selbstschutz, eine wichtige Lebenshilfe zu verstehen.

Manchmal hat man auch den Eindruck, dass die Patienten weniger ausgeprägt in ihrer illusionären Vergangenheit leben (und danach handeln), wenn sie das Gefühl haben, wenigstens in einem bestimmten Rahmen noch gebraucht zu werden. Daraus folgt:

Den Krankheitsverlauf kann man nicht ändern, das Selbstwertgefühl aber sehr wohl durch kleine, überschaubare und vor allem leistbare Aufgaben so anheben, dass nicht nur die Phantasie an vergangene Zeiten bemüht werden muss, um den tristen Alltag etwas zu übertünchen.

Eigenständigkeit

Eigenständigkeit ist ein Begriff, den man eigentlich erst so richtig begreift, wenn man diese Fähigkeit zu verlieren beginnt. Der nächste Schritt ist die Entmündigung auf allen Ebenen. Und dann beginnt ein Leben, das man eigentlich nicht mehr als solches bezeichnen kann, selbst wenn die Rahmenbedingungen optimal sein sollten. Die Eigenständigkeit zu bewahren, solange es geht, ist deshalb eine elementare Voraussetzung für alle Lebensbereiche. Dies ist schwierig im Detail, aber einfach im Grundsatz, der da lautet:

> Dem Kranken die täglichen Aufgaben so weit wie irgend möglich nicht abnehmen, sondern bei der Bewältigung zu helfen versuchen. Nur dadurch bleibt seine Eigenständigkeit erhalten.

Das heißt: möglichst nicht korrigieren oder verbessern, auch wenn man sein Handeln für erfolglos, unsinnig oder falsch hält (sofern keine Gefahr droht). Wird der Kranke dauernd gemaßregelt oder fühlt sich so behandelt, so wird er – weil er das alles nicht mehr verstehen kann – mit Erstaunen, Unmut, Angst oder Wut reagieren. Die Situation eskaliert.

Dagegen wird es ihm helfen, wenn man ihn lobt und echte Freude daran zeigt, dass er aktiv und eigenständig bleiben will. Das heißt: zuerst loben, später unter günstigeren Bedingungen eventuell korrigieren. Die Freude am Lob ist ein wichtiges Lebenselixier. Lernfähig wird er dagegen kaum mehr sein, selbst wenn man dies durch ständige Korrekturen im Auge haben sollte.

Im fortgeschrittenen Stadium wird sich der Patient schließlich wie ein Kind verhalten, allerdings ohne dessen Lernfähigkeit. Der

Unterschied zu den Jüngsten aber ist ein ganz wesentlicher: Der alte Mensch hat, wie nicht anders zu erwarten, das Selbstgefühl eines Erwachsenen. Und das auf der Basis einer Lebensgeschichte, die mehr als ein halbes Jahrhundert umfasst und durch ein intaktes Altgedächtnis zumindest für die ersten Jahrzehnte durchaus noch gegenwärtig ist. Dies gilt es zu beachten, wenn man diese Patienten nicht in Scham, Resignation, Empörung oder Zorn treiben oder noch kürzer: wenn man ihre Würde erhalten will.

Das erschwerte Miteinander

Die wichtigsten Symptome der Alzheimerschen Krankheit wurden bereits aufgeführt. Das liest sich leicht – und lebt sich mühsam. So hört man von geistigen Leistungseinbußen, vor allem Störungen von Gedächtnis, Denken und Sprache, was sich vielleicht noch am ehesten ertragen lässt. Noch zermürbender sind bisher ungewohnte Veränderungen des Verhaltens, die das Zusammenleben unendlich erschweren. Denn Argwohn, Misstrauen, Niedergeschlagenheit, Unsicherheit, Minderwertigkeitsgefühle, schließlich Unruhe, Reizbarkeit, Aggressivität, am Schluss Schlafstörungen mit nächtlichem Umhergeistern, Sinnestäuschungen und wahnhaften Reaktionen, das alles will ertragen sein, Tag für Tag, Nacht für Nacht, für viele Angehörige ohne entlastende Pausen.

Missstimmung, Reizbarkeit, Aggressivität

Wenn sich manche betreuende Familienmitglieder fragen, warum der Kranke ausgerechnet ihnen gegenüber so gereizt oder gar aggressiv reagiert, und zwar ohne ersichtlichen Grund, obwohl sie sich doch so bemühen, dann ist die Antwort einfach: Sie sind der Nächste. Es trifft meist den engsten Angehörigen, der es zudem am wenigsten verdient hat, zumal er sich am stärksten engagiert. Und der ist dann natürlich besonders bestürzt, frustriert, gekränkt oder wütend. Deshalb muss man sich vor Augen halten: Die meisten dieser unangenehmen Emotionen oder überschießenden Affekthandlungen resultieren aus einem Konflikt zwischen dem, was der Patient überblicken kann, und den realen Verhältnissen, die er einfach nicht mehr zu erfassen vermag. Er ist also dauernd überfordert, irritiert oder bedrängt von Situationen, die nur den anderen alltäglich erscheinen. Oder er fühlt sich durch irgendeine Bemerkung, Handlung oder Situation bevormundet, gedemütigt, beeinträchtigt – und setzt sich zur Wehr. An Auslösern mangelt es nicht: Wecken, An- und Auskleiden, Bad, Toilette, Essen, Trinken, Spaziergänge, Besuche, Fernsehen usw.

Manchmal fühlt sich der Kranke in eine frühere Zeit zurückversetzt und reagiert fassungslos, traurig oder zornig, wenn man ihn korrigieren muss. Problematisch ist auch die Reizüberflutung, die junge Menschen am besten, Erwachsene schon nicht mehr so leicht, Ältere am wenigsten tolerieren: Licht, Gerüche, vor allem aber Geräusche, was zu überschießenden Reaktionen führen kann bis hin zu plötzlicher (Angst-)Aggressivität. Auch ständige Anweisungen und Forderungen, selbst nur notwendige Erklärungen bringen sie rasch an den Rand ihrer Leistungsfähigkeit. Was sollte man hierzu wissen, was gilt es zu tun?

Als Erstes sollte man – so gut es geht, da muss man realistisch bleiben – nicht betroffen, frustriert, gekränkt, resigniert oder wütend reagieren. Denn die unverständliche Wesensart des Patienten richtet sich nicht gegen diesen oder jenen, auch wenn es so aussieht, sondern ist die generelle Folge von Verunsicherung, Hilflosigkeit und damit Deprimiertheit, Resignation, ohnmächtigem Zorn oder ängstlich-aggressiven Reaktionen.

Hinter allem steckt viel mehr Verzweiflung, als der Ausbruch ahnen lässt. Der Patient ist nicht nur der Schwächere (auch wenn er sich bisweilen tyrannisch aufführt), er ist sogar verloren, wenn sein Betreuer ihn nicht mehr umsorgen will oder kann. Das ahnt selbst ein Alzheimer-Kranker, was seine Situation noch verschärft. Natürlich muss man für ein Mindestmaß an Dialog, Korrektur und auch Konsequenz sorgen, aber ständige Vorhaltungen führen zu nichts. Der Patient vergisst ja alles schnell und versteht schon kurz danach nicht mehr, warum sich die anderen so verdrossen verhalten. Da ist es besser, man versucht ihn abzulenken und verzichtet auf alle Argumente, die zwar stichhaltig sind, aber nichts nützen, weil er es nicht mehr begreifen kann (trotz vielleicht guter Fassade). Ablenken heißt Musik hören oder Fernsehen schauen lassen, im Garten sitzen und Ähnliches.

Wenn sich die Aggressionen aber häufen und damit die Atmosphäre langsam vergiften, soll man nicht auf medikamentöse Hilfe verzichten. Es sind vor allem die beruhigenden, angstlösenden und sogar ein wenig stimmungsstabilisierenden Tranquilizer vom Typ der Benzodiazepine, die – am besten in Tropfenform und damit niedrigster Dosierungsmöglichkeit – für eine Entspannung sorgen – chemisch zwar, aber allseits entlastend. Benzodiazepin-Tranquilizer wirken nicht zuletzt antiaggressiv. Und wenn man sie entsprechend niedrig dosiert, wird der Patient auch nicht völlig «zugemacht» oder «abgeschottet», wie die ansonsten nicht ganz unbegründeten Vorwürfe gegenüber diesen Medikamenten lauten.

Und sollte dem einen oder anderen Angehörigen einmal der Kragen platzen, dann ist es besser, man führt diese sicher begründeten Gefühlsaufwallungen außerhalb der Wohnung ab, sei es durch einen Spaziergang, eine Radtour, den Besuch bei guten Freunden usw.

Körperliche Aktivität ist hier am hilfreichsten, weil sie seelisch *und* körperlich entkrampft und entlastet. Wenn man zurückkommt, stellt man dann meist fest, dass der Patient schon alles wieder vergessen hat, womit eine Szene zu Hause noch sinnloser gewesen wäre. Dafür kann man dann gezielter herauszufinden suchen, was seinen Zorn provoziert hat: Wurden Gefühle von Scham, Ehre oder Stolz verletzt? Fühlte er sich überfordert und damit gereizt-hilflos? War die Situation zu komplex für ihn, so dass er nur noch in unkontrollierbare Gefühlsreaktionen ausbrechen konnte?

Verständigungsprobleme?

Unsere zwischenmenschlichen Kontakte laufen auf verschiedenen Ebenen ab. Das Wichtigste ist zum einen unser Sprachverständnis (was sagt und meint der andere), zum anderen unser sprachliches Ausdrucksvermögen. Beides leidet im Rahmen einer Alzheimer-Krankheit immer stärker. Die Folge sind Verständigungsprobleme.

Im frühen Stadium sind es «lediglich» kleine Äußerlichkeiten: Die Sprache wird ungenauer und umständlicher. Manchmal findet man nicht mehr die treffenden Wörter. Am Anfang kann man diesen Mangel noch umschreiben («Na, das Dingsda»), später lässt auch das nach. Besonders zu Beginn sind solche Sprachschwierigkeiten natürlich peinlich. Die Folge: Der Patient zieht sich zurück, vor allem wenn er sich außerhalb der eigenen vier Wände befindet. In der Familie weiß man ohnehin noch lange, was der Kranke selbst im fortgeschrittenen Stadium eigentlich aussagen will; man ist auch nonverbal aufeinander gut eingestellt.

Was man aber nicht tun sollte, wie bei anderen Aktivitäten auch: sofort einspringen, wenn einmal das richtige Wort fehlt. Zum einen wäre dies natürlich die schmerzliche Bestätigung der Unfähigkeit. Zum anderen pflegt sich der Patient an diese Hilfestellung zu gewöhnen und verliert durch mangelndes Training immer mehr an Kondition, wie im Sport. Dafür soll man im Umgang mit Alzheimer-Kranken die alte Erkenntnis nutzen, dass nur etwa die Hälfte der Mitteilungen rein sprachlicher Natur sind, der Rest dagegen durch Mimik, Gestik und die Körpersprache vermittelt wird. Also muss man immer stärker diese nichtsprachlichen Formen nutzen, was auch den anderen Sinnesfunktionen zugute kommt. Im Übrigen gilt es wieder, die bekannten Erfahrungen zu beherzigen:

Deutlich und langsam sprechen, einfache und kurze Sätze bilden, keine Schachtelsätze und komplizierte Wendungen, nicht zu viele Informationen auf einmal, Mimik, Gestik und Körpersprache nutzen.

Das ist vor allem im Anfangsstadium wichtig, im fortgeschrittenen Krankenverlauf reicht auch das vielleicht schon nicht mehr. Jetzt drohen Wortverdrehungen, falscher Satzbau, unvollständige Sätze, d. h. vermehrte Unverständlichkeit. Die Konsequenz: nichtsprachliche Formen forcieren (s. o.). Jetzt kann es sogar notwendig werden, die nicht (mehr) korrekt ausdrückbaren Äußerungen oder Wünsche mit wenigen eigenen Wörtern zu rekapitulieren. Damit kann man dem Betroffenen gezielt helfen, seine Wünsche zu kontrollieren und ggf. zu korrigieren, was ihn bewegt. Im Endstadium verliert die Sprache dann aber ihre verbindende Kraft. Allerdings – und das soll man nie vergessen – bleibt der Patient nach wie vor für Gefühlsäußerungen empfänglich. Zwar kann er sich nicht mehr korrekt ausdrücken, ist aber deshalb noch lange keine «leere Gemütshülse», im Gegenteil. Sprachlich gleichsam abgeschnitten zu sein und schließlich am Schluss aus Scham und Resignation zu verstummen, ist eine schwere Bürde, zumal man auch diesen Kummer nicht adäquat äußern kann.

Im fortgeschrittenen Stadium sollte man noch auf Folgendes achten: störende Hintergrundgeräusche (Radio, Fernseher, Gespräche, Straßenlärm usw.) ausschalten, Fenster oder Türen schließen, sich noch einfacher ausdrücken als zuvor und sich trotz aller Verständigungsprobleme immer vor Augen halten, dass es kein Kind ist, mit dem man spricht. Insbesondere sollte man nicht in Gegenwart von Dritten so tun, als wäre der Betroffene gar nicht vorhanden (wie das ja mit Kindern gerne gemacht wird, woran man sich später als Erwachsener bestenfalls mit Befremden erinnert).

Schlafstörungen

Schlafstörungen nehmen mit dem Alter zu. Mindestens die Hälfte, wahrscheinlich zwei Drittel aller Senioren klagen auf direktes Befragen über Ein- und vor allem Durchschlafstörungen bzw. den unbefriedigenden «dünnen» oder «oberflächlichen»

Schlaf. Spätestens im mittleren Krankheitsstadium einer Demenz kommt es dazu noch zu Verschiebungen, manchmal zu einer völligen Umkehr des Tag-Nacht-Rhythmus.

Dafür gibt es verschiedene Gründe. Zum einen ist es die so genannte innere Uhr, die sich verschoben hat (wie z.B. auch bei Depressionen und manischen Zuständen), zum anderen der Verlust der «äußeren Zeitgeber». Das sind nichts anderes als die natürlichen, alltäglichen Hinweise, Regeln, Gewohnheiten und sogar Belastungen, die einen an die Tages- und nahende Nachtzeit erinnern: Glockenschlag, Armbanduhr, Tageslicht, zeitgebundene Aktivitäten wie Frühstück, Mittag- und Abendessen, Spaziergänge, Einkaufen usw. (der wichtige Rahmen des Berufsalltags ist ja schon entfallen). Während einer Demenz gilt: Tagsüber ist der Patient oft dösig, nachts nicht selten wach, bisweilen sogar hellwach, was dann dazu führt, dass er in der Wohnung «herumgeistert» oder im Kühlschrank nach etwas Essbarem sucht. Auf was soll man achten?

Tagesablauf strukturieren, Leistungsermüdung (täglicher «Gesundmarsch») in Gang halten, geistige Aktivierung (Besuch, Lesen, Radio, Fernsehen) und zwischenmenschliche Kontakte fördern (Einsamkeit), auf ausreichende Trinkmenge achten, mehrfache Nickerchen am Tag berücksichtigen (führt mit dem manchmal als unzureichend empfundenen Nachtschlaf zu mehr Gesamtschlafzeit als früher!), Kreislauf stabilisieren (ggf. die berühmte Tasse Kaffee vor dem Schlafengehen?) usw.

Innere Unruhe

Viele Alzheimer-Patienten gehen rastlos auf und ab, rütteln an den Türklinken, wandern von Zimmer zu Zimmer, verirren sich in den Gängen, versuchen die Wohnung oder Krankenstation zu verlassen usw. Die Ursachen sind mehrschichtig: Zum einen ist die innere Unruhe ein Teil der krankhaften Getriebenheit, zum anderen Ausdruck der Orientierungslosigkeit, und zwar nicht nur durch die beeinträchtigten Sinnesorgane, sondern auch durch die seelische, geistige und körperliche Desorientierung. Schließlich sind den Alzheimer-Patienten auch zielgerichtete Handlungsabläufe nicht mehr möglich. Da aber der Impuls, noch irgendetwas zu tun, weiter umtreibt, kommt es zu der bekannten ziellosen Unruhe.

Manche Wiederholungen sind auch den Gedächtnisstörungen anzulasten. Wenn man nach wenigen Minuten vergessen musste, was man gerade zuvor gemacht hat, dann ist die – lediglich nach außen sinnlose – Wiederholung unumgänglich. Natürlich kann das auch Ausdruck einer Unterbeschäftigung sein. Deshalb gilt es möglichst früh herauszufinden, ob eine vermehrte Beschäftigung solche Unruhezustände zu reduzieren vermag. Das hat natürlich seine Grenzen, weshalb man den Patienten am besten in die ohnehin gewohnten Alltagabläufe einbinden sollte. Das Gleiche gilt für eine kontinuierliche Ablenkung. Günstig sind auf jeden Fall ausgedehnte Spaziergänge, weil sie zu einer natürlichen Ermüdung führen und die innere Unruhe oder gar Getriebenheit auf direktem Wege abführen.

Orientierungsstörungen

Orientierungsstörungen hinsichtlich Zeit, Ort und schließlich sogar im Blick auf die eigene Person sind – je nach Krankheitsstadium – die Regel. Das ist vor allem für *Störungen der örtlichen Orientierung* ein anfangs peinliches, später deprimierendes Phänomen. Meist fällt es zuerst in unvertrauter Umgebung auf, d. h. auf Reisen, im Hotel, selbst am alten Urlaubsort: Stadtviertel, Straßen, Gebäude, schließlich Hotel, Stockwerke, Zimmer. Später häuft sich dies auch in vertrauter Umgebung, schließlich am Wohnort, zuletzt sogar in den eigenen vier Wänden. Was kann man tun?

Im Vorfeld der Orientierungsstörung gilt es allseits selbstkritisch zu fragen: Sind Geschäfts- oder Urlaubsreisen, Kuraufenthalte oder sonstige Fahrten zu Verwandten allein noch sinnvoll bzw. verantwortbar? Können Sinn oder Genuss durch solch ängstigende, erschütternde, ratlos machende oder auch einmal folgenschwere Desorientierungen nicht ins Gegenteil verkehrt werden? Natürlich soll man trainieren, so lange und so gut es geht. Aber Training mit Absicherung ist nach einiger Zeit sinnvoller als allzu unkritisches oder selbstherrliches Vorgehen. Ansonsten gilt es, sich so viele Orientierungsstützen zu schaffen, wie irgend möglich: Fixpunkte, die man sich nachhaltig einzuprägen versucht, notfalls schriftlich. Und sich nicht schämen, so viel wie möglich zu fragen. Schriftliche Informationshilfen sind nützlich, vor allem aber zeitliche Reserven und – das lässt sich ebenfalls trainieren – Gelassenheit und eine Prise Humor, selbst wenn es schwer fällt.

Und wenn die Lage immer dramatischer wird? Dann müssen die Angehörigen planen, organisieren und absichern helfen: deutlich lesbare Schilder an den Türen zu Schlafzimmer und Toilette; nachts eine Notbeleuchtung, noch besser ein Bewegungsmelder, der das Licht automatisch einschaltet. Für hilflose Reaktionen außerhalb der Wohnung empfehlen sich die berühmten zahlreichen Zettel oder eingenähten Schilder mit Namen, Adresse, Telefonnummer usw. Das gleiche Ziel erreichen ein präpariertes Armband oder eine Kette mit den wichtigsten Angaben. Notfalls muss man bestimmte Türen, insbesondere die Haustüre – möglichst unbemerkt – so sichern, dass der Patient sie nicht mehr alleine öffnen und damit das Haus verlassen kann.

Auch kann es nicht schaden, die Nachbarn dezent zu informieren. Glücklicherweise ist gerade die Demenz und insbesondere «die Alzheimer-Krankheit» ein inzwischen so bekanntes Phänomen, dass man sich manche Details sparen kann. Dabei ist die Bemerkung, dass der Patient weder verrückt noch gefährlich ist, zwar entbehrlich, aber über die gelegentliche und harmlose Verwirrtheitszustände sollte man wenigstens die engsten Mitbewohner so ausreichend informieren, dass sie sich im Bedarfsfalle auch zu helfen getrauen. Vage Andeutungen oder gar nichts zu äußern, später aber vorwurfsvoll zu reagieren, pflegt die Atmosphäre nur zu trüben – und zwar vor allem zu Lasten des Patienten.

Wenn der Kranke schließlich aus der Wohnung drängt oder bereits unterwegs ist, so gilt es möglichst flexibel zu bleiben. Nie sollte man ihn sofort zurückzerren, sondern den Weg, den er einschlagen will, erst einmal eine Weile mitgehen, um ihn dann nach und nach wieder um- und schließlich nach Hause zurückzulenken. Dabei kann es für alle Beteiligten sinnvoll sein, diesen Ausflug nicht vorwurfsvoll und schimpfend, sondern als Trainingsstrecke zu nutzen, d.h., auf wichtige Fixpunkte zu verweisen, anhand deren die Rückkehr vielleicht sogar alleine möglich werden könnte.

Leben in der Vergangenheit

Neues aufzunehmen, zu speichern und zu behandeln, wird im Alter immer schwieriger. Dafür pflegt man sich erstaunlich klar an frühere Zeiten zu erinnern: Namen, Sachen, Ereignisse usw. Dasselbe gilt für den Alzheimer-Kranken, wenn auch ggf. in grotesker Form. Denn der erinnert sich nämlich nicht nur an alte Zeiten, er kann auch darin zu leben beginnen. Da natürlich nichts mehr ist, wie es war (selbst in der Wohnung seiner Eltern, die von ihm vielleicht nie verlassen wurde), ist der Betroffene ständig auf der Suche: nach früheren Einrichtungen, Ausblicken, Personen, z.B. Großeltern, Eltern oder Geschwistern. Man sucht die alten Ablagen, den früheren Arbeitsplatz (in der Küche, im Hobbykeller), vielleicht will man sogar an seine alte Arbeitsstelle zurück – kurz: So mancher Alzheimer-Kranke lebt inzwischen mehr in seiner eigenen Welt als in seiner realen Umgebung. Und wenn es die meisten seiner Mitmenschen auch wissen, begreifen und tolerieren, so ist es doch mitunter schwer, diese beiden Welten in Einklang zu bringen. Vor allem weil der Patient seinen Standpunkt nicht aufgibt bzw. nicht aufzugeben vermag.

Deshalb sollte man diese krankhafte Sichtweise akzeptieren lernen; wer sie zu korrigieren versucht, selbst sanft, schafft meist nur zusätzliche Verwirrung. Und wenn es Schwierigkeiten gibt, dann ist eben Phantasie gefragt. Dann muss man Ausreden suchen, die auch im Alltag Geltung haben: «Heute musst du doch erst später zur Arbeit gehen» oder: «Heute ist doch gar kein Arbeitstag, erst morgen wieder.» Damit macht man den Kranken nicht lächerlich, vielmehr handelt es sich um eine sinnvolle Ablenkungsstrategie, denn danach folgt ja ohnehin wieder das rasche Vergessen. Wer hier anderer Meinung ist oder gar ein unwürdiges Verhalten unterstellt, der soll eine bessere Lösung vorschlagen (aber nur, wenn er über eigene Erfahrungen verfügt). Überhaupt ist und bleibt es wichtig, den Patienten nicht zu blockieren, sondern ab- oder umzulenken. Das erleichtert die Betreuung und trainiert den Patienten.

Das ständige Suchen

«Wer sein Gedächtnis verliert», ist stets auf der Suche nach etwas. Außerdem gewinnen im höheren Alter – auch ohne Alzheimer-Krankheit – die unmittelbaren Dinge des Lebens eine besondere Bedeutung. Sie sind entweder Besitz, Hilfe, Tradition oder Gewohnheit, sie gehören eben einfach dazu. Und wenn sie nicht mehr auffindbar sind, dann drohen Unruhe bis zur Panik. Dazu gehören Brille, Stock, Geldbeutel, Brieftasche, Schlüssel, Fotos, Schriftstücke usw. Ihnen allen kommt eine viel größere Bedeutung zu als bei Gesunden (die sich beim Verlust von Brieftasche, Schlüssel oder Geldbeutel auch nicht gerade wohl fühlen). Außerdem vergewissern sich die Patienten durch dauerndes Herumkramen in ihren Taschen, dass sie noch alles bei sich haben. Manchmal aber verlegen sie es, finden es nicht wieder, geraten in Aufregung, oder – eine weitere und sehr unangenehme Variante – sie beschuldigen andere, diese Gegenstände entwendet zu haben.

So etwas vergiftet sehr rasch die Atmosphäre, manchmal dauerhaft. Ein solcher Vorwurf trifft tief, selbst wenn man über die Hintergründe Bescheid weiß. Und wenn man nach dem soundsovielten Male nicht mehr reagiert, dann kann die Situation schon deshalb eskalieren, weil sich der Patient nicht nur bestohlen, sondern auch noch nicht respektiert, ja lächerlich gemacht fühlt. Was muss man tun?

Das Grundbedürfnis jedes Menschen ist ein ausreichender Überblick über seine jeweilige Situation, d. h. Sicherheit. Diesem Grundbedürfnis dient die ständige Suche nach Absicherung. Natürlich ist es leichter, im Vollbesitz seiner Kräfte gelassen zu bleiben, weil man alles mit einem Blick übersieht und damit im Griff hat. Beim Alzheimer-Kranken ist das anders, geblieben ist ihm nur das ständige Suchen. Und das kann durchaus eine sinnvolle Beschäftigung sein, denn wenn man findet, was man gesucht hat, ist man zumindest für kurze Zeit wieder zufrieden.

Diesem Trainingseffekt entspricht auch der Rat, die verlegten Gegenstände nicht selbst zu finden und möglichst noch ungehalten auf den Tisch zu knallen, sondern den Patienten finden zu lassen. Das ist leicht zu arrangieren und stärkt sein Selbstvertrauen, ansonsten bestätigt es sein Misstrauen, nämlich erst unter Protest seinen Besitz wieder zurückbekommen zu haben. Auch sollte man niemals mit dem Betroffenen streiten, denn er sieht alles – krankheitsbedingt – anders als man selbst. Besser, man lenkt ihn ab. Handelt es sich allerdings um wichtige Gegenstände, vor allem Dokumente, dann sollte man sie an einem sicheren Ort aufbewahren. Nicht verändern sollte man dagegen jene Bezugspunkte, auf die der Patient angewiesen ist: Vertrautes muss vertraut bleiben.

Ganz wichtig ist: sich nie persönlich angegriffen zu fühlen, wenn man des Diebstahls oder sonstiger ungereimter Anklagen beschuldigt wird. Der Patient macht es nicht in böser Absicht, obgleich dies durchaus manchmal so erscheinen mag; er ist verwirrt, ratlos, hilflos und verzweifelt. Er hat aus seinem Blickwinkel keine andere Wahl, selbst wenn er furchtsam ahnt, dass er sich mit einem solchen Vorwurf unmöglich macht oder um Sympathie und Unterstützung bringt.

Sexuelles Verhalten

Die Sexualität ist ein komplexer Bereich im Leben der Menschen, in dem vor allem – auch heute noch – mehr verschwiegen als ausdiskutiert wird. Das geht schon unter Gesunden so, das wird im höheren Lebensalter nicht besser, besonders im Falle einer Alzheimer-Erkrankung, und kann die Beziehung zweier Menschen völlig auf den Kopf stellen. Manche Partner empfinden deshalb schon im Vorfeld einer Demenz den Wunsch nach sexuellem Kontakt als unpassend, wenn nicht gar als belastend. Viele machen sich deshalb auch Vorwürfe, doch das sollten sie nicht. Es ist schon schwer, den Alltag gemeinsam zu gestalten, umso mehr gilt dies für den sexuellen Kontakt.

Etwas hilfreich ist vielleicht die Erkenntnis, dass in diesem eventuell befremdlichen sexuellen Verlangen auch der Wunsch nach Nähe, Geborgenheit, Beieinander- und Angenommensein steckt. Dies kann man auf jeden Fall erfüllen, vielleicht ergibt sich daraus später wieder ein halbwegs normales sexuelles Erleben. Das pflegt sich dann im fortgeschrittenen Stadium allerdings zu ändern. So kommt es nicht selten zu einer Enthemmung sexueller Wünsche. Das kann sich beispielsweise in einem unangemessen freizügigen oder gar fordernden sexuellen Verhalten äußern, und zwar sowohl dem Partner als auch weiteren Personen gegenüber (sonstigen Angehörigen, Freunden, Nachbarn, ja sogar Fremden). Hier muss man sich dann mit seinem Arzt besprechen.

Ansonsten gilt: Getrennte Zimmer können zwar hilfreich sein, doch sollte man die emotionalen Zuwendungsbedürfnisse nicht brüsk ablehnen, sondern – wiederum – ablenken. Und vieles kann man dadurch mildern, dass man die Zärtlichkeit in den Vordergrund stellt, also Umarmungen, Streicheln, Massage, Hand-Halten, sanfte Bemerkungen etc. Die Sexualität allerdings, das sei nicht verschwiegen, kann durchaus ein belastender Prüfstein in der Partnerschaft mit einem Alzheimer-Kranken werden. Hier muss man gegebenenfalls versuchen, Zuwendung und Distanz in einem tragbaren Gleichgewicht zu halten, und sich seelisch dadurch stabilisieren, dass man die Sexualität nicht überbewertet, sondern als *einen* normalen Aspekt des menschlichen Miteinanders betrachtet, der im Rahmen eines hirnorganischen Abbaus seine eigenen Symptome entwickelt.

Niedergeschlagenheit

Traurig, resigniert, niedergeschlagen, das muss noch keine Depression von Krankheitswert sein. Sie können aber die Lebensqualität erheblich beeinträchtigen, mut- und ratlos, ja hoffnungslos und hilflos machen. Dies gilt vor allem im höheren Lebensalter und im Rahmen einer Demenz im Besonderen. Man sagt: Mindestens ein Drittel aller Alzheimer-Patienten leiden unter dieser «Herabstimmung» bis hin zu Lebensüberdruss und Todeswünschen. Das ist im frühen und mittleren Krankheitsstadium besonders ausgeprägt, weil der Betroffene dort die Einbußen am stärksten empfindet.

Die Gründe hierfür sind nahe liegend. Fast alles, was das Leben lebenswert macht, insbesondere eine Bestätigung darstellt, beginnt «wegzubrechen»: der Erfolg im Beruf, die Anerkennung in der Familie, vielleicht sogar die Familie selbst, die kleinen Bestätigungen im Alltag usw. Stattdessen häufen sich Unfähigkeit, Behinderung, Peinlichkeiten, Beeinträchtigungen und Misserfolge. Ist die Niedergeschlagenheit durch Enttäuschungen oder durch eine Überforderung ausgelöst, dann ist sie von kurzer Dauer. Pflegt sie jedoch länger anzuhalten und selbst durch erfreuliche Ereignisse nicht mehr aufhellbar zu sein, dann muss man an eine beginnende Depression denken. Was ist zu tun?

Als Erstes muss man sich um Verständnis bemühen, d. h., man halte sich einfach diese deprimierende Entwicklung vor Augen: schwindende geistige und körperliche Kräfte, Rückgang der Kontakte, ständig konfrontiert mit Einbußen, Unfähigkeit und Misserfolgen, d. h. ein Scheitern von morgens bis abends. Hat die Reaktion darauf noch kein krankhaftes Ausmaß angenommen, kann man noch manches erreichen, indem man auch kleine Fortschritte registriert und immer wieder die Erfolge herausstreicht und lobend erwähnt, kurz: eine bestätigende Erlebniswelt fördert. Dann ist der Patient auch nicht auf Abwehr und Verleugnung angewiesen, die ja nur dazu da sind, ein im Grunde bereits brüchiges Selbstbild zu stabilisieren.

So ist es günstig, nach bestimmten Enttäuschungen, negativen Situationen oder Nachrichten, Überforderungen oder anderen Gründen der Niedergeschlagenheit zu suchen – und diese möglichst zukünftig zu umgehen. Glücklicherweise ist die gedrückte Stimmung, im Gegensatz zur Depression, ein relativ überschaubares Phänomen, das darüber hinaus auch noch von der augenblicklichen Lage abhängt. Sie pflegt also nicht länger nachzuwirken und ist vor allem durch freudige Ereignisse korrigierbar. Beginnt die Niedergeschlagenheit aber düstere Ausmaße anzunehmen und hält über mehrere Wochen an, dann sollte man unbedingt einen Arzt konsultieren. Altersdepressionen im Allgemeinen und so genannte organische Depressionen, ausgelöst durch eine direkte Belastung des zentralen Nervensystems, wie es die Alzheimer-Krankheit darstellt, können langwierig, für die Angehörigen mühselig und für den Betroffenen quälend werden. Hier pflegt eine rasche medikamentöse Behandlung das Leidensbild zu mildern und gegebenenfalls abzukürzen.

Halluzinationen oder wirklichkeitsfremde Überzeugungen?

Ein Wahn ist die krankhafte Fehlbeurteilung der Wirklichkeit. Halluzinationen sind Sinnestäuschungen oder Trugwahrnehmungen, d. h., man sieht, hört, schmeckt, riecht oder fühlt Dinge, die nicht objektivierbar sind. Wahn und Sinnestäuschungen sind in jedem Lebensalter und durch verschiedene Ursachen möglich (z. B. Schizophrenie, bestimmte Rauschdrogen, Kopfverletzungen, Hirntumore u. a.). Auch im höheren Lebensalter ist das nicht selten. Handelt es sich jedoch um grenzwertige Phänomene, die auch andere Ursachen haben können, so nennt man sie am besten *wirklichkeitsferne Überzeugungen*, ein neutraler und durchaus passender Begriff.

Um was handelt es sich dabei? Vor allem um die eingeschränkte Fähigkeit, komplizierte Situationen überblicken, und das herabgesetzte Vermögen, daraus logische Schlussfolgerungen ziehen zu können, was bisweilen zu wirklichkeitsfernen Vermutungen oder Überzeugungen führt. Das häufigste Beispiel ist die Verdächtigung, bestohlen worden zu sein, selbst von den engsten Angehörigen. Noch unfassbarer ist die ängstliche, ja zornige Überzeugung, die Angehörigen, Nachbarn oder Freunde seien fremde Personen, die sich nur verkleidet hätten, um in die Wohnung einzudringen. Auch die Verwechslung von Personen im Fernsehen mit tatsächlich anwesenden Menschen oder die Befürchtung, es seien Diebe in der Wohnung, sind nicht selten. So etwas macht natürlich Angst und führt zu unkalkulierbaren Reaktionen. Was kann man dagegen tun?

Als Erstes muss man es zu verstehen suchen. Dann fallen einem auch Lösungsmöglichkeiten ein. Man wird nachsichtiger, flexibler, vor allem kann man auf eine nachvollziehbare, aber meist nur alles komplizierter machende Taktik verzichten: unnötige Diskussionen, heftige Gegenargumente und ständige Überzeugungsversuche. Der Patient behauptet dies alles ja nicht aus Trotz, Bosheit oder auch nur Freude am Widerspruch, er erlebt es vielmehr hautnah, beunruhigend, ängstigend, ja quälend. Wer solche Reaktionen als Provokation empfindet oder auch nur durch «logische Gegenbeweise» zu lösen versucht, erschwert alles.

Natürlich soll man ein solches Geschehen auch nicht bestätigen, man kann es meist auch gar nicht auf sich beruhen lassen, aber man kann den Patienten ablenken, durch sein Verhalten Sicherheit vermitteln, ihm signalisieren, dass er nichts zu befürchten hat, ihn durch Kontrollgänge oder andere gemeinsame Lösungsversuche wieder beruhigen usw. Vor allem ihm gegenüber nichts unflexibel in Frage stellen, denn sonst schweigt er vielleicht nur betroffen – und ängstigt sich im Geheimen. Wichtig ist, ihn erzählen zu lassen, was er sieht und fühlt, selbst in erregtem Zustand. Immerhin versucht der Patient sich selbst halbwegs zu orientieren und damit seinen Beitrag zur inneren und äußeren Stabilität zu leisten.

Wenn sich diese wirklichkeitsfernen Überzeugungen aber immer intensiver, unkorrigierbarer und folgenschwerer ausbreiten, dann nähern sie sich echten Sinnestäuschungen und wahnhaften Reaktionen und sollten durch eine entsprechende medikamentöse Behandlung aufgelöst werden (antipsychotisch wirksame Neuroleptika).

Personenverkennung

So genannte Wahnwahrnehmungen und optische Halluzinationen sind eindeutig krankhafte Symptome, wie sie vor allem die Schizophrenie charakterisieren, aber auch wahnhafte Störungen im höheren Lebensalter (Alterspsychose). Die Personenverkennungen im fortgeschrittenen Stadium einer Alzheimer-Krankheit dürfte nicht das Gleiche sein, doch gibt es fließende Übergänge. Zumeist sind die Betroffenen nicht in der Lage, selbst vertraute Gesichter zu erkennen. Die Folgen sind bekannt: Beunruhigung, Irritation, Angst, Missmut, Reizbarkeit, ja Panik und Erregungszustände. Im harmlosesten Falle wird man mit einem falschen Namen angesprochen, für eine andere Person gehalten, meist Mutter, Vater oder Geschwister sowie andere vertraute, oft längst verstorbene Personen.

Für viele Angehörige ist das eine ungewohnte, ja kränkende, wenn nicht gar schmerzliche Erfahrung. Man kann eben nicht in den Patienten hineinschauen, man sieht nur die vertraute Person und die falsche, wenn nicht «unmögliche» Reaktion. Im Extremfall kann der Patient sogar sein eigenes Spiegelbild nicht mehr erkennen, fürchtet sich davor oder reagiert erregt. Was verlangt das von der Umgebung?

Man muss sich fachlich informieren: Es handelt sich um eine Fehlreaktion des zentralen Nervensystems im fortgeschrittenen Krankheitsstadium, das selbst die vertrautesten Situationen nicht mehr zusammenbringt. Die Folgen sind ohnehin immer gleich:

Die Betroffenen leben in der Vergangenheit, bekommen die Gegenwart nicht mehr in den Griff – und brauchen damit dreierlei: unsere Verständnis, unsere Geduld, unsere Hilfe.

Deshalb soll man – das sei ständig wiederholt – auch nicht dauernd korrigieren, schon gar nicht ungehalten. Wenn man als Angehöriger, Freund oder Nachbar im Gedächtnis des Patienten seinen Platz tauschen musste mit einer anderen, längst verstorbenen Person, dann ist das zwar irritierend, aber keine Abwertung. So kann es sinnvoller sein, seine neue Rolle anzunehmen, wenn sich dadurch der Tagesablauf leichter gestalten lässt. Und wenn dem Patienten irgendetwas unnötige Ängste bereitet (z. B. sein Spiegelbild), dann lässt sich auch das technisch regeln (Spiegel entfernen oder abdecken). Grundsätzlich korrigieren, das sei immer wieder betont, lässt sich so etwas natürlich nicht, vor allem nicht auf Dauer. Man muss damit leben lernen. Notfalls helfen auch hier die erwähnten Neuroleptika etwas weiter.

Der Beitrag ist dem Buch: Volker Faust, Seelische Störungen heute, München 1999, Beck'sche Reihe, entnommen.

Ambulante gerontopsychiatrische Versorgung
Beispiele aus der Praxis

Von Ulrike Bernauer

«Sie kommen doch wieder. Ich warte auf Sie.» So verabschiedet sich eine 79-jährige Klientin[1] von mir nach jedem Gespräch in ihrer Wohnung. Warum lebt diese alte Dame allein und zählt die Tage, bis ich wiederkomme? Vor die Antwort auf diese Frage stelle ich einige grundsätzliche Informationen.

Die Anzahl alter Menschen nimmt seit Jahren deutlich zu und somit auch die Gruppe der psychisch kranken Älteren. Untersuchungen gehen davon aus, dass circa 25 bis 30 Prozent der über 65-Jährigen an einer nicht unerheblichen psychischen Störung oder Erkrankung leiden. Somit ist potenziell jeder vierte ältere Mensch von einer psychischen Erkrankung betroffen. Der Verlust des Arbeitsplatzes, der Tod eines Partners, die jahrelange Pflege eines Familienangehörigen, das Nachlassen geistiger und körperlicher Kräfte, somatische Krankheiten, Einsamkeit, unbewältigte Erlebnisse und die Angst vor dem Tod können Auslöser psychischer Störungen sein.

Dass diese Erkrankungen behandlungs- und versorgungsbedürftig sind, davon ist grundsätzlich auszugehen. Die bisherigen Bemühungen auf der medizinischen und somatisch-pflegerischen Ebene reichten jedoch nicht für eine umfassende Versorgung aus. Denn das Ausmaß der Hilfsbedürftigkeit ist größer, als vermutet wurde. 80 Prozent aller psychisch kranken alten Menschen lebten – und leben – allein in ihren Wohnungen. Dass für diese neue Versorgungsstrukturen aufgebaut werden müssen, war schon vor Jahren klar, wie dies geschehen könne, musste aber erst geklärt werden, insbesondere, ob es überhaupt möglich ist, mit alten psychisch Kranken erfolgreich ambulante Arbeit zu leisten.

Bisher waren für diese Zielgruppe die Sozialpsychiatrischen Dienste zuständig. Die Erfahrung, dass die Versorgung und Behandlung von psychisch kranken älteren Menschen mit besonderen Problemen einhergeht, führte in einigen Städten zum Aufbau spezialisierter Einrichtungen: In Hannover und Kassel entstanden Gerontopsychiatrische Zentren als eigene Angebote für alte Menschen. In München gibt es heute (2004) vier Gerontopsychiatrische Dienste, die mit einem multiprofessionellen Team ambulante Beratung leisten, ein in diesem Umfang in der Bundesrepublik Deutschland bisher einzigartiges Versorgungsangebot.

Welche Personen werden beraten und begleitet?

Zu den häufigsten Alterserkrankungen, mit denen Gerontopsychiatrische Dienste konfrontiert werden, zählen depressive und dementielle Erkrankungen, gefolgt von psychoreaktiven Störungen, Neurosen und Persönlichkeitsstörungen. Es folgen Angst- und Zwangserkrankungen sowie Wahnerkrankungen. Immer häufiger werden verwahrloste Menschen gemeldet, die oft in stark verschmutzten und vermüllten Wohnungen leben.

Die Dienste kümmern sich auch um Menschen, die seelisch leiden, aber ihre Probleme nicht erklären können, sowie um Menschen, die aus Angst professionelle Hilfsangebote, zum Beispiel von Nervenärzten oder Tageskliniken, nicht annehmen, und um Menschen, die aufgrund ihrer psychischen Störung ihr unmittelbares Umfeld überfordern oder wegen ihres Alters, ihrer fehlenden Mobilität oder mangelnden Motivation nicht ausreichend behandelt und versorgt werden. Außerdem sind sie für Menschen zuständig, die nicht mehr fachärztlich oder in einem psychiatrischen Krankenhaus behandelt werden, aber unterstützende Hilfen oder Entlassungsnachsorge benötigen.

Eine psychische Erkrankung erzeugt meist eine intensive Wechselwirkung mit Angehörigen, Ehepartnern, Kindern oder der Nachbarschaft. Rasch können diese Personen mit ihren Hilfsangeboten scheitern. Falls sie eine psychische Erkrankung vermuten, wissen sie oft nicht, wie sie sich verhalten sollen oder an welche Beratungsstelle sie sich wenden können. Deshalb benötigen auch Angehörige und Nachbarn umfassende Beratung und gegebenenfalls auch Betreuung, um die Situation bewältigen zu können. Informationen über die Krankheit, die bestehenden Hilfsmöglichkeiten und die finanziellen Aspekte sind für sie wichtig. Gerontopsychiatrische Dienste haben hier eine außerordentlich wichtige Aufgabe. Sie versuchen außerdem, den Kontakt mit Menschen im näheren Umfeld oder zu entfernt wohnenden Kindern und Verwandten wieder zu beleben.

Etwas Weiteres kommt hinzu: Psychisch erkrankte alte Menschen und deren Angehörige sind vielfach durch die komplizierte Rechtslage überfordert und fühlen sich hilflos. Sie benötigen deshalb eine intensive Beratung über ihre Ansprüche, über Antragswege und Zuständigkeiten. Auch dies sind wichtige Aufgaben der ambulanten gerontopsychiatrischen Dienste.

Nachfolgend soll die Arbeit des Gerontopsychiatrischen Dienstes München-Süd, an dem die Autorin seit fünf Jahren beschäftigt ist, näher beschrieben werden.

Der Gerontopsychiatrische Dienst München-Süd versorgt circa 360 000 Einwohner, dies entspricht einem Viertel der Stadt. Er ist besetzt mit einer Sozialpädagogin, zwei Krankenschwestern mit Psychiatrieerfahrung und Zusatzausbildung, einer Psychologin und einer Verwaltungskraft. Die geplante und dringend notwendige Arztstelle konnte bis heute aus Finanzierungsgründen nicht realisiert werden. Versorgt werden ältere Menschen ab 60 Jahren, die an psychischen Erkrankungen leiden, die oft auch soziale Probleme haben, in ihren eigenen Wohnungen leben und psychosoziale Beratung und Begleitung benötigen. Der Gerontopsychiatrische Dienst München-Süd macht Hausbesuche oder vereinbart Beratungstermine für Betroffene und deren Angehörige in den eigenen Räumen. Er bietet auch die Unterstützung bei der Einschaltung weiterer notwendiger ambulanter Hilfen an. Das Angebot nehmen überwiegend allein lebende Frauen im Durchschnittsalter von 80 Jahren in Anspruch. Der Dienst unterliegt der Schweigepflicht, und seine Leistungen sind für die Hilfesuchenden kostenfrei.

Die zentralen Ziele des Dienstes sind die Wiederherstellung der psychischen und sozialen Stabilität, die Verbesserung und Erhaltung der vorhandenen psychisch-geistigen und körperlichen Kompetenzen, die Wiedererlangung von Lebensqualität, die Gewährleistung der medizinischen Behandlung, die Verhinderung oder zumindest Verzögerung von Krankenhaus- und Heimunterbringung sowie die Vernetzung und Koordination geeigneter ambulanter Hilfen. Dadurch soll die Selbstständigkeit alter kranker Menschen in ihren eigenen Wohnungen weitestgehend ermöglicht werden.

Der Erstkontakt

In der Regel werden unsere Klienten von Angehörigen, Nachbarn, Ärzten, anderen Beratungsstellen, von der Polizei und Hausverwaltungen angemeldet. Nur ein bis zwei Prozent kommen aus freien Stücken. Telefonisch klären wir unsere Zuständigkeit nach regionalen und fachlichen Gesichtspunkten ab, wobei bereits der Verdacht auf eine psychische Erkrankung ausreicht, dann folgt die Aufnahme der persönlichen Daten und der Problemsituation. Anschließend wird der Fall im Team besprochen und von einem Mitarbeiter übernommen.

Wir vereinbaren meist telefonisch einen Termin für einen Hausbesuch oder für ein Gespräch in unseren Diensträumen. Falls der Klient dies nicht wünscht, sind wir flexibel und arrangieren ein Treffen auch bei einem Spaziergang oder auf einer Bank im Park.

Der erste Kontakt hat eine hohe Bedeutung für den weiteren Verlauf einer Beratung. Hier entscheidet sich, ob sich eine tragfähige Beziehung entwickelt, ob Vertrauen zu uns entsteht. Deshalb bestimmt der Klient den Inhalt und die Geschwindigkeit des Dialogs. Am Beginn der Beratung steht die Erfassung aller relevanten Daten. Wir informieren uns über die Biografie und die soziale Situation, die persönlichen Ansichten, Einstellungen und Wünsche. Diese Auskünfte geben uns Aufschlüsse über den persönlichen Lebensweg des Klienten und die Beziehungen zur Familie, Verwandtschaft und Nachbarschaft. Bei der Erhebung der Lebensgeschichte geht es aber auch um die Kunst des Sicheinfühlens, denn oft stellt sich heraus, dass es unseren Klienten um ganz andere Anliegen geht als die, die sie zunächst beklagten.

Unser Ansatz ist ganzheitlich. Wir sehen den psychisch kranken älteren Menschen als eine Person, die ihr Leben bislang gemeistert hat und nun in eine Lage geraten ist, in der sie nicht mehr alleine zurechtkommt. Wir müssen gemeinsam Veränderungsmöglichkeiten finden. Wir ermitteln dazu krankheitsbedingte Defizite im psychischen, geistigen, körperlichen und sozialen Bereich. Wir ermitteln vorhandene Ressourcen und Fähigkeiten des Klienten, zum Beispiel, ob er sich noch selbst versorgen, also einkaufen, waschen oder putzen, kann. Neben der körperlichen Verfassung beobachten wir besonders genau den aktuellen psychischen Zustand. Wie ist die Orientierungsfähigkeit? Kann sich unser Klient in Ort und Zeit zurechtfinden? Erkennt er Personen wieder? Liegen Beeinträchtigungen im Gedächtnis und in der Aufmerksamkeit vor? Gibt es depressive Auffälligkeiten im Bereich des Antriebs oder im Schlafrhythmus? Äußert er Selbstmordabsichten? Sind Sinnestäuschungen, Wahnvorstellungen, Ich-Störungen oder andere Denkstörungen feststellbar? Meist liegen mehrere, gleichzeitig bestehende Krankheiten vor. All diese Informationen beziehen wir dann in unsere Hilfeplanung ein.

In diesem Stadium ist ein Arztbesuch erst dann erfolgversprechend, wenn bei unserem Klienten die Einsicht in die Notwendigkeit einer medizinischen Behandlung vorliegt. Diese muss von uns oft erst mühsam erarbeitet werden. Bei einer beginnenden dementiellen Erkrankung werden die Symptome vom Klienten aber meist in vollem Umfang wahrgenommen. Die daraus entstehenden Konflikte mit sich selbst und der Umwelt sowie die Auseinandersetzung mit der Krankheit stehen im Mittelpunkt der beratenden Gespräche. Dabei kommen die mit der Krankheit oder die mit dem Verlust von Fähigkeiten verbundenen Gefühle und Probleme zum Tragen. Es kann sich um berufliche, private und finanzielle Fragen handeln. Mit fortschreitender Krankheit wird es immer wichtiger, Personen aus dem sozialen Umfeld einzubeziehen. Auf der Grundlage einer vertrauensvollen Beziehung zwischen dem Klienten und dem Berater können die noch vorhandenen kognitiven und gefühlsmäßigen Fähigkeiten erkannt und aktiviert werden. Das Gefühl, trotz der Erkrankung noch ein kompetenter Gesprächspartner zu sein, ist ein wertvoller Baustein zur individuellen Stabilisierung und Selbstwertsteigerung.

Die Maßnahmen

Da unsere Klienten einen Mitarbeiter als feste Bezugsperson haben, können wir eine persönliche Beziehungsarbeit anbieten. Der Mitarbeiter stimmt den Hilfeplan auf die Situation des Klienten ab, er organisiert und koordiniert ambulante Hilfen wie Notruf, Pflegedienst, Essen auf Rädern oder Haushaltshilfe.

Nach einer Heim- oder Klinikentlassung bieten wir die weiterführende Versorgung im ambulanten Bereich an. Ängstlichen, misstrauischen und traurigen Menschen erleichtern wir dadurch die Entlassung und leiten weitere Kontakte in ihrem Zuhause in die Wege. Einen wesentlichen Teil unserer Arbeit stellen die Hilfen bei behördlichen Angelegenheiten dar, beispielsweise bei der Beantragung der Grundsicherung. Diese bürokratischen Aufgaben bilden einen erheblichen Teil unserer Arbeit und ermöglichen, dass unsere Klienten alle ihnen zustehenden Rechte geltend machen können. Bei komplexen und schwierigen Fragen vermitteln wir den Kontakt zu Rechtsanwälten.

Von zentraler Bedeutung ist für uns, die sozialen Fähigkeiten unserer Klienten zu erhalten oder wiederherzustellen. Deshalb begleiten wir diese zu Freizeitangeboten in die Alten- und Servicezentren. Wir bieten zudem selbst unterschiedliche Gruppenaktivitäten an, um das soziale Lernen behutsam, locker, manchmal auch spielerisch zu gestalten. Außerdem informieren und unterstützen wir Angehörige und das weitere soziale Umfeld, zum Beispiel Nachbarn oder Mitarbeiter von Alten- und Servicezentren sowie Nachbarschaftshilfen. Pflegedienste beraten wir ebenso wie ehrenamtliche Mitarbeiter, die unsere Klientel betreuen. Mit anderen Diensten, beispielsweise den Bezirkssozialarbeitern der Landeshauptstadt München, den Beratungsstellen für ältere Menschen und deren Angehörige, niedergelassenen Ärzten, Pflegediensten, Kliniken, Tagesstätten, Alten- und Servicezentren, gesetzlichen Betreuern, Vormundschaftsgerichten oder Ämtern, suchen wir die enge Zusammenarbeit.

Da die Krankheitseinsicht bei vielen alten psychisch kranken Menschen oft nicht gegeben ist, nehmen diese aus eigenem Antrieb ärztliche Hilfe nicht in Anspruch. Um die notwendige medizinische Behandlung zu ermöglichen, wirken wir auf die erkrankten Personen ein, ärztliche Hilfe anzunehmen. Zu unseren Aufgaben zählt auch, die ärztliche Behandlung zu begleiten und im Auge zu behalten, ob der Behandlungsplan von unseren Klienten weiterverfolgt wird. Deshalb halten wir einen intensiven Kontakt zu Haus- und Fachärzten und stimmen die therapeutischen Maßnahmen mit unserem Dienst ab.

Bricht das Versorgungssystem zu Hause zusammen oder nehmen die Krankheitssymptome ein bedrohliches Ausmaß an, müssen unsere Klienten stationär versorgt werden. Auch in dieser – oft kritischen – Situation stehen wir dem Betroffenen und deren Angehörigen mit Rat und Tat zur Seite.

Fallbeispiel

Frau B., die zu Beginn dieses Beitrages vorgestellt wurde, ist 79 Jahre alt, lebt allein und hat als einzige Bezugspersonen ihren Neffen. Dieser ließ ihre völlig vermüllte Wohnung entrümpeln und beantragte beim Amtsgericht eine gesetzliche Betreuerin, da ihm die Vollmachten durch seine Tante entzogen worden waren und zu befürchten stand, dass diese ihre behördlichen und finanziellen Angelegenheiten nicht mehr selbstständig erledigen kann. Diese verletzende «Entmündigung» führte bei ihr zu einer psychischen Krise. Der Neffe nahm daraufhin mit uns Kontakt auf.

Vorerst kam ich wöchentlich zu Gesprächen in die Wohnung von Frau B. Der Aufbau eines Vertrauensverhältnisses gelang. Neben diesen Gesprächen ging es mir und der vom Vormundschaftsgericht eingesetzten Betreuerin darum, eine Behandlung durch einen Nervenarzt zu initiieren. Dies gelang erst nach vielen erfolglosen Bemühungen. Die Betreuerin nahm außerdem Kontakt mit dem Vermieter auf, kaufte einen neuen Herd, eine Waschmaschine und ein Hörgerät. Langsam trat eine Stabilisierung des Zustandes von Frau B. ein. Diese lebte zwar immer noch allein und isoliert, wusste aber, dass die Betreuerin und ich sie in regelmäßigen Abständen besuchten und ihr bei der Bewältigung aller Alltagsprobleme halfen. Sie war in der Lage, weiter allein in ihrer Wohnung zu leben. Die drohende Einweisung in eine Klinik oder in ein Heim konnte (zumindest vorerst) vermieden werden.

Was wäre passiert, wenn sich die Depression von Frau B. verstärkt hätte und eine Selbstgefährdung eingetreten wäre? Wir hätten sofort einen Arzt hinzuziehen und gezielte Notfallmaßnahmen einleiten müssen, eventuell wäre die Einweisung in eine Klinik notwendig geworden. Der Gerontopsychiatrische Dienst wäre hier an seine Grenzen gestoßen.

Die aktuelle Situation im Versorgungssystem

Derzeit wird im ambulanten Bereich die Versorgung psychisch kranker älterer Menschen in erster Linie durch die niedergelassenen Hausärzte und Sozialstationen beziehungsweise ambulanten Pflegedienste erbracht, in zweiter Linie durch Nervenärzte und bisher kaum durch Sozial- und Gerontopsychiatrische Dienste, da diese zahlenmäßig gering sind. Nur wenige Psychotherapeuten bieten für ältere psychisch Kranke Therapien an. Die Ärzte weisen einen hohen Fortbildungsbedarf im Bereich der Gerontopsychiatrie auf (vgl. Hirsch 2002). Im stationären Bereich versorgen Kliniken und Bezirkskrankenhäuser und daran angegliederte Gerontopsychiatrische Ambulanzen Menschen mit schweren psychischen Störungen. Vermehrt bieten diese Häuser auch eine Memory-Clinic[2] an, weiterhin eine psychotherapeutische Sprechstunde, eine Gedächtnissprechstunde und Angehörigengruppen. Diese Angebote sind wichtige neue Bausteine in der gerontopsychiatrischen Versorgung. Neben der professionellen Seite gibt es zahlreiche Laien-, Selbsthilfe- und Angehörigengruppen, die zu einem unverzichtbaren Bestandteil eines guten Versorgungskonzeptes geworden sind.

Die Ausgaben für die psychiatrische Gesundheitsversorgung werden in Bayern von den Bezirken als den überörtlichen Sozialhilfeträgern getragen, die Städte beteiligten sich daran nur in einer kaum nennenswerten Größenordnung.[3] Die Landeshauptstadt München gewährte im Jahr 2001 nur rund 461 000 Euro, davon erhielten die Sozialpsychiatrischen Dienste 113 000 Euro, die Gerontopsychiatrischen Dienste fast 50 000 Euro, die Laienhelferpauschale betrug 126 000 Euro und sonstige Institutionen (Selbsthilfegruppen, Angehörige psychisch Kranker u. a.) bekamen 72 000 Euro, wobei sich der Freistaat Bayern mit weiteren 100 000 Euro beteiligte.

Die von den Bezirken gewährten Ausgaben für psychiatrische Einrichtungen und Maßnahmen betrugen 2003 rund 150 Millionen Euro. Im Bezirk Oberbayern flossen davon aber nur rund sechs Prozent der Ausgaben in diesem Bereich an die 32 Sozialpsychiatrischen und vier Gerontopsychiatrischen Dienste, obwohl diese mit der Suchthilfe und den therapeutischen Wohngemeinschaften sowie dem Betreuten Einzelwohnen die ambulant-komplementäre Versorgung abdecken.

Der Hauptanteil der Ausgaben floss in die psychiatrische Krankenhausbehandlung und andere vollstationäre (Langzeit-)Einrichtungen. Zu bedenken ist aber, dass die Kosten für einen Behandlungstag auf einer Gerontopsychiatrischen Station im Bezirkskrankenhaus derzeit circa 220 Euro betragen, ein Kostenaufwand, der bei einer optimalen ambulanten Versorgung eingespart werden kann. Da in der Rangfolge der Ausgaben aber die stationären Einrichtungen an erster Stelle, die Sozial- und Gerontopsychiatrischen Dienste erst an fünfter Stelle von insgesamt zwölf psychiatrischen Einrichtungs- und Maßnahmearten stehen, hat sich der Grundsatz «ambulant vor stationär», der seit 30 Jahren anerkannt ist, noch nicht in zufrieden stellendem Maße durchsetzen können.

Alte Menschen wollen immer länger in ihren Wohnungen leben und nicht in ein Heim oder gar eine Klinik gebracht werden, wenn sie psychisch erkranken. Damit dies möglich ist, benötigen sie unterstützende Leistungen. Die ambulante gerontopsychiatrische Versorgung muss deshalb weiter konsequent ausgebaut werden. Die enge Vernetzung mit anderen sozialen Diensten, mit Kliniken oder Ärzten gewinnt immer mehr an Bedeutung. Nur ein funktionierendes Netzwerk kann die Unterstützung bieten, die psychisch kranke alte Menschen brauchen, um möglichst lange ein selbstbestimmtes Leben in ihrer vertrauten Umgebung führen zu können.

Literatur

Johannes Kipp, Gerd Jüngling, Einführung in die praktische Gerontopsychiatrie, München/Basel 2000

Huub P. J. Buijssen, Rolf D. Hirsch, Probleme im Alter. Diagnose, Beratung, Therapie, Prävention, Weinheim/Basel 1997

P. Bäuerle, J. Kipp u. a., Psychotherapie im Alter, Gießen 2004

War das wirklich alles?
Die Frage nach dem Sinn am Ende des Lebens

Von Marianne Habersetzer

Die Vorzeichen sind da, und es werden immer mehr. Die körperlichen Kräfte schwinden, die Fähigkeiten der Sinne nehmen ab, das Gehen fällt schwerer, und die geistigen Leistungen werden einschneidend geringer. Aber nicht nur das. Das soziale Umfeld wird zunehmend eingeschränkt. Von Menschen, mit denen man gelebt hat, muss man Abschied nehmen. Einsamkeit stellt sich ein, neue Kontakte zu knüpfen, fällt schwer. Immer seltener wird man gefragt, und schließlich schleicht sich das Gefühl ein: «Es ist genug! Das Leben hat ja doch den Sinn verloren. Keiner braucht einen, man fällt nur noch zur Last.» Der Tod wohnt zunehmend in den Gedanken.

Einen Weg gehen – «Welchen Sinn hat mein Leben noch?»

Im Alltag begegnet uns das Wort «Sinn» in verschiedener Weise. Da «ist mir etwas in den Sinn gekommen» und «geht dann nicht mehr aus dem Sinn». Wenn ich mich mit jemandem besonders gut verstehe, dann bin ich «mit ihm eines Sinnes». Ich kann «scharfsinnig» denken oder «ohne Sinn und Verstand» handeln. Hier meint Sinn etwas, das im Menschen vorhanden ist, sein inneres Wesen, das den Menschen ausmacht. Etymologisch hat das Wort «Sinn» eine althochdeutsche Sprachwurzel, «Sinnan» bedeutet «gehen, reisen»; die ursprüngliche Bedeutung im Germanischen ist wohl «eine Richtung geben», «eine Fährte suchen».[1]

Daran kann man gut anknüpfen und fragen: Welche Richtung hat mein Leben im Alter? Welche Richtung nehme ich? Welche Richtung gehe ich? Unterwegs sein durch das Leben in dieser Welt ist die Aufgabe des Menschen. Wer sich diesen Fragen ganz oder teilweise versperrt, dem bleibt dieser Weg fragwürdig. Er wird keinen Sinn im Leben finden.

Die neue Zeit der «späten Freiheit»

Auch im Alter ist Zeit nicht nur Gabe, sondern ebenso Aufgabe. Der ältere Mensch hat Zeit übrig, Zeit für sich und andere. Es ist eine geschenkte Zeit, die eine hohe Lebensqualität hat, wenn wir uns auf die Veränderungen einlassen. Jetzt endlich ist auch die Zeit gegeben, um mit sich selbst im Gespräch und bei sich zu Hause zu sein. In einem Interview sagte einmal der Dirigent Ricardo Muti: «Wir werden älter und müssen erkennen, dass wir mit uns selbst nicht gesprochen haben.» Fangen wir frühzeitig damit an, Fähigkeiten oder Hobbys, die zu kurz gekommen sind, neu zu beleben. Kontakte zu Freunden und Angehörigen können gepflegt werden. Und auch die Freude an den Enkelkindern soll man genießen, soweit die Kraft reicht. Außerdem tut es gut, eine Aufgabe zu haben, für etwas oder für jemanden da zu sein. «Gebraucht zu werden», dieses Gefühl haben zu können, ist in jedem Lebensalter wichtig. «Nichts ist dem Menschen so unerträglich wie ein Zustand ohne Aufgabe, ohne Ziele.»[2] Das ehrenamtliche Engagement[3] älterer und alter Menschen in unserer Gesellschaft nimmt immer mehr zu, und es wird immer mehr geschätzt. Viele ältere Menschen beziehen aus diesen neuen Aufgaben Sinn und Zufriedenheit.

Dennoch: Das alles allein genügt uns aber in der Regel nicht. Die Frage nach dem Sinn am Ende des Lebens stellt sich mit zunehmendem Alter immer öfter und immer radikaler. Man blickt zurück, zieht Bilanz: War das wirklich alles?

War das alles? – Oder: Was war da alles?

Lebensbilanz ziehen – ins Leben hineinschauen und erkennen, wie vielfältig der Lebensweg war, das ist die große Aufgabe in der Lebensphase «Alter». Um Lebensbilanz ziehen zu können, muss man sich erinnern – und das ist nicht immer einfach.

Erfahrung und Erinnerung gehören zusammen. Die Erinnerung macht Situationen im Leben und in der Geschichte lebendig. Oft erinnert sich der Mensch eher an lang zurückliegende Ereignisse als an jüngere Begebenheiten. Dies verstärkt sich mit zunehmendem Alter, so dass manchmal der Eindruck entsteht, ältere Menschen lebten nur noch in der Vergangenheit. Die Art und Weise, wie wir uns erinnern und von diesen Erinnerungen erzählen, zeigt, wie wir mit diesen Ereignissen fertig geworden sind. Wer mit seiner Erinnerung umzugehen lernt, der kann sich der gegenwärtigen Erfahrung öffnen, der wird fähig wahrzunehmen, was ihn heute angeht und herausfordert, der nimmt womöglich auch wahr, was ihm im Laufe des Lebens zum Heil wurde und was ihm zum Heil werden kann. Erinnern ist aber auch gefährlich, weil es auch zwiespältige Erfahrungen vergegenwärtigt, weil es Krisen und Einbrüche, Ängste und Aggressionen zu Tage fördert, weil Wut und Enttäuschung aufsteigen, wenn manches im Leben misslungen ist, wenn das Gefühl übermächtig wird, dass einem das Schicksal vieles vorenthalten hat und einen zu kurz kommen ließ.

Wenn man davon spricht, im Leben Sinn gefunden zu haben, dann ist dies das Ergebnis vieler Begebenheiten, von Einzelerfahrungen, die der Mensch im Laufe seines Lebens gemacht hat und die nun als Summe das ganz persönliche Leben ausmachen. Fragt man nach Sinnerfahrung, dann erinnert man sich meist an gute und positive Erlebnisse, wo man froh und glücklich war, wo man erfolgreich war und sich alles gut fügte, ja, wo man zufrieden lebte. Aber es gibt auch das andere, das Weinen und Klagen, den Schmerz und das Scheitern, das Versagen und die Trauer. Die

Kontrapunkte des Lebens fügen sich zu einem Leben zusammen. So ist Sinn «ein Mosaik mit strahlendem und dunklem Glanz, in hellen und düsteren Farben».[4] Es scheint im Leben eine Begabung zu geben, auch in widrigen Umständen noch eine Spur von Sinn zu entdecken und von daher die Fähigkeit zu gewinnen, eine dunkle Phase durchzustehen und nicht zu resignieren.[5]

Viktor E. Frankl, der Begründer der Logotherapie,[6] spricht von der Lebensernte, die der ältere Mensch in die «Scheune seines Lebens»[7] einfahren kann. «Der Mensch sieht meistens nur das Stoppelfeld der Vergänglichkeit, aber er übersieht die vollen Scheunen der Vergangenheit – er übersieht, was er alles ins Vergangensein hineingerettet hat, wo es nicht unwiederbringlich verloren ist, sondern unverlierbar geborgen bleibt. Nun: wer da beherrscht ist vom Lebensgefühl des ständigen Abschied-nehmen-Müssens und ergriffen ist von der Torschlusspanik, der hat vergessen, dass das Tor, das sich zu schließen droht, eben das Tor einer vollen Scheune ist.»[8] Besonders das positiv Gewirkte und Gelebte wird bleiben und mit diesem die Gewissheit, dass kein Engagement umsonst gewesen ist. Ein alter Mensch darf stolz sein, wenn er sich erinnert, was er alles bewältigt und was er geleistet hat im Laufe der Jahre. Krieg, Vertreibung, Flucht und Hunger haben die Kinder- und Jugendjahre heute hochbetagter Frauen und Männer geprägt. Wiederaufbau und Wirtschaftswunder sind mit dem Erwerbsleben verbunden. Daneben haben Beruf, Familie und das Beziehungsnetz im Freundes- und Kollegenkreis das Leben bestimmt. Diese Lebensgeschichten bleiben und fließen ein in die Geschichte der Menschheit. Die Gesellschaft und auch die Kirche tun gut daran, dies zu würdigen. Ältere Menschen haben ihrerseits die Aufgabe, von sich und ihrem Leben zu erzählen, damit jüngere erfahren, wie Leben und in diesem Leben das Alter gelingen kann.

Ich sehe also mein Leben an, und ich kann es betrachten wie ein großartiges Gemälde, in unterschiedlichen Farben gemalt. Alles, was ich gelebt und geliebt habe, was ich gelitten und gefehlt habe, entdecke ich auf diesem Bild. Ich sehe, was gut war und mir gelungen ist. Ich muss aber auch einsehen und es ertragen, dass ich versagt habe. Ich war nicht nur tüchtig, sondern auch schwach, nicht nur mutig, sondern auch feige. «Erfahrenes Leid und begangene Schuld»[9] werden plötzlich wieder aktuell. Das alles können wir nicht mehr ändern. Aber wir können unsere innere Einstellung zu diesen quälenden Erlebnissen überdenken. «Es ist eine unserer gegenwärtigen Wahlmöglichkeiten, uns selbst zu verändern – nicht körperliche Zustände oder psychische Verfassungen von uns, nicht etwas, das wir haben, sondern uns selbst. Das, was wir sind. Wenn wir verzeihen, akzeptieren, bereuen, eine andere Haltung entwickeln, sind wir ein anderer Mensch als vor dem Verzeihen, Akzeptieren und Bereuen, sind wir ein neuer Mensch geworden.»[10] Wohl jeder hat schon erfahren, wie entlastend eine solche Haltung auf die Seele wirken kann. Dabei geht es nicht nur um eine innere Änderung der Einstellung. Verzeihen zum Beispiel ist nicht allein ein innerer Akt. Man muss schon selbst aktiv auf den Menschen zugehen, dem man Unrecht getan hat, und ihn um Verzeihung bitten. Manchmal ist man sogar gefordert, auch dann den ersten Schritt zu tun, wenn einem selber Unrecht getan worden ist, und so dem anderen die Chance zu geben, verzeihen zu können.

Ich höre aber weitere bohrende Fragen: Hätte ich nicht doch mehr «bringen» müssen? Habe ich nicht zu viel Zeit mit Banalitäten vergeudet? Habe ich nicht mir und anderen das Leben durch Streitereien vermiest? Es bedeutet für jeden Menschen «Schwerstarbeit», sein Leben mit allen Facetten in den Blick zu nehmen. Aber vielleicht besteht ja gerade darin die Weisheit des Alters, mich – so, wie ich geworden bin – mit all dem, was war, zu bejahen. Dann kann sich alles zu einem großen Ganzen fügen.

Wenn es gelingt, dieses Leben, so, wie es war, zu bejahen, dann stellt sich die Frage «War das alles?» nicht mehr. Vielmehr kommt es zu einem Staunen: «Was war da nicht alles!» So, wie es war, hat es sich gelohnt – das Leben. So, wie es ist, lohnt es sich noch – das Leben.

Sinn angesichts von Leid und Schmerzen

Die Frage nach dem Sinn verschärft sich angesichts von individuellem Leid und Schmerz. Persönliche Existenznöte lassen das Leben und seine Bedeutung fragwürdig werden. Körperliche Einschränkungen wie Krankheit und Behinderung, soziale Zerfallserscheinungen wie Kontaktarmut bis hin zur Verwahrlosung, geistige Begrenzungen wie demenzielle Erkrankungen lassen uns in ganz besonderer Weise und in ganz besonderer Schärfe nach der Sinnhaftigkeit des Lebens fragen. In der Begegnung mit einer älteren Dame im Altenpflegeheim werden diese Gefühle beschrieben und Fragen gestellt, die sich jeder Mensch einmal stellen wird. Einer älteren Frau, 85 Jahre, wurden wegen langjährigem Diabetes beide Beine amputiert. Das rechte Bein unterhalb des Knies, das linke Bein oberhalb des Knies. Sie sitzt im Rollstuhl, ist geistig rege, hat aber immer wieder depressive Phasen, in denen sie ihren Zustand des Ausgeliefertseins beklagt. Bei einem Besuch sagt sie: «Wer kann mich schon in diesem Zustand gern haben?... Ich kann nicht mehr! Was bin ich denn noch wert in meiner jetzigen Verfassung? Was hat das denn noch für einen Sinn?» Schmerzen zu fühlen, ist für uns Menschen wichtig, weil wir sonst nicht wahrnehmen würden, dass in unserem Körper etwas nicht stimmt. Schmerzen können wir aushalten und durchstehen, weil wir die Hoffnung haben, dass sie eines Tages vergehen, dann nämlich, wenn wir wieder gesund werden. Was aber, wenn die Schmerzen nicht aufhören, wenn es kein schmerzfreies Leben mehr gibt? Was haben diese Schmerzen für einen Sinn?

Der körperliche Schmerz wird häufig von einem seelischen Schmerz begleitet. Da ist der Schmerz darüber, nach einem selbstständigen und selbstgestalteten Leben ein Leben in Abhängigkeit führen zu müssen und Angehörigen und Pflegenden zur Last zu fallen. Was ist zu tun? Was schafft Linderung? Wer schafft Linderung? «Äußere» Hilfen und Antworten geben die Palliativmedizin und die Hospizbewegung. Durch eine gute mitmenschliche Begleitung, die mit Interesse am anderen Verstehen und

Respekt zeigt, und durch schmerzlindernde medizinische Behandlung können Schmerzen und Einsamkeit gelindert und leichter ertragen werden. Dabei spielt nicht nur die seelische, sondern auch die körperliche Nähe anderer Menschen eine wichtige Rolle.

Aber trotz aller Zuwendung und mitmenschlicher Nähe, bei vielen alten Menschen bleibt doch die innere Qual: «Warum gerade ich?» Die Frage «Warum?» ist und bleibt angemessen. Sie ist die Frage Jesu am Kreuz: «Mein Gott, mein Gott, warum hast du mich verlassen?» Es ist die Frage, die bleibt, weil das Geheimnis bleibt. Angesichts des Leids haben gut gemeinte Trostreden und salbungsvolle Mahnungen keinen Platz. Wenn es ernst wird, sind wir alle Analphabeten. Die Sprache wirklichen Trostes muss erst mühsam gelernt werden. Als einzige glaubwürdige Antwort auf die herausfordernde Anfrage des Leides erscheint das ehrliche Anteilnehmen und das aufrichtige Mit-Leiden, die spürbare Solidarität. In der Begegnung mit kranken alten Menschen kann der Gesunde erfahren, wie es gelingt, mit Einschränkungen und Begrenzungen zu leben. So können kranke ältere Menschen anderen Menschen durch die Art und Weise, wie sie ihr Leid annehmen, ein Vorbild sein.

Dies gilt auch für die Einstellung zum Tod. Wenn ich annehmen kann, dass das Leben hier auf Erden einmal zu Ende geht, und wenn ich glauben kann, dass sich für mich die Tür auftut zu einem neuen Leben, werde ich schon jetzt «verwandelt» meinen Weg durch das Leben fortsetzen. Denn was ich annehme, das verwandle ich.

Sinn entdecken – auf Zukunft hin

Einen Spruch habe ich dieser Tage gefunden: «Der das Lied vom Leben selbst geschrieben, der wird auch sorgen, dass es nie verklingt.» Das sagt uns: Was wir gelebt haben, das bleibt! Und wir werden unsere ganz persönliche Geschichte mit ihren Höhen und Tiefen hinüberbringen in ein neues Leben. Die französische Altenbewegung hat sich den Namen «Vie montante» («Aufsteigendes Leben») gegeben. Diese Bezeichnung gibt eine positive Richtung an, weist hin auf den Weg durch dieses Leben, der nicht mit dem Tod endet, sondern in ein ewiges, neues Leben für immer weiterführt. Vielleicht gelingt es uns, das Älterwerden nicht als Abstieg, sondern als einen Aufstieg zu verstehen, als einen Aufstieg hin zu Gott. Wir haben unser Leben im Alter nicht hinter uns gebracht, sondern vor uns.[11] Ganz in diesem Sinne rät der Altersforscher Leopold Rosenmayr den älteren Menschen, «sich über die Grenze hinaus zu orientieren», sich auf den Beginn ihres neuen Lebens jenseits des Todes vorzubereiten.[12] Das tun wir bereits dadurch, dass wir unsere Dinge ordnen. Wenn rechtzeitig ein Testament gemacht wird, befreit man sich von der Sorge um die irdischen Dinge. Mit einer Patientenverfügung kann ein wichtiger Schritt in die letzte Lebenszeit getan werden. Solange wir noch denken und über uns selbst bestimmen können, legen wir damit fest, ob wir, wenn keine Besserung unseres Zustandes mehr in Aussicht ist, lebensverlängernden medizinischen Maßnahmen zustimmen oder ob wir uns dafür entscheiden, dem Leben seinen natürlichen Verlauf zu lassen. Man «kann aufarbeiten, was noch unerledigt ist. Eine Chance erhält, was zum Reifen des Lebens und zum Ausreifen des Todes dazugehört: das Leben in Freiheit in Gottes gute Hand zurückgeben.»[13]

«Sich über die Grenze hinaus zu orientieren», heißt anzunehmen, dass dieses Leben zu Ende geht. Daher ist es wichtig, bewusst die Tage zu leben, bereit sein für all das, was sie bringen, was letztlich Gott noch mit mir vor hat. Es gilt, sich nicht aufzugeben und zu wissen, dass das Leben zu aller Zeit Zukunft hat. Martin Luther sagte: «Und wenn ich wüsste, dass morgen die Welt unterginge, würde ich heute noch ein Apfelbäumchen pflanzen.»

Ziehende Landschaft

Man muss weggehen können
Und doch sein wie ein Baum:
Als bliebe die Wurzel im Boden,
als zöge die Landschaft
und wir ständen fest.

«Man muss weggehen können», schreibt die Dichterin Hilde Domin. Ja, loslassen und nicht festhalten, nicht das Leben und auch nicht die Menschen, nicht das, was man die «gute, alte Zeit» nennt, und auch nicht die Lebensmöglichkeiten früherer Tage! Vielmehr gilt es, den Weg weiterzugehen – ohne Ballast, und nur das mitzunehmen, was zu mir gehört, was wichtig war und mich auch im Alter reich macht und mich segnet. Aber Vorsicht! Kein Mensch, auch nicht der Seelsorger, kann den Sinn des Lebens für einen anderen finden. Jeder findet ihn für sich allein. Denn jeder Mensch ist einzigartig und unverwechselbar und lebt sein Leben auf ganz persönliche Weise. Der Mensch sucht und findet Sinn, indem er seinen Weg durch das Leben geht.

Literatur

Viktor E. Frankl, Ärztliche Seelsorge, Wien ^{10}1982

Marianne Habersetzer, Leben und Glauben. Ein katechetischer Weg mit älteren Menschen, Würzburg 1998

Elisabeth Lukas, Alles fügt sich und erfüllt sich. Die Sinnfrage im Alter, Stuttgart ^{3}1997

Paul Michael Zulehner, Jedem seinen eigenen Tod, Ostfildern 2001

Selbstverantwortung und Selbstbestimmung am Ende des Lebens
Ein Plädoyer für Patientenverfügungen

von Josef Raischl

«Ich lebe schon viel zu lange! Die Ärzte behandeln mich immer weiter. Wann darf ich endlich sterben?» Verzweifelt schildert eine 97-jährige Frau ihr Leid und Warten auf den Tod. Die vertraute Umgebung ihrer Wohnung ist ihr geblieben. Hier will sie sterben. Ihr Wille ist klar und für alle Beteiligten nachvollziehbar. Trotzdem wächst die Sorge in ihrem Umfeld: Darf man sie sterben lassen? Könnte man dafür rechtlich belangt werden?

Festzuhalten ist zu Beginn dieses Beitrags: Es ist im deutschen Recht möglich, verbindlich zu regeln, wie am Lebensende verfahren werden soll. Dazu bedarf es in der Regel mehrerer Beratungsgespräche, um den Patientenwillen umzusetzen und den alten Menschen in seiner letzten Lebensphase zu begleiten.

Selbstbestimmung und Autonomie

Jeder medizinische Eingriff ist zunächst eine «Körperverletzung» gemäß dem Strafgesetzbuch, da in die körperliche Unversehrtheit und Würde eines Menschen, die unter dem Schutz der deutschen Verfassung stehen, eingegriffen wird. Dieser Eingriff ist aber nicht rechtswidrig und damit nicht strafbar, wenn die betroffene Person ihm zugestimmt hat und vorher über die Bedeutung und Tragweite sowohl des Eingriffs wie der Zustimmung aufgeklärt worden ist. Freilich muss der Betroffene einwilligungsfähig sein, also die Folgen seines Tuns einschätzen können.

Der Beschluss des 12. Zivilsenats des Bundesgerichtshofs (BGH) vom März 2003 stellt klar, dass die Entscheidung über eine medizinische Behandlung oder Nichtbehandlung – die «Patientenverfügung» genannt wird – dann verbindlich bleibt, wenn der Betroffene die Fähigkeit zu eigenverantwortlichem Entscheiden inzwischen verloren hat.[1] Das soll dann nicht gelten, wenn der Patient aktuell seinen Willen geändert hat oder sich die Verhältnisse, sprich diagnostische Situation, Prognose und Symptomatik, erheblich verändert haben; ansonsten verbieten sich Spekulationen über den «mutmaßlichen Willen» des Patienten.

Unmissverständlich bewertet dieser BGH-Beschluss auch fortgesetzte Eingriffe, die das Leben verlängern und erhalten, für deren gesamte Dauer als einwilligungsbedürftig, zum Beispiel die künstliche Ernährung über eine PEG-Sonde[2] oder eine maschinelle Beatmung. «Die inzwischen eingetretene Einwilligungsunfähigkeit ändert nach dem Rechtsgedanken des § 130 Abs. 2 BGB an der fortdauernden Maßgeblichkeit des früher erklärten Willens nichts.»[3]

Eine Kommission des Bundesjustizministeriums hat zum BGH-Urteil vom März 2003 ausgeführt: «Für die Rechtmäßigkeit jedes ärztlichen Eingriffs ... ist es erforderlich, dass der Patient die Einwilligung sowohl für die Einleitung als auch für die Fortführung einer Therapie erteilen muss. Der Widerruf der Einwilligung ist jederzeit möglich.... Der Patient kann daher die Vornahme oder die Fortsetzung einer lebenserhaltenden oder -verlängernden Behandlung auch dann ablehnen, wenn deren Beginn oder Fortsetzung ärztlich indiziert ist. Dies gilt ohne Rücksicht darauf, ob die Krankheit bereits einen unumkehrbar tödlichen Verlauf genommen hat und der Tod nahe bevorsteht.»[4] Diese Ausführungen werden nochmals konkretisiert: «Die künstliche Flüssigkeits- und Nahrungszufuhr, ... die maschinelle Beatmung, die Dialyse oder die Bekämpfung einer zusätzlich auftretenden Krankheit (Lungenentzündung, andere Infektionen u. a.) sind Eingriffe, die einer sie legitimierenden Einwilligung bedürfen.»[5]

Persönliche Willenserklärungen, sprich Patientenverfügungen, sind auch dann wirksam, wenn sie nur mündlich erklärt worden sind. Es empfiehlt sich aber, diese schriftlich abzufassen.[6] Die beste Form der Vorsorge geschieht zudem durch die Autorisierung eines rechtlichen Vertreters mittels einer Vollmacht. Ersatzweise kann an die Stelle einer Vollmacht eine Betreuungsverfügung treten.

Im Folgenden werden die einzelnen Schritte beim Abfassen einer Patientenverfügung genauer erläutert. Umfassend und aktuell informiert die Broschüre «Vorsorge für Unfall, Krankheit und Alter durch Vollmacht, Betreuungsverfügung, Patientenverfügung» des bayerischen Staatsministeriums der Justiz.[7]

Wer sich bei guter Gesundheit befindet...

Der erste Schritt hin zu einer Patientenverfügung ist die bewusste Auseinandersetzung mit dem Sterben und dem Tod. Fragen, die zu beantworten sind, können sein: Wie geht es mir, wenn ich anderen zur Last falle? Kann ich mir helfen lassen? Was wäre für mich die schlimmste Einschränkung und Behinderung? Literatur, Vorträge oder Seminare können dabei wichtige Anstöße geben.

An diese persönliche Meinungsbildung sollten sich Gespräche mit vertrauten Menschen, mit Freunden und der Familie sowie mit Ärzten und anderen Fachkräften anschließen. Wer seinen Willen gebildet hat, sollte ihn schließlich schriftlich äußern. Dies dient der Absicherung all derer, die sich später auf ihn berufen. Eine Änderung ist jederzeit möglich.

Patientenverfügungen sind also «Willensbekundungen einer einwilligungsfähigen Person zu medizinischen und begleitenden Maßnahmen für den Fall der Einwilligungsunfähigkeit. Sie können Festlegungen in Form von voraus erteilten Einwilligungen in die Einleitung, den Umfang oder die Beendigung bestimmter Maßnahmen, Ablehnungen bestimmter Maßnahmen und Anweisungen an behandelnde Ärzte und das Behandlungsteam enthalten.»[8] Sie sind verbindlich,[9] sofern sie sich auf eine konkrete Behandlungssituation beziehen und keine Umstände erkennbar sind, dass der Verfasser seinen Willen in der Zwischenzeit geändert hat. Darüber besteht ein breiter fachlicher Konsens.[10] Die Kommission schlägt vor, in das Bürgerliche Gesetzbuch den § 1901 b zur Verbindlichkeit von Patientenverfügungen einzufügen.

Da viele Menschen bei einer schweren Erkrankung ihre Lebenseinstellung ändern, sollte eine allgemein gehaltene Patientenverfügung in diesem Fall unbedingt aktualisiert werden. Die Patientenverfügung sollte also mit der Lebens- und Krankheitsgeschichte «wachsen». Eine erneute Unterschrift bei unverändertem Willen ist nicht notwendig, auch wenn immer wieder diese Meinung vertreten wird. Auch eine ältere Verfügung verliert ihre Gültigkeit nicht schon wegen des zeitlichen Abstandes zu ihrer Abfassung.[11] Mit folgendem Satz ließe sich Klarheit schaffen: «Diese Verfügung gilt so lange, bis ich sie widerrufe.»[12]

Was in einer Patientenverfügung stehen sollte[13]

Die beiden wesentlichen Schwierigkeiten bei der Formulierung einer Patientenverfügung bestehen in der Beschreibung der medizinischen Behandlungssituationen und in der Benennung der jeweils dafür vom Patienten gewünschten konkreten Maßnahmen beziehungsweise deren Unterlassung. Von einer generellen Verweigerung medizinischer Maßnahmen ist dringend abzuraten.

Zu regeln ist in einer Patientenverfügung der unabwendbare, unmittelbare Sterbeprozess. Und zwar für die Zeit, in der die Fähigkeit, Entscheidungen zu treffen und mit anderen Menschen darüber in Kontakt zu treten, aller Wahrscheinlichkeit nach unwiederbringlich verloren ist. Dies betrifft zum Beispiel das fortgeschrittene Stadium der Alzheimer-Erkrankung, das Wachkoma oder den Zustand nach einem Schlaganfall, also alle direkten oder indirekten Gehirnschädigungen.

Da von Gegnern der Patientenverfügung angemahnt wird, dass Menschen auch dann durchaus noch Empfindungen haben könnten und die Möglichkeit einer Besserung nie ganz ausgeschlossen werden kann, ist es sinnvoll, diese Situationen ausdrücklich zu benennen. Sonst könnte im Fall einer unklar formulierten Patientenverfügung die Vorstellung greifen, man könnte selbst in diesem Zustand noch medizinische Maßnahmen wünschen.

Will jemand unmittelbar nach einem Schlaganfall oder Unfall, wenn eine differenzierte Diagnose noch nicht möglich ist, bestimmte Maßnahmen nicht ergriffen wissen, zum Beispiel eine Wiederbelebung ausschließen, sollte er seine Erklärung gut begründen, vor allem mit seinen detaillierten Beweggründen, (Vor-) Erkrankungen und dokumentierten Rücksprachen mit Ärzten. Die Kommission des Bundesjustizministeriums rät in diesem Zusammenhang zu einem «Notfallbogen», der die Ablehnung der Herz-Lungen-Wiederbelebung durch einen Notarzt festhält. Dieser Bogen kann aber nur nach der dokumentierten ärztlichen Aufklärung und gegebenenfalls der Gegenzeichnung durch die betroffene Pflegeeinrichtung wirksam werden.[14]

Bei seinen Behandlungswünschen sollte der Verfasser einer Patientenverfügung klar zum Ausdruck bringen, dass die bestmögliche Schmerz- und Symptomlinderung (z.B. bei Atemnot, Angst, Erbrechen) zum Einsatz kommen soll. Gerade für die Situationen, in denen der Tod noch nicht absehbar ist, ist eine Stellungnahme zur Fortführung von Nahrungs- und Flüssigkeitszufuhr unverzichtbar. Liegt dazu keine Äußerung vor, können erhebliche Schwierigkeiten auftreten, wenn eine bereits gelegte PEG-Magensonde entfernt oder die Zufuhr künstlicher Nahrung und Flüssigkeit reduziert bzw. eingestellt werden soll. Angehörige und rechtliche Vertreter geraten dann in eine Zwickmühle, weil dieser Bereich von Medizinern häufig als unumgängliche Basisversorgung verstanden wird.[15] Da Sterbende in aller Regel keinen Hunger verspüren, die Flüssigkeitsgabe nur teilweise das Durstgefühl beeinflusst und bei Sterbenden nicht selten sehr belastend ist,[16] sollte die Flüssigkeitszufuhr, sofern sie sich auf die Linderung von Leiden bezieht, dem Ermessen des Arztes überlassen bleiben.

Grundsätzlich kann ein Arzt nicht zu einer Behandlung verpflichtet werden, die medizinisch nicht indiziert ist. Zum Unterlassen einer Behandlung kann er allerdings verpflichtet werden.

Wenn der Arzt dies nicht akzeptiert, muss er die Behandlung abgeben. Dabei geht es nicht um die einseitige Stärkung der Patientenrechte, sondern ganz wesentlich um die Sicherung einer vertrauensvollen Beziehung zwischen Arzt, Patient und Angehörigen.

Patientenverfügungen oder Vollmachten stellen nicht die Lösung aller Probleme dar. Nicht selten sind, wie bei anderen Konfliktsituationen, eine vermittelnde Beratung (Mediation) und die Unterstützung aller Beteiligten nötig, um zu einer menschlich und rechtlich befriedigenden Lösung zu gelangen.

Was für die Patientenverfügung sonst noch wichtig ist

Obwohl die handschriftliche Form nicht erforderlich ist, so ist doch die eigenhändige Unterschrift des Patienten aus Gründen der Rechtsklarheit erforderlich und die Unterschrift des Arztes oder anderer Fachkräfte, die ihre Beteiligung am Beratungsprozess und die Entscheidungsfähigkeit des Patienten bestätigen, ratsam. Die Gegenzeichnung durch Angehörige oder Vertrauenspersonen ist nicht notwendig, kann allerdings empfehlenswert sein. Ist der Patient blind oder nicht fähig, eigenhändig zu unterschreiben, reicht es in der Regel aus, dass zwei Zeugen die Zustimmung des Patienten schriftlich bestätigen. Das Hinzuziehen eines Notars ist meist überflüssig, kann in Zweifelsfällen aber zweckmäßig sein. Unerlässlich ist es, die betreuenden Personen ausführlich über die Patientenverfügung, deren Inhalte sowie die rechtlichen und ethischen Aspekte zu informieren.

Die Patientenverfügung sollte an einem geeigneten Ort hinterlegt werden: bei den persönlichen Unterlagen, bei einer Vertrauensperson und/oder bei einem Arzt des Vertrauens, in Verbindung mit einer Vollmacht auch beim Amtsgericht. In der Brieftasche ist ein Verweis auf diese Verfügung und den Hinterlegungsort samt Telefon und Adresse der Vertrauensperson(en) wichtig. Auch das Hinterlegen der Verfügung auf Palliativstationen, in Krankenhäusern oder Intensivstationen, sowohl in der Dokumentationsmappe wie auch im Zimmer, ist nach Absprache mit dem Pflegepersonal sehr sinnvoll.

Ethische Überlegungen zu Sterben und Tod

Zu einem bestimmten Zeitpunkt sterben zu müssen, sterben zu dürfen oder auch sterben zu lassen, ist aus vielen Gründen zu Beginn des 21. Jahrhunderts zu einem Problem geworden. Anders als vor 50 Jahren sind Menschen heute von einer großen Unsicherheit geprägt, da gemeinsame Werte und Grundhaltungen fehlen. Davon sind auch medizinisch-pflegerische Fachkräfte betroffen, die sich deshalb oft auf ihren Heilauftrag zurückziehen. Viele Ärzte wehren sich gegen eine Verrechtlichung der Arzt-Patient-Beziehung, der mit Verfügungen des Patienten der Boden bereitet würde. Den Kirchen fällt es aufgrund ihrer Betonung des Lebensschutzes – «Heiligkeit des Lebens» – schwer, einen klaren Standpunkt zur Begrenzung medizinischer Eingriffe einzunehmen. Sie wähnen sich dort auf der sicheren Seite, wo das Tötungsverbot unberührt bleibt. Wieder andere verteufeln Patientenverfügungen als Instrumente der «Selbst-Liquidierung», als «Türöffner zur Euthanasie» und angesichts begrenzter Finanzmittel als einen willkommenen Rückgriff auf schreckliche Nazi-Methoden.[17]

Die Frage, ob es sich bei Patientenverfügungen um das generelle Einverständnis zu einem «sozial verträglichen Frühableben»[18] handelt, greift tief liegende Fragen auf: Was ist ein alter, kranker oder sterbender Mensch der Gesellschaft noch wert? Wird diejenige Gesellschaft die stärkste sein, die sich dieser «Ballast-Existenzen»[19] entledigt? Ich bin allerdings überzeugt, dass diese Argumente bzw. Polemik an der Grundlage dessen vorbeigehen, was wir heute mit Patientenverfügung und insbesondere passiver Sterbehilfe wollen. Letztere gründen sich ausdrücklich auf die Verfassung unseres demokratischen Staatswesens, was mit diktatorischer Fremdbestimmung nichts gemein hat.

Inmitten dieser Auseinandersetzung steht die Hospizbewegung, die von ihrem Ansatz her jedweder Tötung kritisch gegenüberstehen muss. Sie lehnt die Tötung eines Menschen ab, auch wenn diese auf Verlangen des schwerkranken Patienten erfolgen sollte. Daneben gibt es eine aktive Form der Sterbehilfe, die als indirekt bezeichnet wird: Medikamente, die zur Schmerz- bzw. Symptomlinderung eingesetzt werden, können den Todeseintritt beschleunigen. Diese Form der Sterbehilfe wird von allen Seiten, medizin-ethisch wie rechtlich, unterstützt. Der Unterschied zur direkten Tötung liegt in der Absicht, die hier auf die Linderung von Leid und dort auf den Tod zielt.

Formen der aktiven Sterbehilfe

- Indirekt: die Gabe von schmerz- und symptomlindernden Medikamenten, die sich unbeabsichtigt lebensverkürzend auswirken
- Direkt: die Gabe einer absichtlich tödlichen Dosis von Medikamenten
- Beihilfe zum Suizid: Unterstützung eines freiwillig zur Selbsttötung Entschlossenen, z. B. durch das Besorgen einer ausreichenden Dosis von Medikamenten

Von diesen Formen der aktiven Sterbehilfe unterscheiden sich die der passiven Sterbehilfe, d. h. alle Nichteingriffe, alles Nichtbehandeln, alles Zulassen des weiteren natürlichen Krankheitsverlaufs bis hin zur Einstellung von lebensverlängernden oder -erhaltenden Maßnahmen. Wenn es also dem Patientenwillen entspricht, stellt das Abstellen eines Beatmungsgeräts, die Einstellung einer Behandlung mit Antibiotika oder anderer lebenserhaltender Medikamente, die Ablehnung von Nahrungs- und Flüssigkeitszufuhr sowie der Verzicht auf Wiederbelebung oder eine weitere Operation keine Tötung dar. Es handelt sich vielmehr um eine in Deutschland legale Form der passiven Sterbehilfe.

Dies bedeutet jedoch nicht, dass Fachkräfte dabei nur zu- oder wegsehen. Es gilt alles zu tun, damit der Patient nicht qualvoll stirbt. Das Therapieziel ist nun ein palliatives. «Palliativ» wird von dem Lateinischen «pallium» (Mantel) abgeleitet und steht für ein umfassendes Behandlungs- und Betreuungskonzept, das nicht die Heilung einer Krankheit oder das Verhindern oder Aufschieben des Sterbens zum Ziel hat, sondern diesen Prozess optimal begleitet und «schützt».

Aus der Sicht der Hospizarbeit halte ich die Vorschläge der Kutzer-Kommission für sehr hilfreich, bei der passiven Sterbehilfe mehr Rechts- und Verfahrenssicherheit zu bewirken. Die Kommission schlägt vor, den § 216 unseres Strafgesetzbuches um einen dritten Absatz zu erweitern: «Nicht strafbar ist 1. die Anwendung einer medizinisch angezeigten leidmindernden Maßnahme, die das Leben als nicht beabsichtigte Nebenwirkung verkürzt, 2. das Unterlassen oder Beenden einer lebenserhaltenden medizinischen Maßnahme, wenn dies dem Willen des Patienten entspricht.»[20]

Zusammenfassend betont die Kommission: «Ethisch und rechtlich zulässig und gegebenenfalls geboten sind, sofern es dem ausdrücklichen oder mutmaßlichen Patientenwillen entspricht: das Unterlassen oder der Abbruch lebenserhaltender Maßnahmen (sog. passive Sterbehilfe) und eine fachgerechte Schmerz- und Symptombehandlung unter Inkaufnahme einer Lebensverkürzung (sog. indirekte Sterbehilfe). Bei Versagen aller sonstigen palliativmedizinischen Möglichkeiten ist – jedenfalls in der terminalen Krankheitsphase – mit Einwilligung der Patientin oder des Patienten eine Sedierung (gezielte Dämpfung bis hin zur Ausschaltung des Bewusstseins) zulässig. Eine Ärztin oder ein Arzt ist gehalten, einen Suizid im Rahmen der ärztlichen Möglichkeiten zu verhindern. Entschließt sich eine Patientin oder ein Patient trotz aller ärztlichen Bemühungen nach freiverantwortlicher Überlegung dazu, ihr oder sein Leben selbst zu beenden, so soll keine ärztliche Verpflichtung bestehen, gegen den ausdrücklichen Willen der oder des Betroffenen lebenserhaltend einzugreifen. Ein Eingriff in die körperliche Integrität (z. B. durch Einleitung oder Fortführung einer künstlichen Ernährung oder Beatmung) ohne ausdrückliche oder mutmaßliche Einwilligung der Patientin oder des Patienten ist eine rechtswidrige Körperverletzung und kann strafbar sein.»[21]

Wer heute selbst bestimmt, wann und in welcher Situation er nicht weiter kurativ (heilend) behandelt werden möchte, sollte auf die Unterstützung der Hospiz- und Palliativdienste zurückgreifen. Es ist durchaus hilfreich, sich frühzeitig über die Möglichkeit vor Ort zu erkundigen und sie in den Verfügungen aufzuführen.[22]

Wer nicht mehr für sich sprechen kann: die Frage der Stellvertretung

Im Notfall kann ein Patient häufig seinen Willen nicht mehr unmittelbar oder zweifelsfrei kundtun. Er ist darauf angewiesen, dass jemand für ihn eintritt, seinen Willen bekannt macht und gegebenenfalls auch selbst entscheidet, sollte die Patientenverfügung einen konkreten Behandlungsfall nicht exakt treffen. Neben der Patientenverfügung ist die Vollmacht also eine weitere Möglichkeit, den persönlichen Willen zur Geltung zu bringen. Der Stellenwert des gesetzlichen Vertreters kann kaum überschätzt werden.

Zunächst ist festzuhalten: Nach geltendem Recht haben (Ehe-) Partner, Kinder oder Eltern erwachsener Kinder keine unmittelbare Befugnisse zur Vertretung. Sie bedürfen vielmehr der Autorisierung durch eine Vollmacht, oder sie müssen vom Vormundschaftsgericht zur rechtlichen Betreuung eingesetzt werden.

Die Vollmacht gilt ohne jede Bedingung sofort. Der Bevollmächtigte sollte das Original der Vollmacht vorweisen können.

Der Bereich der Vermögenssorge kann Teil der Vollmacht sein und steht in unmittelbarem Zusammenhang mit dem der Gesundheitssorge. Wie soll ein Bevollmächtigter sonst tätig werden können, wenn er keine Geldmittel einsetzen kann? Soll die Verantwortung geteilt werden, kann man die Vollmacht so gestalten, dass eine Person für oben genannte Rechte und eine weitere für die Vermögenssorge beauftragt wird.

Die Mustervollmacht des bayerischen Justizministeriums umfasst alle Tätigkeitsbereiche, die zur Versorgung notwendig sind. Wenn der Bevollmächtige nachweislich gegen das Wohl des Vertretenen handelt, kann die Vollmacht widerrufen werden. In der Mustervollmacht sollten alle Abschnitte angekreuzt werden. Es ist davon abzuraten, eigene Texte zu verfassen, die im Einzelfall

Die Vollmacht sollte sich inhaltlich ausdrücklich auf folgende Punkte beziehen:

- alle Angelegenheiten der Gesundheitssorge, ebenso alle Einzelheiten einer ambulanten oder (teil-)stationären Pflege;
- sämtliche Maßnahmen zur Untersuchung des Gesundheitszustandes und Heilbehandlungen, die das Risiko des Todes oder schwerer Schädigung in sich bergen;
- das Unterlassen oder Beenden lebensverlängernder Maßnahmen;
- das Einsehen von Krankenunterlagen und die Herausgabe an Dritte;
- die Entbindung ärztlichen und nichtärztlichen Personals von der Schweigepflicht;
- die Unterbringung mit freiheitsentziehender Wirkung und freiheitsbeschränkende Maßnahmen (z. B. Bettgitter, bestimmte Medikamente);
- die Aufenthaltsbestimmung einschließlich von Rechten und Pflichten, die zum Beispiel die Miete und Haushaltsauflösung angehen;
- die Entgegennahme und das Öffnen von Post und Entscheidungen über den Fernmeldeverkehr;
- die Vertretung bei Behörden, Versicherungen, Renten- und Sozialleistungsträgern
- finanzielle Angelegenheiten.

mühsam nach ihrer Tauglichkeit untersucht werden müssen. Die Vollmacht ist an die schriftliche Form gebunden und erfordert die Geschäftsfähigkeit des Vollmachtgebers und des Vollmachtnehmers.

Aus der Sicht der Praxis macht eine Bevollmächtigung freilich nur dann Sinn, wenn der Vollmachtnehmer vertrauenswürdig und stabil genug ist, den Willen des Vollmachtgebers zur Geltung zu bringen. Bei der Auswahl der Person sollte man neben der

Vertrauensbeziehung besonders darauf achten, wie belastbar jemand in Situationen ist, die mit Tod und Sterben in Zusammenhang stehen. Der Vertreter sollte mit seiner Verantwortung und den damit notwendigen Entscheidungen nicht überfordert sein und gut (weiter)leben können. Für hinterbliebene Trauernde stellen sich oft sehr bedrängende Fragen: Was bin ich dem Verstorbenen schuldig geblieben? Was hätte ich besser machen können? Gerade wenn es um das Durchsetzen von passiver Sterbehilfe im Sinn des Patienten geht, ist es wichtig, auf diese Prozesse zu achten.

Der Verfassungsrechtler Friedhelm Hufen rät: «Wenn der Mensch selbst frei entscheiden kann, dann ist derjenige, der bei fehlender Entscheidungsfähigkeit an seiner Stelle entscheidet, immer verpflichtet, sich zu fragen, wie der nicht mehr Entscheidungsfähige selbst entscheiden würde, wenn er gefragt werden könnte. Auch hier geht es also keineswegs um einen ‹objektivierbaren Willen› oder gar um ‹allgemeine Wertvorstellungen der Gemeinschaft›, sondern um den vermuteten Ausdruck des eigenen Selbstbestimmungsrechts.»[23]

Bevollmächtigte und Betreuer haben als Vertreter des Patienten so zu entscheiden, wie es dessen Wohl entspricht. Dabei sind sie an die Wünsche gebunden, die der Patient in seiner Patientenverfügung niedergelegt hat.

Die Kombination von Patientenverfügung und Vollmacht ist deshalb die beste Absicherung. Nur für den Fall, dass es keine Vertrauensperson gibt, die bevollmächtigt werden könnte, tritt anstelle der Vollmacht die Betreuungsverfügung.

Muss das Vormundschaftsgericht immer beteiligt werden?

Inwieweit Bevollmächtigte und Betreuer bei Abbruch oder Nichteinleitung einer lebenserhaltenden Maßnahme die Zustimmung des Vormundschaftsgerichts einholen müssen, wird von den Gerichten nicht einheitlich beurteilt. Die BGH-Entscheidung vom März 2003 hat weitere kontroverse Diskussionen provoziert.

Leider haben die neuen Grundsätze der Bundesärztekammer die Ergebnisse der Kommission des Bundesjustizministeriums nicht abgewartet. Diese schlägt nun eine Gesetzesänderung von § 1904 vor. Insbesondere Ziffer 3 ist hier von Belang: «Eine Genehmigung (einer Verweigerung oder eines Widerrufs der Einwilligung in eine ärztliche Maßnahme durch das Vormundschaftsgericht) ist nicht erforderlich, wenn zwischen Betreuer und Arzt Einvernehmen darüber besteht, dass die Erteilung, die Verweigerung oder der Widerruf der Einwilligung dem Willen des Patienten entspricht.»[24] Die Kommission möchte den Vormundschaftsrichtern außerdem klare Kriterien an die Hand geben, nach denen sie in Konfliktfällen entscheiden können: «Die Genehmigung ist zu erteilen, wenn die Erteilung, die Verweigerung oder der Widerruf der Einwilligung dem mutmaßlichen Willen des Betreuten entspricht. Hierfür bedarf es individueller Anhaltspunkte ... Liegt eine ausdrückliche, auf die Entscheidung bezogene Erklärung des Patienten vor, so hat das Vormundschaftsgericht festzustellen, dass es seiner Genehmigung nicht bedarf.»[25]

Das Vormundschaftsgericht soll also nur in einem Konfliktfall eingeschaltet werden, d. h., wenn vor Ort keine Einigkeit bezüglich des Patientenwillens und der Indikation erzielt werden kann.

Das nachfolgende Beispiel beleuchtet diesen Aspekt.

Bei Frau S. wird mit 70 Jahren das Alzheimer-Syndrom diagnostiziert. Ihr Ehemann gibt ihr unmittelbar darauf das Versprechen, im Endstadium der Erkrankung, über deren Verlauf beide aufgeklärt sind, dafür zu sorgen, dass ihr Leiden nicht verlängert wird. Die vier Kinder sind Zeugen dieses Versprechens und der Entschiedenheit, mit der ihre Mutter diese Entscheidung trifft. Nach sechs Jahren ist Frau S. ein Pflegefall geworden und unfähig, ihre Familie zu erkennen. Der Ehemann, der mittlerweile schwer herzkrank ist und keine Aufregungen vertragen kann, wird aus der Verantwortung entlassen. Eine Tochter übernimmt die rechtliche Betreuung. Der Wille von Frau S. wird aber zunächst nicht weiter berücksichtigt, da die Kinder fürchten, dass ihr Vater dies nicht überleben würde. Nach einem längeren Beratungsgespräch ist die Tochter bereit, die Mutter nach Hause zu holen und deren Willen gemäß der Patientenverfügung durchzuführen. Eine medizinisch-pflegerische Fachkraft des ambulanten Hospiz- und Palliativberatungsdienstes begleitet die Familie und Fachkräfte. Nach mehr als neun Wochen stirbt Frau S. ohne quälende Beschwerden im Kreis der Familie. Das Einschalten des Vormundschaftsgerichts war nicht notwendig, weil alles auf den Willen der Patientin hin überprüfbar ist.

Patientenverfügung bei entscheidungsfähigen Patienten mit schwerer, fortschreitender Erkrankung

Beispiel 1: Herr M., 70 Jahre
Diagnose: Prostatakrebs mit Knochen- und Hirnmetastasen, eine Heilung wird nicht mehr für möglich gehalten, auch eine weitere Bestrahlung wurde eingestellt.
Derzeitige palliative Therapie:
MST 120 mg 2 x 1; Novalgin 4 x 40 Tropfen
Fortecortin 2 x 4 mg; Aldactone 1 Tablette
Psyquil 2 x 1 Tablette; Laxoberal 6 Tropfen
Agarol 1 Essl.; Calcium 1000 mg 1 x
Im Wissen um meine Diagnose und die palliativmedizinischen Möglichkeiten, bitte ich weiterhin um ausreichende Schmerztherapie und um Vermeidung von Krankenhauseinweisungen. Es ist mein Wunsch, zu Hause zu sterben.

Mögliche Komplikationen	Vom Patienten gewünschte Behandlung
Starke Schmerzen	1 Ampulle Morphin (20 mg subcutan)
Appetitlosigkeit und in deren Folge Gewichtsverlust	Keine künstliche Ernährung oder Infusionstherapie Cortisonerhöhung

Ort, Datum und Unterschrift des Patienten
Name, Praxis und Unterschrift des behandelnden Arztes

Beispiel 2: Frau D., 86 Jahre
Ich lebe derzeit im Wohnbereich des Altenheims X. Ich leide seit 15 Jahren an schwersten Durchblutungsstörungen beider Beine. In dieser Zeit habe ich mich zusammen mit allen behandelnden Ärzten darum bemüht, dass ich meine Beine behalten kann. Ich habe mich 16 Operationen unterzogen, davon alleine fünf in den letzten acht Wochen. Mein einziges Bestreben war, eine Amputation zu vermeiden. Ich bin aber durch Ärzte darüber aufgeklärt worden, dass bei einem erneuten Beinarterienverschluss ein Erhalt meiner Beine nicht möglich sein wird. Ich weiß genau, dass es ohne Amputation der Beine zu einem Absterben der Beine kommen wird. Ich weiß, dass von den absterbenden Beinen aus eine Vergiftung des Körpers eintreten wird. Ich weiß, dass dies mit schrecklichen äußeren Umständen und unerträglichen Schmerzen verbunden sein wird. Ich weiß, dass die von nekrotischem Gewebe ausgehende Vergiftung sehr bald tödlich sein kann. In all diesem Wissen bekunde ich, dass ich auf keinen Fall eine Amputation der Beine wünsche und mit dem bald eintretenden Tod einverstanden bin. Ich weise alle Personen, die sich um mich kümmern, an, jegliche Krankenhauseinlieferung zu verhindern, die der Beinamputation dienen soll. Ich verbiete ausdrücklich jedem Arzt, der meine Behandlung übernehmen soll, dass er eine Amputation meiner Beine durchführt. Im Falle des Zuwiderhandelns bevollmächtige ich hiermit Herrn Rechtsanwalt C., Strafanzeige gegen alle Ärzte zu erstatten, die dieser Anweisung zuwiderhandeln. Diese Erklärung habe ich reiflich überlegt. Sie beruht auf mehreren Gesprächen mit genannten Personen und meinen Erfahrungen im Zuge der Arterienverschlusserkrankung meiner Beine.

Ort/Datum und Unterschriften von Frau D., die Bestätigung der Ärztin und des Rechtsanwalts

Diese Sachverhalte können nicht ohne Mitwirkung des behandelnden Arztes und/oder sonstiger kompetenter Gesprächspartner, z. B. einer Palliativ-Fachpflegekraft, geregelt werden; Maßnahmen zur künstlichen Ernährung, Beatmung oder Dialyse und die Verabreichung von Medikamenten und Infusionen müssen besonders beachtet werden. Es ist nicht ausreichend, einzelne Maßnahmen in der Verfügung abzulehnen. Gerade auch positive Behandlungs- und Betreuungswünsche, wie z. B. die Ausschöpfung aller pflegerischen und palliativmedizinischen Möglichkeiten, einschließlich einer optimalen Schmerztherapie, sollten benannt werden.

Das Fachpersonal sollte folgendermaßen vorgehen: Aufklären des Patienten hinsichtlich der Inhalte seiner Patientenverfügung, Bedenkzeit einräumen, zu erwartende Komplikationen wiederholt besprechen, ein schriftliches Protokoll der Beratung erstellen und einen Notfall- bzw. Behandlungsplan festlegen. Die erforderlichen Medikamente müssen verordnet und bereitgestellt werden. Dieser Notfallplan integriert den ausdrücklichen Willen des Patienten und ersetzt die Patientenverfügung entweder komplett oder baut auf sie auf.[26]

Parallel dazu sind alle Pflegenden einzubeziehen. Nach Möglichkeit sollte die Frage der Vollmacht geklärt werden. Die Weitergabe der Verfügung an andere Fachstellen, z. B. den Notrufdienst oder die Notrufleitstelle, in Absprache mit dem Patienten ist wichtig.

Äußert sich der Patient trotz Geschäftsfähigkeit nicht zu einer Behandlungsmöglichkeit, kann bereits die Unterschrift des Vollmachtsformulars weiterhelfen. Denn der gesetzliche Vertreter ist dann entscheidungsbefugt. Auch der Vertreter kann mit den behandelnden Ärzten einen Notfallplan erarbeiten. Sollte die Geschäftsfähigkeit des Patienten in Frage stehen, muss ein Notar zur Bestätigung der Geschäftsfähigkeit hinzugezogen werden.

Auch im Fall schwerer Erkrankung ist also die hilfreichste Variante, ein «Paket» von Patientenverfügung und/oder Notfallplan und Vollmacht zu schnüren.

Entscheidungsunfähige Patienten in Pflegeheimen

Es ist eine Tatsache, dass insbesondere alte Menschen, obwohl sie ihren Willen klar äußern, einer von ihnen nicht gewünschten Behandlung unterzogen werden. Häufig handelt es sich dabei um eklatante Verletzungen von Patientenrechten.

Liegt weder ein aktuell noch schriftlich vorab geäußerter Wille vor, sind alle Beteiligten daran gehalten, den «mutmaßlichen Willen» des Patienten in der konkreten Behandlungssituation zu ermitteln. «Entscheidend ist der mutmaßliche Wille des Patienten, wie er sich nach sorgfältiger Abwägung aller Umstände darstellt. Hierbei sind frühere mündliche oder schriftliche Äußerungen ebenso zu berücksichtigen wie seine religiösen Überzeugungen, seine sonstigen persönlichen Wertvorstellungen, seine altersbedingte Lebenserwartung oder das Erleiden von Schmerzen.»[27]

Das geltende Recht lehnt es also sehr deutlich ab, dass ohne sorgfältige Prüfung des Patientenwillens eine medizinisch grundsätzlich machbare Behandlung stattfindet. Ärzte, die sich auf ihren angeblich unverrückbaren Heilauftrag zurückziehen, entziehen sich dem rechtlichen Auftrag und verstoßen gegen ihre Standesordnung – bisher leider ohne Konsequenz.

Liegt keine Patientenverfügung, nur eine Vollmacht oder rechtliche Betreuung für den Bereich der Gesundheitssorge vor, ist es wichtig, den mutmaßlichen Patientenwillen zu ermitteln. Schriftliche (eidesstattliche) Erklärungen von Menschen, die dem Patienten nahe stehen, können dabei sehr hilfreich sein. Frühere mündliche Erklärungen müssen datierbar sein und nach Möglichkeit von mehreren Zeugen bestätigt werden. Finanzielle Gesichtspunkte dürfen keinen Ausschlag geben, ebenso wenig wie eine Beurteilung «lebensunwerten Lebens» durch Dritte, seien es Angehörige oder Fachkräfte.

Pflegeheime brauchen Aufsichtsorgane oder Beschwerdestellen und auch autorisierte und qualifizierte Fachgremien, die in diesen schwierigen Entscheidungsprozessen juristisch, ethisch, medizinisch-pflegerisch und psychosozial vermitteln und beraten können. In den Pflegeheimen geht es dabei wesentlich um die Integration der täglichen Patientenbeobachtung und Pflege. Die Erarbeitung eines Notfallplans auf einer Pflegestation sollte auf die alltäglichen Gegebenheiten und internen Strukturen eingehen (z. B. Personalwechsel, Übergaben, Kommunikationsmöglichkeiten) und aus der sorgfältig begleiteten Aufnahme und individuellen Betreuung des Bewohners resultieren. In einem Arbeitskreis hat der Christophorus-Hospiz-Verein in München einen «Leitfaden zur Eruierung des mutmaßlichen Willens bei entscheidungsunfähigen Patienten» verfasst. Dieser bezieht gezielt auch die Dokumentation des Stationspersonals mit ein. Dieser Leitfaden enthält folgende Punkte:

Neben diesen persönlichen Angaben des Bewohners eines Pflegeheims ist es von Anfang an wichtig, Familienmitglieder und (potentielle) Vertreter aufzunehmen und die Vertrauensbeziehung in der Dokumentation zu beschreiben.

Für die tatsächlichen Notfälle ist es schließlich entscheidend, das Ergebnis dieser Beratung knapp und übersichtlich in der Patientendokumentation festzuhalten. Auch die Nachtschwester, die sich um vieles recht selbstständig kümmern muss, soll die Anweisungen umsetzen können. Für die Altenpflege wäre es in den nächsten Jahren eine wichtige Aufgabe, eine einheitliche Kenntlichmachung dieser Informationen zum gewünschten Lebensende in die Dokumentation einzuarbeiten.

Bei der Auswahl eines Altenpflegeheims sollte die Frage, ob die Einrichtung dem Wunsch nach passiver Sterbehilfe in jeder Form nachkommt, im Vorfeld geklärt werden.

Literatur

Karlo Heßdörfer, *Patientenverfügung – das Recht auf Selbstbestimmung bis zum Tod,* in G. Everding und A. Westrich, *Würdig leben bis zum letzten Augenblick. Idee und Praxis der Hospiz-Bewegung,* München 2001; Wolfgang Putz und Renate Steldinger, *Patientenrechte am Ende des Lebens,* München 2003; Thomas Klie, Johann-Christoph Student, *Die Patientenverfügung. Was Sie tun können, um richtig vorzusorgen,* Freiburg 2001; Walter Jens, Hans Küng (Hrsg.) *Menschenwürdig sterben,* München 1995

Behandlungsentscheidung
bei einwilligungsunfähigen, schwerkranken Patienten

A Zur Person
B Rechtliche Vertretung, evtl. weitere Personen
mit ausreich. Vollmacht ☐ rechtl. Betreuung ☐ Sonstiges
Sonstige wichtige Angehörige/Beteiligte:

C Krankheits- und Behandlungssituation
Geschichte [Diagnose/Grad der Behinderung/Prognose usw.]
Aktuelle Symptome [physisch und psychisch]
Mögliche Behandlung/Maßnahmen/Interventionen
Alternative Behandlung bzw. Unterlassen

D Der mutmaßliche Wille des Patienten/der Patientin

1. Äußerungen des Patienten/der Patientin

Lebensgeschichte [wichtige, relevante Erfahrungen,
z. B. Umgang mit Belastungen]
Beziehungen
Gewohnheiten und persönliche Werte
Gründe für best. Verhalten
(z. B. Verweigerung, Schreien, Wut, Trauer etc.)
Unmittelbare Äußerungen zum Lebensende

2. Einschätzungen anderer Beteiligter (bei Bedarf ausführlich im Anhang)

E Behandlungsentscheidung [gemeinsam getragener Beschluss; evtl. Gegenstimmen]

Ort, Datum: ______________________________
Unterschriften aller Beteiligten
Verantwortlicher behandelnder Arzt: ______________

Anmerkungen

Almosen, Spital und Siechenhaus von Werner Kraus

1 Ehmer, Seite 111.
2 Umfassende Informationen zur Zeit von 1350 bis 1820 bietet das Werk «Geschichte des Alters» von Peter Borscheid, auf das nachfolgend wiederholt verwiesen wird.
3 Ehmer, Seite 19.
4 Ehmer, Seite 106.
5 Borscheid, Seite 198.
6 Borscheid, Seite 57.
7 Borscheid, Seite 192.
8 Jack Goody, «Geschichte der Familie», München 2002, Seite 88.
9 Borscheid, Seite 81.
10 Zu den Spitälern in Bayern vgl. auch Reichsstädte in Franken, München 1987, Seite 59 ff.
11 Ausführlich dazu Jetter, Seite 34 ff.
12 Grundlegende Informationen bietet Martina Metzger u. a., «Von der Heilerin zur Pflegekraft», Stuttgart 1998. In «Schwestern, Beginen, Meisterinnen», Ulm 1992, stellt Ilse Schulz die Geschichte der Pflege am Beispiel der Stadt Ulm dar.
13 Jütte, Seite 142.
14 Borscheid, Seite 62.
15 Jetter, Seite 118 ff.
16 Jütte, Seite 189.
17 Borscheid, Seite 261.
18 Borscheid, Seite 262.
19 Borscheid, Seite 263.
20 Vgl. dazu Horst Peter und Jutta Wolff, «Geschichte der Krankenpflege», Basel 1994.
21 Ute Möller u. a., «Die geschichtliche Entwicklung der Krankenpflege», Hagen 1994, Seite 56.
22 Zitiert nach Ballusek, Seite 50 ff.

23 Jochen Boberg u. a., «Exerzierfeld der Moderne: Industriekultur in Berlin im 19. Jahrhundert», München 1984, Seite 268 f.
24 Vgl. dazu Friedrich Prinz, Marita Krauss, «München – Museumsstadt mit Hinterhöfen – Die Prinzregentenzeit 1886 bis 1912», München 1988.
25 Hermann Glaser, «Maschinenwelt und Alltagsleben, Industriekultur in Deutschland von Biedermeier bis zur Weimarer Republik», Frankfurt a. M. 1981, Seite 81, vgl. auch Bernward Deneke, «Geschichte Bayerns im Industriezeitalter», Nürnberg 1987.
26 Vgl. Thomas Nipperdey, «Deutsche Geschichte 1866–1910», Band I/II, München 1998, und «Bilder Dokumente zur Sozialgeschichte», Ausstellungskatalog zu einer Wanderausstellung des Bundesministeriums für Arbeit und Sozialordnung; zur Situation in Bayern: Armenfürsorge und Daseinsfürsorge, Ausstellungskatalog der Staatlichen Archive Bayerns, München 1992.
27 Theo Schwarzmüller, «Otto von Bismarck», München 1998, Seite 127.
28 Ballusek, Seite 26 ff.
29 Ballusek, Seite 26 ff.
30 Vgl. Ballusek, Seite 96 ff. mit weiteren Literaturverweisen.
31 Vgl. Geriatrische Einrichtungen in der Bundesrepublik Deutschland, Bundesministerium für Arbeit und Sozialordnung, Bonn 2001.
32 Vgl. Karen Arnold u. a., «Altenpflegeausbildung – Eine Einführung», Freiburg i. B. 1999.
33 Vgl. Hermann Glaser, Thomas Röbke, « Dem Alter einen Sinn geben – wie Senioren kulturell aktiv sein können», Heidelberg 1992.

Herausforderung Pflegebedürftigkeit von Bernd Hein

1 Statistisches Bundesamt, Bevölkerung Deutschlands bis 2050. 10. Koordinierte Bevölkerungsvorausberechnung, Wiesbaden 2003, Seite 16 (Presseexemplar).
2 Statistisches Bundesamt, Bericht: Pflegestatistik 2001. Pflege im Rahmen der Pflegeversicherung – Deutschlandergebnisse, Wiesbaden 2003, Seite 4 und 10.
3 Die gesetzliche Pflegeversicherung gliedert sich in die soziale und private Pflegeversicherung. Der gesetzlichen Pflegeversicherung gehört an, wer gesetzlich krankenversichert ist, der privaten Pflegeversicherung, wer privat krankenversichert ist. Die Leistungen beider sind grundsätzlich gleich. Wir verzichten deshalb auf Differenzierungen und sprechen von sozialer Pflegeversicherung.

4 Siehe Abbildung 1: Stufen der Pflegebedürftigkeit, Seite 2.

5 Einen knappen Überblick über die Diskussion gibt: Deutscher Bundestag, Schlussbericht der Enquetekommission «Demografischer Wandel – Herausforderungen unserer älter werdenden Gesellschaft an den Einzelnen und die Politik», Drucksache 14/8800, 28. 3. 2002, Berlin 2002, insbesondere Seite 230 bis 232.

6 Siehe Abbildung 2: Eckdaten der Pflegestatistik, Seite 32.

7 Statistisches Bundesamt, Bevölkerung Deutschlands bis 2050, a. a. O., Seite 31.

8 Pflegebedürftig im Sinne des Pflegeversicherungsgesetzes ist, wer in eine der Pflegestufen eingestuft worden ist und auf dieser Basis finanzielle Leistungen aus der Pflegeversicherung bezieht.

9 Infratest Sozialforschung, Hilfe-und Pflegebedürftige in Privathaushalten in Deutschland 2002, Schnellbericht, München 2003, Seite 8.

10 Kuratorium Deutsche Altershilfe (Hrsg.), zusammengestellt und bearbeitet von Anne Kleiber, Kleine Datensammlung Altenhilfe, Köln 2003, Seite 53.

11 So der Medizinische Dienst der Spitzenverbände der Krankenversicherung in einer Untersuchung. www.mds-ev.org/datenundberichte/links.html.

12 Statistisches Bundesamt, Bericht: Pflegestatistik 2001, a.a.O., Seite 3 ff.

13 Statistisches Bundesamt, Sonderbericht: Lebenslagen der Pflegebedürftigen. Pflege im Rahmen der Pflegeversicherung. Deutschlandergebnisse des Mikrozensus 2003, Bonn 2004. Die Daten stimmen in der Tendenz bis auf statistisch unerhebliche Abweichungen mit den Ergebnissen des Infratest-Berichtes, siehe Anmerkung 9, überein.

14 Infratest Sozialforschung, a.a.O.

15 Infratest Sozialforschung, a.a.O., Seite 23.

16 Zum Beispiel: Thomas Richter, Stationäre Altenhilfe heute – aus der Praxis eines Pflegeheimes, in: Arbeiterwohlfahrt Bundesverband e. V., Sozialbericht 2003/04. Zukunft der Pflege in Deutschland, Bonn 2004, Seite 94–97.

17 Neben der Pflegeversicherung ist der überörtliche Träger der Sozialhilfe der wichtigste Kostenträger für die stationäre Pflege. Zur Begleichung der Kosten beschließen die Träger der Einrichtungen, die Arbeitsgemeinschaft der Pflegekassen und der überörtliche Sozialhilfeträger einen Pflegeschlüssel oder Personalschlüssel. Der Pflegeschlüssel oder Personalschlüssel legt die Zahl der Pflegekräfte pro Patient fest.

18 Die Arbeiterwohlfahrt spricht von einer 20-prozentigen personellen Unterbesetzung in Pflegeheimen. Diese Zahl ist nicht aus der Luft ge-

griffen, sondern wurde im Rahmen einer Pflegebedarfsermittlung mit einem bewährten Messverfahren ermittelt. Vgl. Ullrich Wittenius, Bürokratieabbau in der Pflege – in der Qualitätssicherung ist sie möglich!, in: Arbeiterwohlfahrt Bundesverband e. V., Sozialbericht 2003/04. Zukunft der Pflege in Deutschland, Bonn 2004, Seite 67–75.

19 Deutsches Institut für angewandte Pflegeforschung, Pflege-Thermometer 2003, Frühjahrsbefragung zur Lage und Entwicklung des Personalpflegewesens in der stationären Altenhilfe in Deutschland, Köln 2003, www.dip-home.de.

20 Thomas Richter, Stationäre Altenhilfe heute, a. a. O., Seite 97.

21 www.mds-ev.org.

22 Elisabeth Fix, Stationäre Altenpflege: Erheblicher Reformbedarf, in: neue caritas, 5/2003, Seite 3.

23 So erhielten die Pflegedienste in Bayern von den Pflegekassen für eine Ganzkörperwäsche mit Ganzkörperpflege 11 Euro plus 3,40 Euro Anfahrtspauschale. Diese Pflegeleistung dauert je nach Schwere der Pflegebedürftigkeit des Patienten erfahrungsgemäß 40 bis 60 Minuten. Damit sind die Personalkosten nicht abzudecken. Eine Studie der Bank für Sozialwirtschaft (Betriebsvergleich 2003, Köln 2003) hat die finanzielle Unterdeckung der Arbeit der Sozialstationen klar erwiesen.

24 Elisabeth Noelle-Neumann/Werner Haumann, Was bedeutet «menschenwürdige Pflege»? Ansichten von Pflegebedürftigen, Angehörigen und Bevölkerung. Zusammenfassender Bericht über demoskopische Untersuchungen zur Altenpflege in den Jahren 1997 und 2000. Durchgeführt vom Institut für Demoskopie Allensbach. Hrsg. Paul Lempp Stiftung, Stuttgart 2000, Seite 25–28.

25 A. a. O., Seite 83.

26 A. a. O., Seite 12.

27 Ursula Lehr, Psychologie des Alterns, Wiebelsheim 10. korrigierte Auflage 2003, Seite 123 ff.

28 Marianne Koch, Körperintelligenz. Was Sie wissen sollten, um jung zu bleiben, München 2003.

29 Deutsches Institut für angewandte Pflegeforschung e. V. (Hrsg.), Ansätze zur Pflegeprävention. Rahmenbedingungen und Analyse von Modellprojekten zur Vorbeugung von Pflegebedürftigkeit, Hannover 2003.

30 Frank Schirrmacher, Das Methusalem-Komplott, München 2004, Seite 29. Der Autor fasst die Ergebnisse der so genannten Berliner Studie, der eine Umfrage zur Lebenssituation von alten Menschen zu Grunde liegt, so zusammen: «‹Sich jung fühlen› ist kein Selbstbetrug.

Es ist keine Aussage, die schafft, wovon sie spricht.» A. a. O., Seite 194.

31 Vergleiche dazu den Beitrag von Josef Raischl in diesem Buch Seite 235.

32 Vergleiche dazu den Beitrag von Marianne Habersetzer in diesem Buch, Seite 225.

33 Die «Mittlere Variante» beruht auf folgenden Voraussetzungen: Konstante Geburtenhäufigkeit von durchschnittlich 1,4 Kindern pro Frau, Erhöhung der Lebenserwartung bei Geburt bis zum Jahr 2050 für Mädchen auf 86,6 Jahre und Jungen auf 81,1 Jahre sowie ein positiver Wanderungssaldo von rund 200 000 pro Jahr. Siehe: Statistisches Bundesamt, Bevölkerung Deutschlands bis 2050, a. a. O., Seite 10 ff.

34 A. a. O., Seite 31.

35 Zitiert nach: Deutscher Bundestag, Schlussbericht der Enquetekommission «Demografischer Wandel – Herausforderungen unserer älter werdenden Gesellschaft an den Einzelnen und die Politik», a. a. O., Seite 237.

36 Zum Beispiel: Gerhard Naegele, Mehr Heimplätze und differenzierte Pflegestufen, in: neue caritas, 102. Jahrgang, Heft 19, Freiburg i. Breisgau 2001, Seite 9–16.

37 Bundesministerium für Familie, Senioren, Frauen und Jugend, Vierter Bericht zur Lage der älteren Generation in der Bundesrepublik Deutschland. Risiko, Lebensqualität und Versorgung Hochaltriger unter besonderer Berücksichtigung demenzieller Erkrankungen, Berlin 2002, Seite 167–181.

38 Andreas Kruse, Gesund altern, Baden-Baden, 2002, und Frank Weidner, Wie man Pflegebedürftigkeit verhindern kann, in: caritas 2001. Jahrbuch des Deutschen Caritasverbandes, Freiburg 2000, Seite 92–99.

39 Deutscher Bundestag, Schlussbericht der Enquetekommission «Demografischer Wandel – Herausforderungen unserer älter werdenden Gesellschaft an den Einzelnen und die Politik», a. a. O., insbesondere Seite 266–269.

40 Zu diesem Abschnitt: Infratest Sozialforschung, a.a.O., Seite 18 ff.

41 Zum Folgenden: Statistisches Bundesamt, Bericht: Pflegestatistik 2001, a. a. O., Seite 4 ff. Außerdem: Heiko Pfaff, Personal in Pflegeeinrichtungen. Ergebnisse der Pflegestatistik zum 15. Dezember 2001, in: Statistisches Bundesamt, Wirtschaft und Statistik 11/2003, Seite 1010–1014.

42 Bis 2004 wurden die Kosten für einen Krankenhausaufenthalt nach einem festen Tagessatz und der Liegezeit berechnet. Ab 2004 werden die Kosten unabhängig von der Liegezeit nach einer festen diagnose-

orientierten Pauschale vergütet. Die Krankenhäuser sind nun bestrebt, aus Kostengründen Patienten möglichst früh zu entlassen und Pflegepersonal abzubauen.

43 So Dr. Georg Simnacher, der langjährige Präsident des Verbandes der Bayerischen Bezirke, bei der Jahrestagung seiner Organisation 1995 in Coburg.

44 Anne Helmer, Altenhilfe baut auf ehrenamtliches Engagement, in: neue caritas Heft 5, 2004, Seite 25–27.

45 Bernd Hein, Lebendige Pfarrgemeinden. Ergebnisse einer Umfrage zum ehrenamtlichen sozialen Engagement der katholischen Pfarrgemeinden in Bayern. In: neue caritas 2004 Jahrbuch, Freiburg, 2003, Seite 207–208.

46 «Case-Management» oder Fall-Management hat das Ziel, die Behandlung von Patienten durch verschiedene Fachleute zu koordinieren und die Qualität zu fördern. Die Grundfrage heißt: Wie und durch wen bekommt der Einzelne die für ihn beste Pflege?

47 Kuratorium Deutsche Altershilfe, Jährlich 10 000 zusätzliche Pflegeheimplätze benötigt, in: pro ALTER, 1/2001

48 Die hier beschriebenen Entwicklungen und ihre Folgen gelten auch für die ambulanten pflegerischen Dienste.

49 «Primary Nursing» oder Bezugspflege ist eine Form der Pflegeorganisation, bei der jeder Pflegebedürftige in der stationären oder ambulanten Pflege eine Pflegeperson als «Primary Nurse» zugeordnet bekommt, die die Verantwortung für seine Pflege und Versorgung trägt. «Lebensweltorientierung» bezeichnet eine Form der Pflegeorganisation, die nicht von der «Logik» und den Erfordernisse der Institution (Beispiel: «Um 18 Uhr müssen alle im Bett liegen») ausgeht, sondern von der Sichtweise und den Wünschen der dort lebenden Menschen, also der Pflegebedürftigen. Ein ähnliches Konzept verfolgt auch die «De-Institutionalisierung».

50 Klaus Kneissl/Elfriede Toth, Dienste und Hilfen für alte Menschen, in diesem Buch, Seite 91.

51 Deutscher Bundestag, Schlussbericht der Enquetekommission «Demografischer Wandel – Herausforderungen unserer älter werdenden Gesellschaft an den Einzelnen und die Politik», a. a. O., Seite 257. Je nach Annahme über die Lebenserwartung, über die Pflegewilligkeit der Angehörigen etc. liegen andere Prognosen noch höher.

52 Palliativpflege richtet sich auf Patienten in einem weit fortgeschrittenen Stadium der Erkrankung, bei dem nicht mehr die Heilung, sondern die Kontrolle der Schmerzen und eine besonders einfühlsame Kommunikation im Vordergrund stehen.

53 Hermann Brandenburg, Thomas Klie, Aufgaben und Kompetenzprofile in der professionellen Pflege, in: Hermann Brandenburg, Thomas Klie (Hrsg.), Gerontologie und Pflege. Beiträge zur Professionalisierungsdiskussion in der Pflege alter Menschen, Hannover 2003, Seite 142–194.

54 Ein gut gelungenes Beispiel ist die Kampagne «Altenpflege in Bayern», die seit 2002 gemeinsam vom bayerischen Staatsministerium für Arbeit und Sozialordnung, Familien und Frauen, Kostenträgern wie dem Verband der Bayerischen Bezirke, den Wohlfahrtsverbänden und privaten Heimträgern durchgeführt wird. Informationen unter www.altenpflege-bayern.de.

55 Fachleute halten einen Personalschlüssel von mindestens 1:2,2 für notwendig. Das heißt: Rein rechnerisch ist eine Fachpflegekraft für 2,2 Patienten zuständig. Dabei müsste sie allerdings 24 Stunden und 365 Tage im Jahr ununterbrochen arbeiten. In der Realität betreut eine Pflegeperson deshalb natürlich mehr Menschen.

56 Positionspapier Professionelle Pflege alter Menschen, in: Hermann Brandenburg, Thomas Klie (Hrsg.), Gerontologie und Pflege. Beiträge zur Professionalisierungsdiskussion in der Pflege alter Menschen, Hannover 2003, Seite 210–238.

57 www.pflegeforschungsverbuende.de.

58 Hildegard Entzian, Thomas Klie, Der allgemein anerkannte Stand pflegerischer Erkenntnis, in: Hermann Brandenburg, Thomas Klie, (Hrsg.), Gerontologie und Pflege. Beiträge zur Professionalisierungsdiskussion in der Pflege alter Menschen, Hannover 2003, Seite 97.

59 Zum Beispiel §§ 11 Abs. 1; 28 Abs. 3 und 4 SGB XI oder 2 SGB V, 6 HeimG.

60 Hildegard Entzian, Thomas Klie, a. a. O., Seite 96.

61 www.dnqp.de

62 Bedenklich ist, dass dieser Expertenstandard in den Heimen zwar bekannt ist, aber nur von einem Fünftel der Heime umgesetzt wird. Vgl. Deutsches Institut für angewandte Pflegeforschung, Pflege-Thermometer 2003, Frühjahrsbefragung zur Lage und Entwicklung des Personalpflegewesens in der stationären Altenhilfe in Deutschland, Köln 2003, Seite 37.

63 Hildegard Entzian, Thomas Klie, a. a. O., Seite 98.

64 A. a. O., Seite 102.

65 Positionspapier Professionelle Pflege alter Menschen, a.a.O., Seite 220 f.

66 Deutscher Bundestag, Schlussbericht der Enquetekommission «Demografischer Wandel – Herausforderungen unserer älter werdenden

Gesellschaft an den Einzelnen und die Politik», a. a. O., Seite 243–246. Dort finden sich auch Literaturangaben.

67 Pflegemessverfahren stellen einen Zusammenhang her zwischen dem individuellen Pflegebedarf und der Bemessung des Personalbedarfs. Ein Schritt in die richtige Richtung war in diesem Zusammenhang die Gründung der «Deutschen Gesellschaft für die systematische Erfassung des Pflegebedarfs (DGEP)», der unter anderem die Wohlfahrtsverbände, der Bundesverband privater Altenheime und die Pflegekassen angehören. Die Wohlfahrtsverbände haben sich 2004 entschieden, ihren Einrichtungen zu empfehlen, das in Kanada entwickelte Pflegemesssystem «PLAISIR» anzuwenden. Plaisir ist eigentlich das französische Wort für Freude. Hier wird es als Abkürzung verwendet, die auf Deutsch umschrieben werden kann mit «Informationsgestütze Planung der erforderlichen Pflege in Alten-und Pflegeheimen».

68 Hermann Brandenburg, Thomas Klie, Aufgaben ..., a. a. O., Seite 165.

69 Ob allerdings die mit diesen Gesetzen einhergehende Bürokratie den pflegebedürftigen Menschen dient, sei dahingestellt. Pflegekräfte klagen, die für die Bürokratie aufzuwendende Zeit ginge auf Kosten der unmittelbaren Pflege. Es dürfe nicht dazu kommen, dass man sich mehr an den bürokratischen Vorgaben des Gesetzgebers orientieren müsse als an den Wünschen und Bedürfnissen der pflegebedürftigen Menschen. Auf die Arbeit der Pflegeheime nehmen über 40 Ämter, Kostenträger, Versicherungen und andere Institutionen Einfluss. Die Heime müssen sich mit fast 90 Gesetzen, Rechtsnormen, Verordnungen etc. auseinander setzen. Daraus ergibt sich ein hoher Zeitaufwand an Dokumentation und Nachweispflicht für die Mitarbeiter, der der Pflege am Menschen verloren gehe.

70 Die «Evidenz» oder Wirksamkeit von pflegerischen Standards muss sich auf dem Hintergrund wissenschaftlicher Forschung und direkter pflegerischer Erfahrung erwiesen haben.

71 www.altenhilfestrukturen.de. Dort ist auch der Abschlussbericht der wissenschaftlichen Begleitforschung zum Bundesmodellprojekt «Altenhilfestrukturen der Zukunft», herausgegeben vom Bundesministerium für Familien, Senioren, Frauen und Gesundheit, aus dem Jahr 2004 veröffentlicht.

72 Bundesministerium für Arbeit und Sozialordnung (Hrsg.), Lebenslagen in Deutschland. Der erste Armuts-und Reichtumsbericht der Bundesregierung. Bericht, Bonn 2001, Seite 182–188.

73 Bundesministerium für Gesundheit und Soziale Sicherung (Hrsg.), Pflegeversicherung, Berlin 2003, Seite 5.

74 Damit sind Pflegebedürftige mit wenig Pflegeaufwand gemeint.
75 Erinnert sei zum Beispiel an die Diskussion 2003 im Anschluss an eine Äußerung des Vorsitzenden der Jungen Union, Philipp Mißfelder, über 85-Jährigen keine künstlichen Hüftgelenke über die Krankenkasse zu finanzieren.
76 Ich folge hier weitgehend den Positionen des Deutschen Caritasverbandes: Positionierung des Deutschen Caritasverbandes zum Reformbedarf in der Pflege, in: neue caritas, Heft 2, Freiburg i. Breisgau 2004, Seite 56–58.
77 Bundesministerium für Familie, Senioren, Frauen und Jugend, Vierter Bericht zur Lage der älteren Generation in der Bundesrepublik Deutschland. Risiko, Lebensqualität und Versorgung Hochaltriger unter besonderer Berücksichtigung demenzieller Erkrankungen, Berlin 2002, Seite 23.
78 Ruth Schwerdt, Pflege im Prozess ihrer Professionalisierung und Qualitätsentwicklung: Prolegomena zu einer Wirtschaftsethik der Pflege, a.a.O., Seite 34.
79 Diese Vorwürfe erheben in Deutschland insbesondere die Kirchen und Wohlfahrtsverbände.
80 Ulrich H. J. Körtner, Grundkurs Pflegeethik, Wien 2004.
81 Statistisches Bundesamt, Bericht: Pflegestatistik 2001, a.a.O., Seite 5; 7.
82 Pressemeldung vom 18. Mai 2004.
83 So zum Beispiel die Kritik des Landes-Caritasverbandes Bayern in seinem Informationsdienst für Mandatsträger «Bayern sozial» vom Juli 2004.
84 Peter Ulrich, Der entzauberte Markt. Eine wirtschaftsethische Orientierung, Freiburg im Breisgau 2002, insbesondere Seite 158–184.

Pro-Aging von Ursula Lehr

1 Hans Thomae, Persönlichkeit – eine dynamische Interpretation, Bonn 1966, Seite 111.
2 Ingeborg Albrecht, Weit spannt sich der Lebensbogen, Puchheim 2001.
3 Hans Thomae, a. a. O., Seite 101.
4 R. Tartler, Das Bild des Menschen in der modernen Gesellllschaft, Stuttgart 1961.
5 Frank Schirrmacher, Das Methusalem-Komplott, München 2004.
6 Martin Kohli, Erwerbsarbeit und ihre Alternativen. In: M. M. Baltes und L. Montada (Hrsg.), Produktives Leben im Alter, Frankfurt am Main 1996, Seite 154–183.

7 Der Alterssurvey ist eine vom Bund geförderte umfassende Untersuchung der «Zweiten Lebenshälfte». Informationen unter www.dza.de
9 WHO ist die Abkürzung für die World Health Organization.
10 Vgl. Ursula Lehr, Gero-Intervention: Das Insgesamt der Bemühungen, bei psychologischem Wohlbefinden ein hohes Alter zu erreichen, in: Ursula Lehr (Hrsg.), Interventionsgerontologie, Darmstadt 1979, Seite 1–49.
11 Heinz Meusel, Bewegung, Sport und Gesundheit im Alter, Darmstadt 1996, Seite 119.

Pflegen zu Hause von Wilfried Mück

1 Statistisches Bundesamt, Bericht: Pflegestatistik 2001. Pflege im Rahmen der Pflegeversicherung – Deutschlandergebnisse, Wiesbaden 2003, Seite 4.
2 Christel Boßbach/Marjanne Meeuwsen, Dich pflegen – und für mich sorgen. Den Alltag mit pflegebedürftigen Eltern bewältigen, München 2000, Seite 14 f.
3 A. a. O., Seite 13.
4 Siehe die Checkliste in diesem Buch, Seite 100 f.
5 Verbraucherzentrale Nordrhein-Westfalen (Hrsg.), Pflegende Angehörige. Balance zwischen Fürsorge und Entlastung, Düsseldorf 2002, Seite 29.
6 Zum Beispiel: Ingeburg Barden, Alfred Vogel, Georg Wodraschke, Der große TRIAS-Ratgeber Hauskrankenpflege, Stuttgart 1998; an dieser Darstellung orientieren sich die Ausführungen in diesem Abschnitt.
7 Zum Beispiel: Zu Hause pflegen – ein Wegweiser zur Angehörigenarbeit, Herausgeber: Bayerisches Staatsministerium für Arbeit und Sozialordnung, Familie und Frauen, München 1999, oder Bundesministerium für Gesundheit, Pflegen zu Hause. Ratgeber für die häusliche Pflege, Berlin 2001.
8 Bundesministerium für Gesundheit, Pflegen zu Hause, a. a. O., Seite 86.
9 Ingeburg Barden, Alfred Vogel, Georg Wodraschke, a. a. O., Seite 25.
10 Verbraucherzentrale Nordrhein-Westfalen, a. a. O., Seite 59.
11 Infratest Sozialforschung, Hilfe-und Pflegebedürftige in Privathaushalten in Deutschland 2002, Schnellbericht, München 2003, Seite 23.
12 Senator für Arbeit, Frauen, Gesundheit, Jugend und Soziales: Frauengesundheitsbericht 2001, Bremen 2001.
13 A. a. O., Seite 18.

14 Vgl. dazu den Beitrag von Volker Faust in diesem Buch, Seite 176.
15 Diakonisches Werk der Evangelisch-Lutherischen Kirche in Bayern, Gewalt in der Pflege, Nürnberg 2003.
16 Infratest, a. a. O., Seite 23 ff.
17 Bundesministerium für Gesundheit (Hrsg.), Pflegen zu Hause. Ratgeber für die häusliche Pflege, Berlin 2001, Seite 10.
18 Vgl. dazu den Beitrag von Bernd Hein in diesem Buch, Seite 31.
19 Vgl. dazu die Checkliste auf Seite 106 f.
20 Christel Boßbach/Marjanne Meeuwsen, a. a. O., Seite 128.
21 Vgl. dazu den Beitrag von Bernd Hein in diesem Buch, Seite 31.

Altenpflege – ein Beruf mit Zukunft von Sophia Böhnisch

1 Vgl. Holger Adolf und Heike Heinemann, «Die Zukunft der Personalsituation in der Altenpflege gestalten», informationsdienst altersfragen, Heft 3, DZA, Berlin 2003, Seite 3.
2 Vgl. Zweiter Zwischenbericht der Enquetekommission «Demographischer Wandel», Berlin 1998. Bundesdrucksache 13/11460.
3 Vgl. DBVA (Deutscher Berufsverband für Altenpflege e. V.), Berufsbild, Stand 1996, www.dbva.de.
4 Lexikon Haufe, Freiburg, BAT/Kr- BAT/Kr-O Tabelle 1/2003.

Alzheimerkrankheit und Demenz von Volker Faust

1 Grundlage der vorliegenden Ausführungen ist zum Beispiel eine hervorragende Schrift über die *Alzheimer-Krankheit: «Sie sind nicht allein.»* Informationen und Tips für Angehörige durch die Deutsche Alzheimer-Gesellschaft in Zusammenarbeit mit EISAI und Pfizer.

Ambulante gerontopsychiatrische Versorgung von Ulrike Bernauer

1 In der sozialen Arbeit bezeichnet man die Hilfesuchenden, ebenso wie in anderen Bereichen, als Klientel.
2 Memory-Kliniken und die Gedächtnissprechstunden sind auf dementielle Erkrankungen spezialisierte Einrichtungen für Klienten und deren Angehörige.
3 Untersuchung der Gesamtausgaben für psychiatrische Versorgung zu Lasten von Krankenkassen und Sozialhilfe.

War das wirklich alles? von Marianne Habersetzer

1 Duden 7, Herkunftslexikon, Mannheim, Wien, Zürich [2]1989, Seite 675.
2 Viktor E. Frankl, Psychotherapie für Laien. Rundfunkvorträge über Seelenheilkunde, Freiburg i. Breisgau 1978, Seite 55.
3 Ursula Lehr, Psychologie des Alterns, 10. korrigierte Auflage, Wiebelsheim 2003, Seite 245 bis 247.
4 Otto Betz, Sinnspuren auf dem Weg, Würzburg 2000, Seite 42.
5 Vgl. Dietrich Bonhoeffer, Optimismus. In: Bethge Eberhard (Hg.), Dietrich Bonhoeffer. Widerstand und Ergebung, München 1970, Seite 25.
6 Logotherapie im Sinne ihres Begründers Viktor E. Frankl geht davon aus, dass der moderne Mensch an einer grundsätzlichen Sinnlosigkeit des Lebens leidet. Sie versteht sich als psychotherapeutische Technik, die es dem Patienten ermöglichen soll, in seinem Leben Sinn zu finden.
7 Vgl. Elisabeth Lukas, Alles fügt sich und erfüllt sich. Die Sinnfrage im Alter, Stuttgart 1997, Seite 45.
8 Viktor E. Frankl, a. a. O., Seite 61.
9 Elisabeth Lukas, a. a. O., Seite 59.
10 Elisabeth Lukas, a. a. O., Seite 60. Hervorhebungen im Originaltext.
11 Karl Rahner, Zum theologischen und anthropologischen Grundverständnis des Alters. In: Hans-Georg Friemel, Franz Schneider, Alter – ganz alltäglich: ein Handbuch für die pastorale Praxis, Leipzig 1992, Seite 170.
12 Vgl. Leopold Rosenmayr, Die späte Freiheit. Das Alter – ein Stück gelebten Lebens, Berlin 1983.
13 Paul Michael Zulehner, Jedem seinen eigenen Tod, Ostfildern 2001, Seite 40.

Selbstverantwortung und Selbstbestimmung von Josef Raischl

1 BGH XII ZB 2/03, III.3.c.bb.
2 Die sog. perkutane endoskopische Gastrotomie, bei der eine Ernährungssonde durch die Bauchdecke in den Magen oder Darm gelegt wird.
3 Ebd.
4 Von September 2003 bis Juni 2004 erarbeitete die interdisziplinäre Arbeitsgruppe des Bundesjustizministeriums «Patientenautonomie am Lebensende» eine Orientierung und Entscheidungshilfe für die Bundesregierung. Im Folgenden zitiert mit BMJ Patientenautonomie, Seite 7.

5 Ebd.
6 Vgl. die Grundsätze der Bundesärztekammer zur ärztlichen Sterbebegleitung, Deutsches Ärzteblatt 19 (7. Mai 2004) V. Im Folgenden zitiert mit BÄK Grundsätze 2004.
7 Die Broschüre kann jeweils aktuell im Internet unter www.justiz.bayern.de/_broschueren/download.htm oder www.chv.org (Homepage des Christophorus-Hospiz-Vereins e. V. München) aktuell ausgedruckt werden (im Weiteren: Bayer. Vorsorgebroschüre). Seit Juli 2004 ist die Broschüre in siebter Auflage im Buchhandel beim Verlag C. H. Beck für 3.90 € zu bekommen.
8 BMJ Patientenautonomie, Seite 15.
9 Ebd.: «Die Festlegungen binden, wenn sie im Einzelfall auf die konkreten Entscheidungssituation zutreffen oder auf sie übertragen werden können. Situationsbezogenheit und Eindeutigkeit der Willensbekundung müssen insbesondere dann außer Zweifel stehen, wenn medizinisch indizierte Maßnahmen untersagt werden.»
10 Vgl. z. B. Bundesärztekammer (1998), Grundsätze der Bundesärztekammer zur ärztlichen Sterbebegleitung. Deutsches Ärzteblatt 95 (39): A 2366–67; bestätigt BÄK Grundsätze 2004 unter IV: «... und keine Anhaltspunkte für eine nachträgliche Willensänderung erkennbar sind.» Von Interesse ist auch: Bundesärztekammer (1999), Handreichungen für Ärzte zum Umgang mit Patientenverfügungen. Deutsches Ärzteblatt 96 (43): B 2195–96.
11 Vgl. ebd.; ebenso BMJ Patientenautonomie, Seite 17, Ziffer g.
12 Vgl. BMJ Patientenautonomie, Seite 34.
13 Siehe die Formulare der Bayer. Vorsorgebroschüre, ebenso auch die Textvorschläge der Kutzer-Kommission in BMJ Patientenautonomie, Seite 26–35.
14 BMJ Patientenautonomie, Seite 33.
15 Vgl. BÄK Grundsätze 2004, I: «Die Hilfe besteht in palliativ-medizinischer Versorgung und damit auch in Beistand und Sorge für Basisbetreuung. Dazu gehören nicht immer Nahrungs- und Flüssigkeitszufuhr, da sie für Sterbende eine schwere Belastung darstellen können. Jedoch müssen Hunger und Durst als subjektive Empfindungen gestillt werden.»
16 Vgl. Broschüre von Brigitte Hirsch und Ursula Eisele, Gastrointestinale Probleme bei Schwerstkranken und Sterbenden. Ernährung und Flüssigkeit in der Terminalphase. Diese und andere Hefte, die auf die Linderung von Schmerzen und anderen Symptomen besonders in der letzten Lebensphase eingehen, sind zu beziehen beim Christophorus-Hospiz-Verein e. V. München.

17 Vgl. Dr. Franco Rest, Gegen die Techniken der Entmutigung, in: OMEGA Nr. 4, 2002.
18 Das Unwort des Jahres 1998.
19 Alfred Binding und Karl Hoche, Die Freigabe der Vernichtung lebensunwerten Lebens. Ihr Maß und ihre Form, Leipzig 1920. Der Sprachgebrauch wurde später von den Nationalsozialisten für ihre Zwecke benutzt.
20 BMJ Patientenautonomie, Seite 56.
21 BMJ Patientenautonomie, Seite 13. Vgl. auch BÄK Grundsätze 2004, Präambel.
22 Wo Sie Palliativdienste in Ihrer Umgebung finden, können Sie bei der Bundesarbeitsgemeinschaft Hospiz (BAG), Am Weiherhof 23, 52382 Niederzier, Tel. 02428–802937, erfahren. Die BAG ist der Dachverband der Landesarbeitsgemeinschaften und vertritt die fachliche Basis auf nationaler Ebene. Darüber hinaus gibt es Stiftungen, die die Hospiztätigkeit finanziell unterstützen sollen und Öffentlichkeitsarbeit als wichtiges Ziel verfolgen (Deutsche Hospiz-Stiftung; Bayerische Stiftung Hospiz).
23 Neue Juristische Wochenschrift 54 (12/2001), 849–857, Seite 852.
24 BMJ Patientenautonomie, Seite 43.
25 Ebd.
26 Vgl. J. Raischl, G. D. Borasio, K. Heßdörfer, B. Hirsch (2000), Patientenverfügung für Schwerkranke, Vorsorgevollmacht und Betreuungsverfügung. Leitfaden für Ärzte und andere Fachkräfte. Christophorus-Hospiz-Verein e. V., München.
27 Urteilsbegründung im sog. Kemptener Fall vom 13.9.1994–1 StR 357/94 (Landgericht Kempten) = BGH St 40, 257–272. Vgl. ebenso BÄK Grundsätze 2004, IV: «Anhaltspunkte für den mutmaßlichen Willen des Patienten können neben früheren Äußerungen seine Lebenseinstellung, seine religiöse Überzeugung, seine Haltung zu Schmerzen und zu schweren Schäden in der ihm verbleibenden Lebenszeit sein. In der Ermittlung des mutmaßlichen Willens sollen auch Angehörige oder nahe stehende Personen als Auskunftspersonen einbezogen werden, wenn angenommen werden kann, dass dies dem Willen des Patienten entspricht.»

Ausgewählte Internetadressen zur Altenhilfe und Altenpflege

www.geroweb.de
Informationsportal Gerontologie, Geriatrie, Altenpflege und Krankenpflege für Senioren und Pflegekräfte, von der Geschichte der Altenpflege bis zu aktuellem Informationsmaterial, Online-Bibliothek Pflege (viele Links rund ums Thema Pflege)

www.alzheimerforum.de
Informationen zum Thema Demenz

www.dza.de
Informationen des Deutschen Zentrums für Altersfragen

www.kda.de
Informationen des Kuratoriums Deutsche Altershilfe

www.altenpflege.com
Informationen über Pflege und Soziale Einrichtungen

www.deutscher-verein.de
Übersicht über Fachliteratur mit kurzen Inhaltsangaben

www.thema-altenpflege.de
Pflegeratgeber von A-Z

www.modernealtenpflege.de
Ratgeber von Recht bis Medizin

www.altenpflege.de
Internetprojekt für Pflegende und Angehörige im deutschsprachigen Raum

www. 1apflege.de
Diese Seite bietet Informationen zu folgenden Themen:
Die Organisation der häuslichen Pflege und Versorgung, Wahl des Pflegeortes, Demenz, Angebote und Kosten von Pflegediensten, Infor-

mationen zu wichtigen Angaben in einem Pflegevertrag, Leistungen der Krankenkasse, Leistungen der Pflegeversicherung, Informationen zu allen Aspekten der Pflege

www.altenhilfe-deutschland.de
Ermöglicht die Suche nach regionalen Anbietern der ambulanten Pflege und der stationären Einrichtungen, bietet ein Jobforum, ein Branchenverzeichnis von Dienstleistern und Lieferanten der Altenhilfe und eine interessante Auswahl von Internetseiten für Senioren.

www.altenpflege-tod-und-sterben.de/dekubitus.html
Informationen für pflegende Angehörige zur Erkennung und zur Pflege und Vorbeugung von Dekubitus

www.pflegeheim.de
Datenbank mit über 7000 Pflegeheimen in ganz Deutschland
www.heclinet.tu-berlin.de

Angebot zu Pflege und Krankenhausmanagement

www.come.to/drehscheibe
Linkliste Drehscheibe, Homepage der privaten nationalen und internationalen Pflege-Websites

www.pflegelinks.net
Übersichtliche und gut sortierte Linkliste aus dem Pflegebereich

www.caritas.de/2003.html
Informationen zur Ausbildung in der Altenpflege

www.dbva.de
Internetseiten des Deutschen Berufsverbandes für Altenpflege e. V.

www.pflegen-online.de
Das Online-Magazin für die Pflege

www.wohnen-im-alter.de
Verschiedene Hilfsangebote, Beratung und Informationen über Einrichtungstypen und Einrichtungsträger

www.wohnberatung-bayern.de
Informationen über Aufgaben und Ziele sowie Adressen von Wohnberatungsstellen in Bayern

www.senioreninfothek.de
Bundesweite, redaktionell gepflegte Adressdatenbank

www.carelounge.de
Adressen von Einrichtungen, Beratungsstellen, Hochschulen und Universitäten, Literaturempfehlungen, Stellenangebote und mehr.

www.betreuungsrecht.org/html/altenhilfe.html
Gesetzestexte zum Pflegeversicherungsgesetz (SGB XI) und zum Heimgesetz sowie die Tabellen der Pflegestufen

www.bmfsfj.de/kategorien/gesetze,did=3268.htlml
Aktuelle Informationen zum Altenpflegegesetz

Zur Patientenverfügung bietet das Internet unter anderem folgende Seiten:

www.patientenverfuegung.de

www.deutsche-verfuegungszentrale.de
Diese Datenbank bietet Kliniken, Vormundschaftsgerichten und Ärzten die Möglichkeit zu prüfen, wo ein Patient Vorsorgedokumente hinterlegt hat. Außerdem wird die Registrierung in dieser Datenbank angeboten.
www.hospiz-aktuell.de/patientenverfuegung/patientenverfuegung.html

www2.justiz.bayern.de/daten/pdf/vorsorge.pdf
Hier wird alles Wissenswerte über die Patientenverfügung, die Betreuungsverfügung und die Vollmacht dargestellt. Außerdem werden die entsprechenden Formulare zur Verfügung gestellt

Autorenverzeichnis

Ulrike Bernauer, Diplom-Sozialpädagogin (FH), Leiterin im Gerontopsychiatrischen Dienst München-Süd, Stellvertretende Vorsitzende der Münchner Arbeitsgemeinschaft Gerontopsychiatrie (MARGE), Gerontopsychiatrischer Dienst Süd, Ortlerstraße 2, 81373 München. Kontakt: gpdi-sued@caritasmuenchen.de

Sophia Böhnisch, Diplom-Soziologin, stellvertretende Direktorin der Hans-Weinberger-Akademie der Arbeiterwohlfahrt e. V. in München. Kontakt: s.boehnisch@hwa-online.de

Claus Fussek, Diplom-Sozialpädagoge (FH), Mitarbeiter im Leitungsteam der Vereinigung Integrationsförderung in München. Kontakt: CFussek@vif-selbstbestimmt-leben.de

Marianne Habersetzer, Dr. theol., Diplom-Theologin, Pastoralreferentin, Leiterin des Fachbereiches Kirchliche Altenarbeit, Diözesan-Altenseelsorgerin in der Erzdiözese München und Freising. Kontakt: KirchlicheAltenarbeit@ordinariat-muenchen.de

Bernd Hein, Diplom-Theologe und Diplom-Soziologe, Referent für Sozialpolitik und Öffentlichkeitsarbeit beim Deutschen Caritasverband, Landesverband Bayern e. V. in München. Kontakt: Bernd.Hein@caritas-bayern.de

Michael Klingseisen, Studium der Architektur, Diplom-Ingenieur (FH), Freier Architekt in München, Fachlicher Leiter der Beratungsstelle Barrierefreies Bauen der Bayerischen Architektenkammer, Kontorhaus 2, Thalkirchner Straße 81, 81371 München. Kontakt: mklingseisen@gmx.de

Klaus Kneissl, Diplom-Gerontologe, Leitstelle für Sozialplanung der Stadt Augsburg

Kraus, Werner, Studium der Rechtswissenschaft und Kunstgeschichte, Referent im Verband der bayerischen Bezirke, Knöbelstraße 10, 80538 München. Kontakt: w.kraus@bay-bezirke.de

Ursula Lehr, Prof. Dr. Dr. h. c., Studium der Psychologie, Germanistik und Kunstgeschichte. Lehrtätigkeit in den Fächern Psychologie und Gerontologie an den Universitäten Köln, Bonn und Heidelberg (1972–1998). Bundesministerin für Jugend, Familie, Frauen und Gesundheit (1988–1991). Berufung zum Wissenschaftlichen Gründungsvorstand des Deutschen Zentrums für Alternsforschung an der Universität Heidelberg (1995). 2000 Berufung auf den Marie Curie-Lehrstuhl der Europa-Universität in Yuste/Spanien.

Wilfried Mück, Staatlich geprüfter Altenpfleger, Referent für Pflege und Altenhilfe beim Deutschen Caritasverband, Landesverband Bayern e. V. in München. Kontakt: Wilfried.Mueck@caritas-bayern.de.

Josef Raischl, Diplom-Sozialpädagoge (FH), Diplom-Theologe (Univ.), Palliativfachkraft, Leiter des Ambulanten Hospiz- und Palliativberatungsdienstes Christophorus-Hospiz-Verein e. V., Rotkreuzplatz 2 a, 80634 München. Kontakt: raischl@chv.org

Helmut Römig, Dr. med., Studium der Theologie und Medizin, Arzt für Psychiatrie und Psychotherapie beim Sozialpsychiatrischen Dienst, Westendstraße 245, 80686 München.

Elfriede Toth, Diplom-Psychogerontologin, Fachreferentin für Offene Altenarbeit beim Caritasverband der Erzdiözese München und Freising e. V. in München. Kontakt: etoth@caritasmuenchen.de.